数字传媒研究前沿丛书

Digital Media Research Frontier Series

数字传播法十讲

曹然 / 著

苏州大学出版社
Soochow University Press

图书在版编目(CIP)数据

数字传播法十讲 / 曹然著. --苏州：苏州大学出版社，2023.6
(数字传媒研究前沿丛书)
ISBN 978-7-5672-4371-2

Ⅰ.①数… Ⅱ.①曹… Ⅲ.①数字技术-应用-传播媒介-传媒法-研究-中国 Ⅳ.①D922.84

中国国家版本馆CIP数据核字(2023)第102772号

书　　名：数字传播法十讲

SHUZI CHUANBOFA SHIJIANG

著　　者：曹　然
责任编辑：张　凝
装帧设计：吴　钰

出版发行：苏州大学出版社(Soochow University Press)
社　　址：苏州市十梓街1号　邮编：215006
印　　装：苏州市深广印刷有限公司
网　　址：www.sudapress.com
邮　　箱：sdcbs@suda.edu.cn
邮购热线：0512-67480030
销售热线：0512-67481020
开　　本：787 mm×1 092 mm　1/16　印张：13.75　字数：293千
版　　次：2023年6月第1版
印　　次：2023年6月第1次印刷
书　　号：ISBN 978-7-5672-4371-2
定　　价：52.00元

凡购本社图书发现印装错误，请与本社联系调换。服务热线：0512-67481020

曹 然

1991年3月出生，江苏苏州人。博士，毕业于中国传媒大学，主要从事传媒政策与法规方向的研究。现为苏州大学传媒学院副教授、硕士生导师。主持博士后科学基金面上资助项目（已结项）、江苏省高校哲学社会科学重大项目各1项。参与国家社科基金重大项目子课题、重点项目、一般项目各1项，以及多项其他省部级项目。在《苏州大学学报（哲学社会科学版）》等CSSCI来源期刊上发表论文11篇，被《新华文摘》《中国社会科学文摘》、《文艺理论》（中国人民大学报刊复印资料）转载各1篇。研究成果获中国传播学论坛（2017）优秀论文二等奖、中国新闻史学会新闻传播学学会奖（2020）第六届优秀学术奖三等奖、苏州市第十五次哲学社会科学优秀成果奖（2020）二等奖等。

前 言
PREFACE

"数字传播法"这一研究范畴，由"数字""传播""法"三个关键词有机结合而成。"数字"特指数字媒体，即以二进制数的形式记录、处理、传播、获取过程的信息载体。"传播"是指自然人、法人、非法人组织创办或利用媒体，面向不特定人群和特定多数人进行的传播事实、获取和传递信息、交流情感，或者表述立场、观点、见解等的行为。传播者可以是专业化的媒体机构，可以是非专业的其他组织机构，也可以是非专业人士。"法"作为一种特殊的社会规范，是人类社会发展的产物，是由国家制定或认可的，以权利义务为主要内容，由国家强制力保证实施的社会行为规范及其相应的规范性文件的总称。由此，"数字传播法"可以理解为：在数字媒体环境下，由自然人、法人、非法人组织通过创办或利用媒体机构、手段而进行的传播事实、获取和传递信息、交流情感，或者表述立场、观点、见解等行为的一系列规范性文件的总称，这些规范性文件由国家制定或认可，明确了相应的权利义务关系，既是现实中法律规范在数字空间中的延伸，也包括了原发于数字空间中的各种特殊情形。"数字传播法"在研究范围上与"新闻传播法""大众传播法"存在一定的交叉重叠，与"网络法"也有不少近似之处。

追溯国内数字传播法学的发展，大致可以分为新闻法学阶段、大众传播法学阶段和数字传播法学阶段。当然必须交代的是，这三个阶段并不完全是先后发生的，而是呈现为某种意义上并行发展的格局。

第一，新闻法学阶段（20 世纪 80 年代初到 21 世纪初）。新闻立法研究、新闻侵权研究、新闻与司法的关系研究，构成了该阶段最主要的三个研究方向，其中新闻侵权研究及时地回应了当时层出不穷的媒体侵犯名誉权等纠纷问题，而针对媒体通过舆论手段影响司法公正、独立的质疑也引起了学理层面上的讨论与反思。围绕以上三大研究方向形成了大量的研究论文、专著，更有部分知名学者通过编写专业教材的方式梳理了前期相关研究成果，并加以系统化、条理化，推动了这一学科体系的初步形成，使包括新闻侵权在内的不少研究传统，在数字传播法学中得到了很好的继承和发展。

第二，大众传播法学阶段（21世纪初）。随着传播学的引入，过去由新闻学确立的研究问题、研究范式发生了重要的变化。在此阶段，不少国外大众传播法教材被引进国内，极大丰富了学界、业界对相关问题的认知；同时，亦有国内学者主动将新闻法学的研究问题、范式转化到大众传播法学之上，编写了大众传播法学方面的教材。

第三，数字传播法学阶段（21世纪初至今）。随着技术的不断进步，以网络为代表的数字传播已经成为当前更为普遍、常见的传播方式。数字传播法涵盖的研究领域十分广泛，包括但不限于网络言论自由、网络谣言、网络安全、网络淫秽色情内容规制、网络侵权纠纷、网络知识产权、个人信息、隐私保护等热门话题；数字传播法所涉及的法律部门包括宪法、行政法、民法、刑法等。

传播技术的不断革新，推动传媒业呈现出日新月异的局面。特别是，随着网络等新兴技术的引进，我国的报纸、广播电视等传统媒体与网络深度交融，以至于"媒体融合"从过去专业研究的范畴上升到了国家意志的层面，传播手段的建设、创新得到了制度化的保障。同时，针对数字传播中存在的各种问题，我国及时地制定、颁布和推出了各种专门性的法律法规，为媒体融合发展保驾护航。当下，我国社会主义法治体系建设不断取得令人振奋的新成绩，而数字传播领域的法治建设也需要进一步加强。本教材的写作目的在于，通过梳理和解读我国目前在数字传播领域的各类法律规范，结合具体的司法判例、争议焦点等，使读者对相关问题能够形成较为全面、准确的认识和理解。

本教材的编写坚持正确的政治方向，以马克思主义为指导，引导学生增强中国特色社会主义的道路自信、理论自信、制度自信、文化自信；充分贯彻"自由""平等""公正""法治"等社会主义核心价值观；遵循学习认知的客观规律，将复杂晦涩的法律条文与生动鲜活的案例有机结合，使之转化为适合学生理解、掌握的内容，提升教学效果；既有针对经典文献的分析，也反映当下火热的传媒实践，更引入了部分国外案例，进一步开拓了国际视野。

在以上思想指导下，作者严格按照研制大纲—编写样章—撰写初稿—修改完成的程序，认真开展编写工作，并及时填充、更新内容。同时，为了检验教材内容的适用性，作者在自己所讲授的相关课程中进行了前期试验，听取学生反馈，以作为修改和完善教材的依据。

本书从法学、传播学的基本知识切入，将数字传播技术作为考虑全部问题的背景因素、前提条件，以理论结合实际案例的方式，介绍了网络言论自由、网络谣言、网络安全、网络淫秽色情内容规制、网络侵权纠纷、网络知识产权、个人信息保护、隐私保护等问题。

本书关注重大现实问题，探讨研究理论、实务中的热点和难点问题，表现出三大特点：

一是引入法学、传播学的跨学科多元视角。书中兼顾了传播学对于观察数字传播领域中新兴问题的敏锐性，以及法学在分析这些问题时的条理性、逻辑性。

二是跟进数字传播技术下学科的发展变化。数字传播技术的变革，使传播形态随之发生重大的变化，由此衍生出许多复杂的法律问题，这些在本书中都有所体现。并且，本书对这些问题的回应并不仅仅停留在简单的介绍、说明层次上，而是带着批判性的视角，在理论探索之路上努力向前再迈进一步。

三是更新法律、法规并呈现具有典型意义的司法判例。随着时间的推移，《民法典》《刑法修正案（十一）》《著作权法》《个人信息保护法》等法律、法规相继出台或修正，本书能够及时地更新、补充，并且注意选取这些法律、法规施行后新法适用的典型判例进行重点分析和评价，方便读者及时掌握最新的法律条文、最具普遍性的司法判例。

另外，出于提升写作效率等因素，本书中出现的法律文件名称大多以通用的缩略形式呈现（如《中华人民共和国宪法》表述为《宪法》），本书中援引的案例将根据主题需要进行必要的调整，案例中涉及当事人的真实姓名将被隐去，特此说明。

在本书编写过程中，本人得到了许多前辈同仁的支持和帮助，包括苏州大学传媒学院院长陈龙教授、中国传媒大学文化产业管理学院李丹林教授、华东政法大学传播学院彭桂兵教授、浙江大学宁波理工学院传媒与法学院张文祥教授、苏州大学传媒学院张可副教授等。作为一名资历尚浅的研究者，此次有幸参与"数字传媒研究前沿丛书"的编写，要特别感谢苏州大学出版社施小占老师提供的宝贵机会，也要感谢张凝老师认真细致的编辑工作。

目录

- 第一讲 数字传播与国家 / 1
  - 第一节 言论自由的边界 / 3
    - 一、不得破坏我国社会主义制度 / 3
    - 二、不得损害国家的、社会的、集体的利益和其他公民的合法的自由和权利 / 4
    - 三、不得歧视信仰宗教的公民 / 5
    - 四、禁止侮辱、诽谤和诬告陷害 / 5
    - 五、不得破坏国家统一和民族团结 / 6
    - 六、不得泄露国家秘密 / 6
    - 七、不得煽动扰乱公共秩序 / 7
    - 八、不得违反社会公德 / 7
    - 九、不得危害国家安全、荣誉和利益 / 7
  - 第二节 煽动性言论 / 9
    - 一、六种不同的煽动犯罪类型 / 10
    - 二、煽动行为与言论自由之间的界限 / 14
  - 第三节 国家秘密 / 16
    - 一、国家秘密的概念和确定 / 17
    - 二、数字环境对于保守国家秘密的挑战 / 20
    - 三、新闻单位的保密制度 / 21
    - 四、法律责任 / 24
- 第二讲 数字传播与社会（上篇） / 29
  - 第一节 网络谣言 / 31
    - 一、界定应受行政处罚的造谣违法行为的构成 / 33

二、依法规定行政处罚　/ 34

　　　三、查明造谣的违法事实　/ 35

　　　四、受到查处的相对人的救济渠道　/ 36

　　　五、第三方事实核查实践　/ 37

　第二节　网络色情　/ 41

　　　一、概念界定　/ 41

　　　二、数字传播条件下规制淫秽、色情的挑战　/ 45

　　　三、英、美关于网络色情内容的规制　/ 48

第三讲　数字传播与社会（下篇）　/ 53

　第一节　网络广告　/ 55

　　　一、广告活动主体　/ 55

　　　二、广告审查　/ 56

　　　三、广告代言人规范　/ 57

　　　四、针对网络广告的特别规定　/ 58

　　　五、广告和新闻的严格区分　/ 61

　　　六、违法广告的法律责任　/ 62

　第二节　网络犯罪　/ 66

　　　一、基本概念　/ 66

　　　二、我国针对网络犯罪的惩治　/ 67

第四讲　数字传播与名誉权保护（上篇）　/ 79

　第一节　基本概念　/ 81

　　　一、名誉权制度的形成　/ 81

　　　二、名誉侵权的对象　/ 83

　第二节　数字传播中名誉侵权的方式　/ 89

　　　一、诽谤　/ 89

　　　二、侮辱　/ 92

　第三节　数字传播中名誉侵权的认定　/ 95

　　　一、行为人客观上存在损害他人名誉的事实，并为第三人知悉　/ 95

　　　二、行为人主观上有过错　/ 95

　　　三、被侵害的对象是特定的人　/ 96

　　　四、违法行为与损害后果之间具有因果关系　/ 96

第五讲　数字传播与名誉权保护（下篇）　/ 97

第一节　数字传播中名誉侵权的抗辩　/ 99
一、内容真实原则　/ 100
二、公正评论原则　/ 101
三、合理审查义务　/ 102

第二节　数字传播中侵害名誉权的犯罪　/ 105

第六讲　数字传播与隐私权保护（上篇）　/ 109

第一节　基本概念　/ 111
一、隐私权　/ 111
二、数字时代的隐私　/ 111
三、个人信息保护　/ 113

第二节　个人隐私的安全风险与应对　/ 116
一、个人隐私的安全隐患　/ 116
二、个人隐私的保护机制　/ 119

第七讲　数字传播与隐私权保护（下篇）　/ 121

第一节　数字时代保护个人隐私的新主张——被遗忘权　/ 123
一、被遗忘权的界定　/ 123
二、被遗忘权在中国的法律基础　/ 124
三、被遗忘权的法律性质和地位　/ 124

第二节　通信隐私　/ 130
一、新技术与隐私　/ 130
二、针对网络通信的监控　/ 134

第八讲　数字传播与著作权保护（上篇）　/ 149

第一节　基本概念　/ 151
一、著作权客体　/ 152
二、著作权主体　/ 155
三、著作权的各项权利　/ 159
四、著作权的许可使用和转让　/ 167

第二节　数字传播侵犯著作权　/ 168
一、数字作品保护相关的法律　/ 168
二、数字作品相关人的权利与义务　/ 169

第九讲 数字传播与著作权保护（中篇） / 173

第一节 合理使用 / 175
一、为学习、研究和教学科研目的而使用 / 176
二、为新闻传播而使用 / 178
三、其他公益使用 / 180
四、免费表演 / 181
五、特定群体使用 / 182

第二节 法定许可使用 / 183
一、基本概念 / 183
二、具体情形 / 184

第十讲 数字传播与著作权保护（下篇） / 187

第一节 融合媒体中的新闻作品版权 / 189
第二节 短视频的版权问题 / 195
一、长短视频的行业竞争与相关侵权诉讼 / 195
二、短视频侵权行为的产生原因与应对困境 / 196
三、短视频版权的三个延伸问题 / 197

参考资料 / 202

第一讲

数字传播与国家

第一节 言论自由的边界

一般意义上的言论自由，是指一国公民通过语言表述各种思想和见解的自由，是一国宪法规定的公民基本权利之一，包括口头和书面等表述形式。广义的言论自由还包括新闻、出版、著作、绘画等自由。

言论自由通常被认为是现代民主中一个不可或缺的概念，在这一概念下，言论被认为不应受到政府的审查。然而，国家可能仍然处罚（但非禁止）某些具有破坏性的表达类型，如明显地煽动叛乱、诽谤、发布与国家安全相关的秘密等。几乎所有国家都将言论自由的相关内容入宪，然而，由于某些众所周知的原因，言论自由已逐渐演变为一个模糊的概念，在世界范围内的不同地区被赋予了不同的含义。比如，法国政治学者托克维尔指出，人们对于自由地发表言论有所疑虑，可能不是因为害怕政府的惩罚，而是由于社会的压力。当一个人表达了一个不受欢迎的意见时，他或她可能要面对其社群的蔑视，甚至可能遭受猛烈的反应。

随着技术条件的不断进步，当前已进入数字传播时代，各种数字化媒介成了人们表达观点、意见的新型载体，已成为我们生活的一部分。此时，言论自由权发展出新的表现形式，也得到了充分的行使。但是，由于网络等数字媒介的特点，网民在行使自己的言论自由权的同时，产生了很多的社会问题和法律问题，侵犯他人的名誉权和隐私权等情况也时有发生。如何界定言论自由，言论自由权的行使应该有怎样的原则，如何对网络自由言论权的正确行使进行保障，成了重要的课题。

我国宪法确认公民享有言论自由。根据《宪法》第三十五条的规定："中华人民共和国公民有言论、出版、集会、结社、游行、示威的自由。"但是，该自由并非绝对的自由，而是相对的自由，公民在行使言论自由权利时，不得违反宪法中的其他内容，这些内容散落在九个宪法条款中，包括宪法第一条第二款、第四条第一款、第三十六条第一款、第三十八条、第四十一条、第五十一条、第五十二条、第五十三条、第五十四条，这九个条款构成了我国宪法上的言论自由的具体义务边界。由于我国宪法是国家的根本法，在规范等级体系中处于基础规范的地位，并构成了一切法律规范性文件的法源，因此，所有法律规范性文件对于言论自由的限制性义务均可归到宪法上的某类义务边界之中。

一、不得破坏我国社会主义制度

《宪法》第一条第二款规定："社会主义制度是中华人民共和国的根本制度。中国共产党领导是中国特色社会主义最本质的特征。禁止任何组织或者个人破坏社会主义制度。"我国社会主义制度是由根本政治制度、根本文化制度、基本制度和重要制度构成的：宪法规定了我国的根本制度即社会主义制度，其中包含着党的领导制度；宪法规定了根本政治制度，即人民代表大会以及中国共产党领导的多党合作和政治协商制度、民族区域自治制度、基层群众自治制度等基本政治制度；宪法规定了社会主义公有制、多种所有制经济、分配制度、社会主义市场经济体制等基本政治制度，自然资源与土地制度，财产保护制度，经济管理制度，社会保障制度，教育、医疗卫生制度，文化、计划生育制度，生态环境保护制度，行政区划制度，"一国两制"制度，公民基本权利制度；宪法规定了立法制度、行政制度、审判制度、检查制度、监察制度、军事制度、国家主席制度等国家机构组织基本制度。上述制度构成了我国宪法所确认的社会主义制度的基本内容。由于社会主义制度是国家的根本制度，是立国之本，所以任何言论都不得破坏社会主义制度。凡是煽动破坏上述社会主义制度的言论，都属于违宪违法行为，违者将承担相应的法律责任。我国《刑法》第一百零五条规定了公民不得造谣、诽谤或者以其他方式煽动颠覆国家政权、推翻社会主义制度，否则将以煽动颠覆国家政权罪追究其刑事责任。

二、不得损害国家的、社会的、集体的利益和其他公民的合法的自由和权利

《宪法》第五十一条规定："中华人民共和国公民在行使自由和权利的时候，不得损害国家的、社会的、集体的利益和其他公民的合法的自由和权利。"这一条是宪法对公民行使所有基本权利的总的、一般性限制义务，因此，公民在行使言论自由时，就必须遵守，否则将承担相应的法律责任。《民法典》第一千零三十二条规定公民不得泄露他人隐私信息："自然人享有隐私权。任何组织或者个人不得以刺探、侵扰、泄露、公开等方式侵害他人的隐私权。隐私是自然人的私人生活安宁和不愿为他人知晓的私密空间、私密活动、私密信息。"《民法典》第一千一百六十九条规定不得教唆他人实施侵权，否则将与行为人承担连带责任："教唆、帮助他人实施侵权行为的，应当与行为人承担连带责任。教唆、帮助无民事行为能力人、限制民事行为能力人实施侵权行为的，应当承担侵权责任"。对于负有特定职责的机构及其人员，也作出了相应的规定，如《民法典》第一千二百二十六条规定："医疗机构及其医务人员应当对患者的隐私和个人信息保密。泄露患者的隐私和个人信息，或者未经患者同意公开其病历资料的，应当承担侵权责任。"《刑法》第三百零八条之一也规定了司法工作人员、辩护人、诉讼代理人或者其他诉讼参与人不得泄露依法不公开审理的案件中不应当公开的信息，否则也将追究相关人的刑事责任。《中华人民共和国英烈保护法》第二十二条规定英雄烈士的姓名、肖像、名誉、荣誉受法律保护，任何组织和个人不得在公共场所、互联网或者利用广播电视、电影、出版物等，以侮辱、诽谤或者其他方式侵害英雄烈士的姓名、肖

像、名誉、荣誉——因为英雄烈士的姓名、肖像、名誉、荣誉涉及社会公共利益。

案例

仇某某侵害英雄烈士名誉、荣誉一案

2021年2月19日上午，被告人仇某某在卫国戍边官兵誓死捍卫国土的英雄事迹报道后，为博取眼球，获得更多关注，在住处使用其新浪微博账户"辣笔小球"（粉丝数250余万）先后于10时29分、10时46分发布2条微博，歪曲卫国戍边官兵的英雄事迹，诋毁、贬损卫国戍边官兵的英勇事迹，侵害英雄烈士名誉、荣誉。上述微博在网络上迅速扩散，引发公众强烈愤慨，造成了恶劣社会影响。截至当日15时30分仇某某删除微博时，上述2条微博共计被阅读202 569次、转发122次、评论280次。法院认为，公诉机关指控仇某某犯侵害英雄烈士名誉、荣誉罪的事实清楚，证据确实、充分，指控罪名成立。仇某某归案后如实供述了自己的罪行，且认罪认罚，当庭表示绝不再犯。据此，辩护人请求从轻处罚的辩护意见属实，公诉机关所提有期徒刑8个月的量刑建议适当，均予采纳。南京市建邺区人民法院根据案件事实、证据，综合庭审中控辩双方意见，依法当庭宣判，认定被告人仇某某犯侵害英雄烈士名誉、荣誉罪，判处有期徒刑8个月，并责令其自判决生效之日起10日内通过国内主要门户网站及全国性媒体公开赔礼道歉，消除影响。①

▶▶ 三、不得歧视信仰宗教的公民

《宪法》第三十六条第一款规定，任何国家机关、社会团体和个人不得歧视信仰宗教的公民和不信仰宗教的公民。宪法赋予了公民必须承担不得歧视信仰宗教的公民和不信仰宗教的公民的义务。宗教信仰属于人们的思想自由范畴，信仰与不信仰都是公民的基本权利，每个人按照自己的意愿有信仰宗教的自由，也有不信仰宗教的自由，无论信仰与否，任何公民在政治、经济、社会、文化教育等各方面都被一视同仁地予以平等对待，其他组织或个人都无权干涉。

▶▶ 四、禁止侮辱、诽谤和诬告陷害

《宪法》第三十八条规定："中华人民共和国公民的人格尊严不受侵犯。禁止用任何方法对公民进行侮辱、诽谤和诬告陷害。"法律针对侮辱、诽谤的言论做出了明确的

---

① 最高人民检察院网上发布厅. 最高人民检察院第三十四批指导性案例[EB]. (2022-02-21)[2023-09-15] https://www.spp.gov.cn/spp/xwfbh/wsfbh/202202/t20220221_545102.shtml.

规定，违者应当承担相应的法律责任（本书第四讲将对有关数字传播与名誉侵权进行详细介绍，此处只是简要说明）。《民法典》第一千零二十四条规定："民事主体享有名誉权。任何组织或者个人不得以侮辱、诽谤等方式侵害他人的名誉权。"《中华人民共和国反不正当竞争法》（以下简称《反不正当竞争法》）第十一条规定："经营者不得编造、传播虚假信息或者误导性信息，损害竞争对手的商业信誉、商品声誉。"《中华人民共和国治安管理处罚法》（以下简称《治安管理处罚法》）第四十二条规定，公然侮辱他人或者捏造事实诽谤他人以及捏造事实诬告陷害他人，企图使他人受到刑事追究或者受到治安管理处罚的，给予治安管理处罚。《刑法》第三百零五条、第三百七十八条还分别规定了公民不得作伪证、战时不得有造谣惑众扰乱军心的言论，否则将承担刑事责任。

▶▶ 五、不得破坏国家统一和民族团结

《宪法》第四条规定："禁止破坏民族团结和制造民族分裂的行为。"《宪法》第五十二条规定："中华人民共和国公民有维护国家统一和全国各民族团结的义务。"国家统一的根本标志就是领土完整。中华民族历经数千年的不断融合，塑造了崇尚国家统一、维护国家统一的价值观念。国家统一是中华民族崇高的信念与信仰。民族团结是各民族之间的团结和各民族内部的团结，它是党和国家处理民族关系问题的准则。民族团结是各民族共同繁荣的前提，是祖国统一的基础，因此，必须维护民族团结，公民言论必须遵守宪法规定的义务。对此，《治安管理处罚法》第四十七条规定，对煽动民族仇恨、民族歧视的言论将给予治安处罚。《刑法》第一百零二条、第一百零三条、第二百四十九条还分别规定了不得有危害中华人民共和国的主权、领土完整和安全的言论，不得有煽动分裂国家、破坏国家统一的言论，不得有煽动民族仇恨、民族歧视的言论，否则将以背叛国家罪、分裂国家罪追究或以煽动民族仇恨、民族歧视罪追究刑事责任。

▶▶ 六、不得泄露国家秘密

《宪法》第五十三条规定了公民必须保守国家秘密的义务。何谓国家秘密？1988年《中华人民共和国保守国家秘密法》（以下简称《保守国家秘密法》）第二条对国家秘密的概念作出了首次界定："国家秘密是关系国家安全和利益，依照法定程序确定，在一定时间内只限一定范围的人员知悉的事项。"第八条又以列举的方式规定了国家秘密事项，包括：国家事务的重大决策中的秘密事项；国防建设和武装力量活动中的秘密事项；外交和外事活动中的秘密事项以及对外承担保密义务的事项；国民经济和社会发展中的秘密事项；科学技术中的秘密事项；维护国家安全活动和追查刑事犯罪中的秘密事项；其他经国家保密工作部门确定应当保守的国家秘密事项；政党的秘密事项中符合本法第二条规定的也属于国家机密。2010年修订的《保守国家秘密法》对1988年的《保

守国家秘密法》作了确认。《保守国家秘密法》是全国人大常委会以法律的形式对宪法中的"国家秘密"概念所作的宪法解释,全国人大常委会是宪法赋予的、有权解释宪法的机关。不得泄露国家秘密的义务在于维护国家安全和利益,一旦泄露了国家秘密,就会直接危害国家安全。当然,由于"国家安全和利益"的概念具有极大的模糊性与高度的概括性,实践中仍难以把握,其中的模糊地带值得进一步思考。

七、不得煽动扰乱公共秩序

《宪法》第五十三条规定了公民必须遵守公共秩序的义务。公共秩序包括公民必须遵守的生产、工作、教学、交通、公共场所以及社会和生活秩序,它是由法律、纪律和道德、习惯等确立的社会公共生活规则,不仅关乎共同体成员的生活质量,也关乎社会的文明程度。因此,煽动扰乱公共秩序的言论属于违宪行为。同时,《刑法》第一百二十条中规定了宣扬恐怖主义、极端主义,煽动实施恐怖活动罪,以及强制穿戴宣扬恐怖主义、极端主义服饰、标志罪,这种言论就属于扰乱公共秩序,必须依法追究其刑事责任。《治安管理处罚法》第二十五条规定,散布谣言,谎报险情、疫情、警情或者以其他方法故意扰乱公共秩序的,扬言实施放火、爆炸、投放危险物质扰乱公共秩序的,均处以行政处罚。《刑法》第二百九十三条还规定了辱骂、恐吓他人而破坏社会秩序的言论,这类言论构成寻衅滋事的行为,将予以刑事责任追究。《刑法》第二百七十八条规定了不得有煽动群众暴力抗拒国家法律、行政法规实施而扰乱公共秩序的言论,否则将追究其刑事责任,因为国家法律法规的实施属于公共秩序的范畴。

八、不得违反社会公德

《宪法》第五十三条规定了公民必须尊重社会公德的义务。2001年中共中央关于印发的《公民道德建设实施纲要》指出,"社会公德是全体公民在社会交往和公共生活中应该遵循的行为准则";我国《宪法》第二十四条把"爱祖国、爱人民、爱劳动、爱科学、爱社会主义"作为公德的内容加以提倡;党的十八大提出了以"爱国、敬业、诚信、友善"作为公民的基本道德规范,这是对社会公德内容的具体化,它覆盖社会道德生活的各个领域,是新时代公民必须恪守的社会公德准则。违背社会公德的言论要承担相应的民事或刑事责任,《民法典》第八条规定:民事主体从事民事活动,不得违反法律,不得违背公序良俗;《刑法》第二百八十七条之一"非法利用信息网络罪"规定,发布有关制作或者销售淫秽物品的(言论)将追究其刑事责任。

九、不得危害国家安全、荣誉和利益

《宪法》第五十四条规定:"中华人民共和国公民有维护祖国的安全、荣誉和利益的

义务，不得有危害祖国的安全、荣誉和利益的行为。"维护祖国的安全、荣誉和利益是公民的宪法义务。祖国的安全，既包括国家政权不被颠覆和破坏，社会秩序不被破坏，也包括国家的主权、领土不受侵犯。祖国的荣誉主要指国家的尊严不受侵犯和不受玷污，国家的国际威望、声誉、形象不受损害。祖国的利益包括政治、经济、文化、安全等各个方面的内容。总之，祖国的安全是国家存在和发展的基本条件，也是每一个公民的权利和自由得以实现的前提与基础；祖国的荣誉关系着国家与人民的神圣尊严，关乎国家信誉与良好形象；祖国的利益则是人民的根本利益，它高于一切。因此，每个公民都应自觉履行维护祖国安全、荣誉和利益的宪法义务，否则要承担相应的法律责任。比如《刑法》第三百七十三条规定了煽动军人逃离部队的言论，就是一种危害祖国安全的言论，必须承担刑事责任。

延伸阅读

纽约时报诉沙利文案

1960年是美国种族问题极为敏感，种族冲突一触即发的年代，美国黑人民权运动在各地风起云涌。同年3月29日，美国《纽约时报》以整版篇幅刊登了一则宣传美国南方各级政府镇压黑人民权运动的政治广告《请倾听他们的呐喊》（Heed Their Rising Voices），从此卷入了一场历时4年的诉讼。该则广告由64位著名民权人士购买并署名，特别谴责了亚拉巴马州蒙哥马利市的警察以"恐怖浪潮"攻击非暴力示威的黑人及虐待黑人学生等行径。但事后发现，其中的部分事例是不真实的。蒙哥马利市负责警察局的民选市政官员沙利文（Sullivan）写信给部分在广告上署名的人士和《纽约时报》，要求撤回广告，遭到拒绝后，以诽谤罪起诉了其中的4名黑人牧师和《纽约时报》，认为该广告的报道失实，严重损害了他作为警方首脑的名誉。蒙哥马利县巡回法庭判决原告沙利文胜诉并获赔50万美元。两年后，亚拉巴马州高等法院维持原判。其他一些官员纷纷效法沙利文的做法，《纽约时报》总计被索赔500余万美元。《纽约时报》仍不服，上诉至美国最高法院。1964年3月，美国最高法院以9比0一致通过推翻了州法院的判决。《纽约时报》诉沙利文案是美国历史上一个里程碑式的判决，它运用宪法第一条修正案对于新闻媒体的言论自由权进行了保护，确立了公职官员对新闻媒体提出的诽谤案的受诉原则，即"实际恶意"。该案判决书由审理本案时的美国最高法院首席大法官厄尔·沃伦（Earl Warren）委托其同事兼密友威廉·布里南（William J. Brennan.）执笔。

第二节 煽动性言论

煽动（sedition）是以口述、文字、影像、书画等方式，通过讲演或者借助图书、报刊、广播、电视、电影和网络等媒体，对他人进行宣传、鼓动，意图使他人去实施某些破坏性活动。其特点：一是表述方式的非理性，就是使用情绪化的、蛊惑性的语言；二是内容的非事实性，如虚张声势，夸大其词，攻其一点不及其余，以及造谣诽谤；三是直接面向公众，即公然散布；四是具有导致破坏性行动的目的，就是希望激起他人反常狂热，采取某种损害社会和他人的行动。煽动虽然也是一种表达方式，但却直接同某些行动相联系。煽动他人进行危害国家和社会的活动，会产生很大的社会危害性，因而必须加以禁止，对违者依法予以制裁。所以，惩处煽动犯罪行为与不承认所谓"思想犯罪"的原则并不违背。[1]

煽动犯罪罪在英美法系和大陆法系均有相关规定。虽然各个国家对煽动犯罪罪的表述有所不同，但其本质特征是相同的。英国刑法学者认为："煽动犯是指计谋影响他人或者使他人产生犯罪意图的人。"澳大利亚学者认为："煽动犯罪罪在本质上是指煽动行为人通过利用被煽动者实施犯罪，当目标犯罪行为被实施时，煽动者就成为了目标犯罪的共犯，即使被煽动者没有实施被煽动的犯罪行为，煽动行为人也应该为其煽动行为负责任。"

我国现行的《刑法》中没有规定专门的煽动犯罪罪，而是分别规定了六种煽动类型的犯罪，这六种犯罪所指向和侵害的客体都是非常重要的，分别是：煽动分裂国家罪，煽动颠覆国家政权罪，煽动民族歧视、民族分裂罪，煽动暴力抗拒法律实施罪，煽动军人逃离部队罪，以及煽动恐怖活动罪。这六种犯罪所指向的法益不同，但其行为方式相同，均为煽动。其中，前两项属于"危害国家安全罪"；后四项罪的主要侵犯客体都不是国家安全，但按照总体国家安全观[2]，无疑同国家安全相关。

除《刑法》外，《国家安全法》第十五条规定，"国家防范、制止和依法惩治任何叛国、分裂国家、煽动叛乱、颠覆或者煽动颠覆人民民主专政政权的行为"。《网络安全法》第十二条规定："任何个人和组织使用网络应当遵守宪法法律，遵守公共秩序，尊重社会公德，不得危害网络安全，不得利用网络从事危害国家安全、荣誉和利益，煽动颠覆国家政权、推翻社会主义制度，煽动分裂国家、破坏国家统一，宣扬恐怖主义、

---

[1] 魏永征. 新闻传播法教程[M]. 5 版. 北京：中国人民大学出版社，2016：50.
[2] 习近平总书记在中央国家安全委员会第一次会议上提出了总体国家安全观，其基本内涵是以人民安全为宗旨，以政治安全为根本，以经济安全为基础，以军事、科技、文化、社会安全为保障，以促进国际安全为依托，走出一条中国特色国家安全道路。

极端主义，宣扬民族仇恨、民族歧视，传播暴力、淫秽色情信息，编造、传播虚假信息扰乱经济秩序和社会秩序，以及侵害他人名誉、隐私、知识产权和其他合法权益等活动。"

以下着重论述六种关于煽动犯罪罪名的客观行为，并结合相关案例进行分析。

一、六种不同的煽动犯罪类型

煽动分裂国家罪，即煽惑、挑动群众分裂国家、破坏国家统一的行为。《刑法》第一百零三条第一款规定了"组织、策划、实施分裂国家、破坏国家统一"的罪行及其刑事制裁，第二款规定"煽动分裂国家、破坏国家统一的，处五年以下有期徒刑、拘役、管制者剥夺政治权利；首要分子或者罪行重大的，处五年以上有期徒刑"。本罪在客观方面表现为煽惑、挑动群众分裂国家、破坏国家统一的行为，比如煽动我国国内某民族、某地区、某部分领土脱离祖国而"独立"，鼓吹"港独""台独""藏独""疆独"等。煽动是指行为人以语言、文字、图像等方式对他人进行鼓吹煽动，意图使他人接受或相信所煽动的内容或去实行所煽动的分裂国家的行为，而并非行为人自己实行，这是煽动分裂国家罪与分裂国家罪的根本区别。分裂国家的犯罪行为一般不能由个人单独实施，而是由多人共同实施，所以本条规定了"组织""策划""实施"三种情况，在量刑上规定了首要分子或罪行重大者、积极参加者和其他参加者三个档次。煽动的对象既可以是一人，也可以是众人。煽动的方式多种多样，包括发表言论、散布文字、制作传播音像制品等。此外，本罪属于行为犯，行为人只要实施了煽动性的宣传鼓动，就构成本罪既遂，而不必问其宣传煽动效果如何，是否有人接受其宣传煽动实施分裂国家的行为。

案 例

艾某某煽动分裂国家案

自2013年起，艾某某在其腾讯空间相册内上传了多张煽动分裂国家、宣扬暴恐及极端宗教思想的图片，该空间未设置密码，截至案发前已有多人浏览图片。经大连市公安局网络安全保卫分局对艾某某的腾讯QQ空间远程勘验，乌鲁木齐市公安局国内安全保卫支队审读，上述图片中包含煽动分裂国家的图片1张，暴力抗法的图片1张，煽动民族仇恨、民族歧视的图片11张。经大连市人民法院审理，被告人艾某某利用互联网以图片和文字等方式传播有害信息，煽动分裂国家，破坏国家统一，其行为侵犯了国家的安全和统一，已构成煽动分裂国家罪。依法判处有期徒刑三年，剥夺政治权利两年。[①]

---

① 北京律师在线. 艾某某煽动分裂国家罪一审刑事判决书[EB/OL]. (2020-11-15)[2022-09-03]. http://www.lawking.com.cn/Index/show/catid/32/id/6581.html.

煽动颠覆国家政权罪，即以造谣、诽谤或者其他方式煽动颠覆国家政权、推翻社会主义制度的行为。《刑法》第一百零五条规定："以造谣、诽谤或者其他方式煽动颠覆国家政权、推翻社会主义制度的，处五年以下有期徒刑、拘役、管制或者剥夺政治权利；首要分子或者罪行重大的，处五年以上有期徒刑。"本罪的客观方面要件为实施了下列一种或多种行为：其一，以造谣的方式煽动他人进行颠覆国家政权、推翻社会主义制度的行为。所谓造谣，是指为了达到颠覆国家政权、推翻社会主义制度的目的而无中生有，捏造虚假事实，如捏造所谓"劣迹""阴暗面"以鼓动人们的不满和仇视。其二，以诽谤的方式煽动他人进行颠覆国家政权、推翻社会主义制度的行为。所谓诽谤，即捏造、实施贬损他人声誉的行为，为了达到颠覆国家政权、推翻社会主义制度的目的，散布有损于国家政权和社会主义制度的言论，以损害国家政权的形象。此处，诽谤区别于造谣之处在于其特定指向性（造谣不一定有特定指向）。其三，以其他方式，比如发布宣言、政纲等，煽动他人进行颠覆国家政权、推翻社会主义制度的活动。与煽动分裂国家罪一样，煽动颠覆国家政权罪也属于行为犯，即行为人只要具有以造谣、诽谤或者其他方式煽动颠覆国家政权、推翻社会主义制度的行为，不管其所煽动的对象是否接受其所煽动的内容，也不管其是否去实行所煽动的有关颠覆活动，均不影响犯罪的构成。此外，实施以上两种犯罪，如果是与境外机构、组织、个人相勾结的，按《刑法》第一百零六条的规定，从重处罚。

煽动民族仇恨、民族歧视罪，即煽动民族仇恨、民族歧视，情节严重的行为。按《刑法》第二百四十九条规定："煽动民族仇恨、民族歧视，情节严重的，处三年以下有期徒刑、拘役、管制或者剥夺政治权利；情节特别严重的，处三年以上十年以下有期徒刑。"民族仇恨是指基于民族的来源、历史、风俗习惯等的不同，民族间的相互敌对、仇视的状况；民族歧视是指基于民族的来源、历史、风俗习惯等的不同，民族间的相互排斥、限制、损害民族主体地位的状况。本罪的侵犯客体是我国各民族之间的团结友好关系，如果后果严重，造成民族分裂，当然也会危及国家安全。本罪的客观行为是以语言、文字等方式挑拨离间我国不同民族之间的关系。煽动民族仇恨，既可以是煽动汉族仇恨少数民族，也可以是煽动少数民族仇恨汉族，还可能是煽动一个少数民族仇恨另一个少数民族。情节严重，具体是指煽动手段恶劣（如使用侮辱、造谣手段等）、多次进行煽动、造成了严重后果或者恶劣影响（如引起民族公愤，严重损害民族感情、尊严，致使民族成员大量逃往国外，以及引起了其他影响民族团结、平等后果等等）。本罪也是行为犯，但是把"情节严重"作为犯罪的构成要件，是指煽动手段卑鄙、动机恶劣、后果严重等。

案 例

李某煽动民族仇恨、民族歧视案

2018年11月至2019年3月期间，李某在个人微博账号长期发布、转载攻击伊斯兰教、诋毁穆斯林同胞的言论、图片，有明显侮辱性文字内容的微博达200余条、转发1 682次、评论712条，公然煽动对信奉伊斯兰教民族的仇恨和歧视，严重违反了我国宪法规定的"各民族一律平等"的原则，经公安机关两次警告拒不悔改，引起部分回族群众及沈阳市伊斯兰教协会的强烈反应，造成了恶劣的社会影响。2019年3月6日，李某被公安机关抓获。2019年8月21日，李某被沈阳市和平区人民法院以煽动民族仇恨、民族歧视罪，判处有期徒刑二年。

煽动暴力抗拒法律实施罪，即故意煽惑、挑动群众抗拒国家法律、行政法规实施的行为。《刑法》第二百七十八条规定："煽动群众暴力抗拒国家法律、行政法规实施的，处三年以下有期徒刑、拘役、管制或者剥夺政治权利；造成严重后果的，处三年以上七年以下有期徒刑。"本罪侵犯的客体是国家法律、行政法规的实施秩序①。煽动暴力抗拒的法律、法规包括现行的法律、行政法规和已经颁布但尚未施行的法律和行政法规。例如，某人对修改后的土地管理法不满，在看到报纸发布的法律条文后即煽动群众，该法一旦施行即以暴力抗拒其实施，即属煽动暴力抗拒已经颁布但尚未施行的法律、行政法规的情形。在客观方面，本罪的行为必须是以语言、文字等方式煽动群众采取暴力来抗拒国家法律的实施；一般地指责某些法律，发表对某些法律的不满言论，即使是错误的，也不能构成犯罪。本罪为行为犯。如果部分群众真被煽动起来了并造成了严重后果，那就要处以更重的刑罚。

煽动军人逃离部队罪。《刑法》第三百七十三条规定："煽动军人逃离部队……情节严重的，处三年以下有期徒刑、拘役或者管制。"本罪的侵犯客体是国家的国防利益。客观方面的行为是煽动军人逃离部队且情节严重，煽动的方式可以是口头的，也可以是书面的、通过某种媒体传播的。本罪也是行为犯。

煽动恐怖活动罪。《刑法》第一百二十条之三规定："以制作、散发宣扬恐怖主义、极端主义的图书、音频视频资料或者其他物品，或者通过讲授、发布信息等方式……煽

---

① 所谓行政法规的实施，是指法律、行政法规在社会生活中的贯彻。法律、行政法规是我国法律渊源效力等级比较高的两个层次。法律，在本罪中仅指狭义的法律，包括基本法律和基本法律以外的法律。基本法律是指规定和调整国家和社会生活中某一方面带有根本性、全局性的社会关系的法律。根据《宪法》第六十二条第（三）项应当由全国人民代表大会制定，如刑法、民法和诉讼法等；基本法律以外的法律，根据《宪法》第六十七条第（二）项，应当由全国人大常委会制定，是指规定和调整由基本法律调整以外的国家和社会生活中的某一方面的社会关系的法律，如《商标法》《专利法》等。行政法规，根据《宪法》第八十九条第（一）项的规定，指国务院根据且为了实施宪法和法律，制定和颁布的有关国家行政管理活动的各种规范性法律文件，如《外汇管理暂行条例》《金银管理条例》等。

动实施恐怖活动的，处五年以下有期徒刑、拘役、管制或者剥夺政治权利，并处罚金；情节严重的，处五年以上有期徒刑，并处罚金或者没收财产。"本罪的侵犯客体是公共安全，客观行为是宣扬恐怖主义、极端主义，煽动实施恐怖活动，恐怖活动包括进行爆炸、投毒、暗杀、劫持飞机、绑架人质等严重危害公共安全、人身安全而为刑法所禁止的犯罪活动。煽动的方式，可以是通过图书、音频视频等媒体，也可以是通过包括网络在内的传播介质发布信息，也可以是口头讲授。本罪也是行为犯。

以上所称恐怖主义、极端主义，在《反恐怖主义法》中得到了这样的界定，即"通过暴力、破坏、恐吓等手段，制造社会恐慌、危害公共安全、侵犯人身财产，或者胁迫国家机关、国际组织，以实现其政治、意识形态等目的的主张和行为"（第三条）。"国家反对一切形式的以歪曲宗教教义或者其他方法煽动仇恨、煽动歧视、鼓吹暴力等极端主义"（第四条）。

1998年最高人民法院《关于审理非法出版物刑事案件具体应用法律若干问题的解释》第一条规定："明知出版物中载有煽动分裂国家、破坏国家统一或者颠覆国家政权、推翻社会主义制度的内容，而予以出版、印刷、复制、发行、传播的，依照刑法第一百零三条第二款或者第一百零五条第二款的规定，以煽动分裂国家罪或者煽动颠覆国家政权罪定罪处罚。"这两条司法解释，对实施这两项犯罪的行为主体作出了进一步的规定，明确了在出版活动中可能构成这两项犯罪的，不仅有提出煽动言论的人，而且包括编辑出版者、印刷复制者、销售者和其他方式的传播者。后者构成此罪的前提是"明知"，即明知出版物中含有上述法律禁止的内容而仍然予以出版传播。提出煽动言论的，当然是直接故意。而后列出的各种传播者，则直接故意、间接故意都有可能；并无分裂国家、颠覆政权的目的，而是出于营利等其他目的，明知出版物中因含有法律禁止的内容而对国家安全具有危害性却采取放任的态度仍然加以传播的，也可以构成本罪。

2014年最高人民法院、最高人民检察院、公安部发布《关于办理暴力恐怖和宗教极端刑事案件适用法律若干问题的意见》，针对我国部分地区发生暴力恐怖案件，且均与宗教极端犯罪活动有直接关系的情况，就通过各种出版物或网络等方式传播宗教极端、暴力恐怖思想的行为，规定以煽动分裂国家罪或煽动民族仇恨、民族歧视罪定罪处罚，明知有上述内容而提供各种方式的传播服务或者放任其传播的，以共同犯罪定罪处罚。

煽动犯罪，危害国家安全、严重扰乱正常社会秩序，是一种严重罪行。这类犯罪往往利用印刷品、网络媒体实施，比如：

> 2006年至2014年，被告人唐某某出于对中国现行制度和社会现状的不满，先后发起、组织、参加多次具有煽动颠覆国家政权的活动，编辑、印制、传播有关系列丛书和其他宣传单张；被告人袁某某积极协助唐某某印制、邮寄并单独派发宣传品；被告人王某某积极参与唐某某组织的活动，并以自己的名义与唐某某、袁某某

共同租赁房屋,作为储藏书籍、研读聚会场所。经公安机关侦查、检察机关公诉,法院审理认定:被告人唐某某编辑、印制的系列丛书具有大量煽动颠覆国家政权、推翻社会主义制度的内容,甚至提出了推翻中国共产党领导、颠覆社会主义制度的实施步骤、方法和行动建议。三被告人将上述书籍、宣传单张寄往全国各地进行传播,其行为符合煽动颠覆国家政权罪主客观要件,均已构成颠覆国家政权罪。判处唐某某有期徒刑5年,剥夺政治权利3年;袁某某有期徒刑3年6个月,剥夺政治权利2年;王某某有期徒刑2年6个月,剥夺政治权利1年。①

与以上《刑法》《国家安全法》等有关规定相衔接,我国在新闻传播领域的行政法规、部门规章等也对煽动情形作出了相应的规定。如《出版管理条例》第二十五条规定的出版物禁载内容包括:"反对宪法确定的基本原则的""危害国家统一、主权和领土完整的""泄露国家秘密、危害国家安全或者损害国家荣誉和利益的""煽动民族仇恨、民族歧视,破坏民族团结,或者侵害民族风俗、习惯的"等。《广播电视管理条例》第三十二条规定的电台、电视台禁止制作、播放的节目内容有:"危害国家的统一、主权和领土完整的""危害国家的安全、荣誉和利益的""煽动民族分裂,破坏民族团结的"等。《电信条例》第五十六条规定,任何组织或者个人不得利用电信网络制作、复制、发布、传播的信息有:"反对宪法所确定的基本原则的""危害国家安全,泄露国家秘密,颠覆国家政权,破坏国家统一的""损害国家荣誉和利益的""煽动民族仇恨、民族歧视,破坏民族团结的"等。《互联网信息服务管理办法》第十五条规定互联网信息服务提供者不得制作、复制、发布、传播含有下列内容的信息:"反对宪法所确定的基本原则的""危害国家安全,泄露国家秘密,颠覆国家政权,破坏国家统一的""损害国家荣誉和利益的""煽动民族仇恨、民族歧视,破坏民族团结的"等。有关行政法规对发表、传播违禁内容而尚不构成犯罪的行为规定了行政处罚,包括没收出版物和违法所得、罚款、停业整顿、吊销许可证等,并规定"构成犯罪的,依法追究刑事责任"。为此设定的行政处罚主要是适用于新闻媒介传播了法律禁载的危害或有损国家安全的内容但尚不构成犯罪的情况:一种是犯罪构成要件不具备,如主观上只具有过失并无故意,客观行为上不具有煽动的特征等,通常被认为属于政治错误;另一种是按《刑法》规定"情节显著轻微危害不大的,不认为是犯罪"的行为。

二、煽动行为与言论自由之间的界限

言论自由是公民的基本权利,而煽动型犯罪属于言论犯罪。煽动行为与言论表达紧密相关,所以要正确划分煽动行为与言论自由之间的界限。有人认为,言论自由是指

---

① 唐某某、袁某某、王某某案一审刑事判决书.广东省广州市中级人民法院刑事判决书(2015)穗中法刑一初字第167号。

"言者无罪",这种理解显然是不正确的,极端的别有用心的言论表达也是一种危害行为。煽动行为表面上是一种言论表达,实质上该行为会造成国家、社会和个人权益的损害或者有造成损害的危险。自由是有限制的,即在法治环境下,言论自由的行使需要接受规范,没有限制的自由定会吞噬自由本身。如行为人通过言论表达实施煽动型犯罪,对接受者和外部世界产生直接的影响,这种言论表达就突破了言论自由的界限而变成了刑法中的危害行为。对于煽动行为与言论自由的界限,学界有不同观点。有学者认为应以"伤害原则"来区分,即言论自由要以不伤害他人利害为标准。还有学者认为区分标准应为"明显而即刻的危险",这个观点的拥簇者甚多,即"如果言论表达产生了明显而即刻的危险,那么惩罚言论表达就符合宪法的要求,因为煽动行为具有现实的危险性,侵犯了潜在受害人享受安宁生活的权利,使他们遭受心理和精神恐惧,造成社会公众的恐慌,因此煽动行为必须受到处罚"[①]。关于此观点,美国联邦最高法院大法官给出了不同意见,他认为危险不仅是明显而即刻的,还应当是很严重的。

言论自由属于公民的基本权利,而煽动行为属于危害行为,前者是合法行为而后者是非法行为。对言论自由和煽动行为进行区分的实质标准是通过判断言论表达能否对法益造成破坏或者有造成破坏的实际危险,根据刑法的谦抑性,其行为对法益的损害的危险程度应达到比较迫切需要法律保护的程度,因此,以"明显而即刻的危险"为标准有一定的合理性。

在判断言论表达的危险性时,要排除消极言论。所谓消极言论,即行为人觉悟不高或因需求得不到满足,因为对某些事件或者现实生活不满,而牢骚抱怨,其言论行为并没有煽动他人实施犯罪的意图[②]。消极言论一般就是具体事件的情绪性表达,不具有鼓动、怂恿、引诱他人犯罪的意图,对这种言论表达不应认为其具有"明显而即刻的危险",不能被认定为煽动行为。但是,如果其消极言论的内容会引导指向相关的犯罪行为,达到了"明显而即刻的危险"的程度,就应被认定为煽动行为。"即使是表达意见,但如果这种意见的表达在其所处的环境中导致了对一些危害行为的积极煽动,其行为应该被定性为煽动行为而非言论自由。"[③] 但是,如果其消极的言论不指向具体的目标行为,也难以对周围人产生实在的影响,则不能被认定为煽动行为。

如果行为人的行为达到了煽动行为的标准,却自认其行为为消极言论,这时应如何判断呢?行为是否违法,需按主客观相一的标准做判断。在主观方面,行为人至少能够认识到其行为可能会引起他人实施煽动型犯罪所指向的相关犯罪的后果,同时行为人放任或者追求这种结果的发生;在客观方面,行为人的煽动行为确实产生了"明显而即刻的危险",这时主客观相统一,行为人的行为就构成了煽动型犯罪。行为人自认为其行

---

① 张艳语. 煽动型犯罪中煽动行为的界定[J]. 武汉冶金管理干部学院学报,2017,27(1):39.
② 魏东. 刑法各论若干前沿问题要论[M]. 北京:人民法院出版社,2005:461.
③ [英]约翰·穆勒. 论自由[M]. 孟凡礼,译. 桂林:广西师范大学出版社,2011:65.

为属于消极言论但在实际上其行为属于煽动行为,这是违法性认识错误中的涵摄的错误,即行为人对该罪的构成要件、要素有着错误的认识,误以为自己的行为不符合构成要件、要素。使用这种错误术语解释错误,不能阻却对故意的认定。[①]

第三节 国家秘密

任何国家都有国家秘密,都把保守国家秘密视为维护国家安全的重要方面,都严格禁止泄露国家秘密的行为。

我国的保密制度形成于革命战争年代。1951年政务院公布的《保守国家机密暂行条例》,作为行政法规,已经实施了三十多年。1988年全国人大常委会通过了《中华人民共和国保守国家秘密法》,2010年又修订通过并开始施行新的《保守国家秘密法》(以下简称《保密法》)。2014年,国务院公布《保守国家秘密法实施条例》,对1990年《保守国家秘密法实施办法》作了全面修订。

《保密法》是我国保密制度的核心法律,除此之外,《刑法》对侵犯国家秘密犯罪也有多项规定。1979年《刑法》规定了泄露国家重要机密罪。1997年《刑法》将泄露国家重要机密罪改为泄露国家秘密罪,增列了为境外窃取、刺探、收买、非法提供国家秘密、情报罪,还规定了非法获取国家秘密罪,非法持有国家绝密、机密文件、资料、物品罪,以及非法获取军事秘密罪,为境外窃取、刺探、收买、非法提供和泄露国家军事秘密罪。涉及保守国家秘密的还有《中华人民共和国反间谍法》《中华人民共和国国家安全法》《中华人民共和国军事设施保护法》《中华人民共和国公务员法》《中华人民共和国法官法》《中华人民共和国中国人民银行法》《中华人民共和国审计法》等20多部法律,以及为数众多的行政法规、规章等,形成了庞大而完整的体系。在20世纪末,我国涉及保守国家秘密的法律、法规、规章和其他规范性文件已有250多件。

上述法律规定都对新闻传播活动具有约束力,而且有些法律还对新闻传播活动有专门规定。1992年,国家保密局、中央对外宣传小组、新闻出版总署、广播电影电视部发布的《新闻出版保密规定》,是专门规范新闻出版工作中保守国家秘密制度的部门规章。为了加强互联网保密管理,国家保密局先后发布了部门规章《计算机信息系统保密管理暂行规定》《计算机信息系统国际联网保密管理规定》《信息系统和信息设备使用保密管理规定》等。在新闻出版、广播电视和互联网管理的行政法规、规章中,都把泄露国家秘密列为禁载的重要一项。

---

① 张艳语.煽动型犯罪中煽动行为的界定[J].武汉冶金管理干部学院学报,2017,27(1).

▶▶ 一、国家秘密的概念和确定

什么是国家秘密?按《保密法》第二条,"国家秘密是关系国家的安全和利益,依照法定程序确定,在一定时间内只限一定范围的人员知悉的事项"。该定义交代了国家秘密的三大要件。

《保密法》列举的国家秘密包括:国家事务重大决策、国防建设和武装力量活动、外交和外事活动以及对外承担保密义务、国民经济和社会发展、科学技术、维护国家安全活动和追查刑事犯罪方面的秘密事项,以及经国家保密行政管理部门确定的其他秘密事项(第九条)。

第一,关系国家安全和利益。所谓"国家安全和利益",按照《刑法》《国家安全法》的规定,系指涉及国家的领土完整、主权独立、社会制度安危等的重大事项。国家安全和利益是指国家整体的安全和利益,如果仅仅涉及某个机关、团体、企事业单位的安全和利益,比如泄露后会损害某家央企的利益,不属国家秘密。1994年,国家保密局将有关"关系国家安全和利益"的事项一旦泄露会造成的后果进行了分类归纳,共归纳成7大类,40个小类,统称"关系国家安全和利益的定义群"。这7大类是:(1)危害国家防御能力;(2)危害国家政权的巩固和使国家机关依法行使职权失去保障;(3)影响国家统一、民族团结和社会安定;(4)妨碍国家外交、外事活动正常进行;(5)损害国家经济利益和科技优势;(6)妨碍国家重要保卫对象和保卫目标安全;(7)妨碍国家秘密情报的获取和削弱保密措施有效性。保密局以此作为制定或者调整保密范围的依据,凡符合《保密法》第二条的规定,一旦泄露会造成"定义群"中40个小类后果之一的,应当列入保密范围。按照不同国家秘密泄露后损害程度的不同,《保密法》把国家秘密分为"绝密""机密""秘密"三级。绝密级是最重要的国家机密,一旦泄露会使国家安全和利益遭受特别严重的损害;机密级是重要的国家秘密,一旦泄露会使国家安全和利益遭受严重的损害;秘密级是一般的国家秘密,一旦泄露会使国家安全和利益遭受损害(第十条)。有关事项被公开是否影响国家安全和利益,是衡量国家秘密的首要标准。2005年秋,国家保密局和民政部宣布废除《民政工作中国家秘密及其密级具体范围的规定》中关于"全国及各省、市因各种自然灾害发生逃荒、要饭、死亡的非正常现象的综合统计资料"属于国家秘密的规定。对因自然灾害导致的逃荒、死亡的人数加以公开,显然不会影响国家安全,也不可能损害国家利益。不过,需要保守秘密的事项并不限于国家秘密。企业有商业秘密,个人有私生活秘密(隐私),还有国家机关在公务活动中产生的不属于国家秘密而又不宜对外公开的工作秘密,泄露出去也会给有关机关、企业或个人造成一定损害,擅自公开也要承担一定责任。但后者同国家的安全和利益没有关系,不属于保密法调整范围,发生泄露不能按泄露国家秘密查处。①

案例

力拓公司上海办事处胡某某涉嫌侵犯商业秘密案

2009年，澳大利亚力拓集团驻上海办事处的胡某某等4名员工，在中外进出口铁矿石谈判期间，采取不正当手段，通过拉拢收买中国钢铁生产单位内部人员，刺探窃取了中国国家秘密，对中国国家经济安全和利益造成重大损害。2010年，上海市第一中级人民法院对被告人胡某某等非国家工作人员受贿、侵犯商业秘密案作出一审判决，分别以非国家工作人员受贿罪、侵犯商业秘密罪，数罪并罚判处被告人胡某某有期徒刑十年，并处没收财产和罚金人民币100万元。②

对于力拓案的定性，各界特别是法学界存在争议。间谍罪强调的是危害国家安全的行为，侵犯商业秘密罪则主要是针对公司单位之间。力拓案定性的争议关键在于胡某某等人的行为侵犯的是国家秘密还是商业秘密。力拓案的产生环境是在全球经济一体化的趋势下，境外大公司为获取利益最大化而不择手段，同时也有中方产业弊端重重，少数内部人员意志不坚定，置国法于不顾，唯利是图，最后造成了惨重的损失。力拓一案体现的不只是境外间谍采取隐蔽多样的方式窃取刺探我钢铁行业等非传统国家安全领域秘密情报的问题，此案更折射出维护非传统国家安全领域的严峻与复杂情况。③

第二，依照法律规定的程序加以确定。国家秘密及其密级需要确定具体范围，以作为定密的依据。按《保密法》规定，国家秘密及其密级的具体范围，由国家保密行政管理部门分别会同外交、公安、国家安全和其他中央有关机关规定。军事方面的国家秘密及其密级的具体范围，由中央军事委员会规定（第十一条）。这些规定，以"某某工作（或行业）国家秘密及其密级具体范围的规定"的名称下发到有关系统、行业，有关机关、单位对自身产生的秘密事项，可以"对号入座"，以确定哪些事项属于国家秘密及其密级。据统计，在21世纪初，国家保密局会同中央各部门制定的关于保密范围的规定有87件，连同有些部门的补充规定，共有97件。《保密法》还对定密权限和定密责任人作了规定。除公安、国家安全机关按规定的权限确定密级外，中央国家机关、省级机关及其授权的机关、单位可以确定绝密级、机密级和秘密级国家秘密；设区的市、自治州一级的机关及其授权的机关、单位可以确定机密级和秘密级国家秘密（第十

---

① 魏永征. 新闻传播法教程[M]. 5版. 北京：中国人民大学出版社, 2016: 54—56.
② 新浪网. 力拓案胡××被判十年徒刑[EB/OL]. (2010-03-29)[2022-06-11]. http://finance.sina.com.cn/chanjing/gsnews/20100329/14517652381.shtml.
③ 长昊律师网. 从力拓案看国家秘密与商业秘密之界限[EB/OL]. (2019-04-02)[2022-06-11]. http://www.szloline.com/qbal/symm/2019/0402/4203.html.

三条)。机关、单位负责人及其指定的人员为定密责任人,负责本机关、本单位的国家秘密确定、变更和解除工作(第十二条)。各机关、单位的定密负责人根据国家秘密具体范围的规定和本机关、单位的定密权限来确定国家秘密。对于不在规定的范围内而认为需要定密的,或者是否属于国家秘密及对密级不明确、有争议的,以及属于上级机关、单位定密权限的,应该先行采取保密措施,并报请上级机关、单位或者相应的主管部门、保密管理部门确定。县级及县以下机关、单位没有定密权。它们只可以对执行上级确定的国家秘密事项时派生出来的事项按原有密级进行定密。如果认为产生了原始国家秘密,只能先行采取保密措施,并报请国家机关、单位或者相应的主管部门、保密管理部门确定。

　　第三,在一定时间内只限一定范围的人员知悉。知悉范围是对国家秘密的空间控制,保密期限是对国家秘密的时间控制。秘密就是只能由个别人或最少人知悉的事项,确定知悉范围是保密工作的关键环节。《保密法》规定国家机密的知悉范围,应当根据工作需要限定在最小范围(第十六条);它改变了过去单纯以行政级别来确定国家秘密知悉范围的做法。确定知悉范围的方式,一是限定到具体人员,二是限定到机关、单位,由机关、单位限定本机关、本单位的具体人员。在范围外的人员,因工作需要知悉国家秘密,应当经过机关、单位负责人批准。国家秘密应当确立期限。对于保密期限可以预见的,《保密法》规定有确定保密时限和确定解密条件两种做法,后者如工作决策、统计数据在形成过程中属于国家秘密的,正式公布即为解密。对于保密期难以预见的,《保密法》规定除另有规定外,绝密级不超过三十年,机密级不超过二十年,秘密级不超过十年(第十五条)。保密期满,自行解密。在《档案法》中也有相匹配的规定。所谓泄露国家秘密,是指由于违反了保密法的规定而造成的两种情况:一是使国家秘密被不应知悉者知悉。这既可以是通过口头、通信等人际传播的方式将国家秘密告知不应知悉者,也可以是通过大众传播媒介将国家秘密公开向社会传播。二是使国家秘密超出了限定的接触范围,而不能证明未被不应知悉者知悉。比如,某秘密文件失落于公共场所,虽然已找回,但不能确定在失落期间是否被人看过,应视为泄密。泄露国家秘密的行为有的是出于过失,如在日常交谈中无意泄露,不慎将秘密文件遗失,不知道或没有意识到是国家秘密而在大众传媒上公开传播等。也有的属于故意,即明知是国家秘密却有意使他人知悉,以达到某种非法目的。凡违反保密法律、法规的规定,泄露国家秘密的,不论是故意还是过失,都应承担法律责任。①

---

① 魏永征. 新闻传播法教程[M]. 5 版. 北京:中国人民大学出版社,2016:56-57.

▶▶ 二、数字环境对于保守国家秘密的挑战

随着信息时代的来临,全球进入了数字化时代,其主要特征是数字化技术在生产、生活、经济、社会、科技、文化、教育和国防等各个领域的应用不断扩大并取得了日益显著的效益,其本质是开放、兼容、共享。保密管理工作也随着数字化时代的到来而面临更加严峻的形势:第一,涉密载体形式多样,从保密管理规章制度上对涉密载体的保密管理工作提出了新的要求。在数字化时代之前,保密管理工作中对涉密载体的管理主要是纸质文件,但随着数字化时代的到来,一些新的涉密载体随之出现,如涉密计算机、移动硬盘、U盘等,其从管理规章制度、软硬件要求上给保密管理工作带来了一定的难度。第二,涉密信息保密管理工作,对涉密人员和保密管理工作人员提出了新的要求。现代化办公设备,如目前普遍使用的手机,均具有摄录像和拍照功能,加之其大容量的存储空间,若涉密人员不注意或者涉密管理工作不到位,极易导致涉密信息被翻拍、私存和外泄;同时,人们的交际范围从身边的熟人到网络空间的陌生人,在日常聊天、论坛、贴吧等回复中,也有可能导致涉密信息的外泄;此外,专业性保密人员的短缺也给保密管理工作带来了难度。第三,数字化时代的到来,给宣传和对外交流带来了很大的挑战。互联网的快速发展,使得以数字化存储为特征的数据在网上传播及其扩散非常迅速,泄密事件很难得到有效控制。

随着数字化时代的到来而面临的严峻形势中,结合本书主题,值得进一步探究的是针对宣传报道和对外交流中的保密管理。一是宣传报道保密管理。对于单位内部信息的宣传和传播,要严格执行"六项规定"的要求,禁止擅自对外披露单位涉密信息和内部信息。新闻媒体采访、摄像、拍照等,应当履行审批手续,由承办部门填写对外交流接待申请审批表格,经部门负责人、保密办公室和保密工作领导小组审批同意,不得涉及国家秘密,且单位要派人员全程陪同,对超出审批范围的拍摄要及时阻止。对外发布的宣传报道要坚持"信息谁发布,保密谁负责"的原则,相关负责人须对其进行内容审查和保密审查。宣传报道的内容不得涉及国家秘密,对外宣传报道需填写宣传报道保密审查审批表格,保密工作领导小组审批通过后方可发布。二是对外交流保密管理。由于工作需要,需向其他单位提供与科研有关的材料时,需由资料提供部门提出申请,填写对外提供资料申请表格,进行保密审批。材料为非密件的,经部门负责人、单位分管保密工作负责人、保密办公室和单位保密工作领导小组批准后方可提供;材料为涉密件又必须提供的,要求接收单位与己方单位保密办公室签订对外提供密品、密件协议书后方可提供。提供的密品、密件均需按保密管理规章制度履行登记手续,建立台账。①

---

① 唐晓君. 数字化时代保密管理工作[J]. 环球市场信息导报, 2017(21).

案 例

某市城乡规划局网站泄密

2014年，某市城乡规划局刊登了一份未标密文件，经鉴定属于机密级国家秘密。经查，6月，该市市直机关根据上级部署下发了一份机密级文件，城乡规划局机关党委专职副书记周某某派人领取后，安排本部门借调人员周某在连接互联网的计算机上起草了该局贯彻落实的相关材料，但未按规定定密。周某某未履行保密审查职责，未发现有关文件应当定密，以"便于学习"为由签署了"同意公开"的意见，后经局法制科和分管领导签发后，在本局网站刊登，造成泄密。事件发生后，有关部门给予周某某行政记过处分及党内严重警告处分，并调离原工作岗位。本案存在以下违规行为：一是周某某派人领取涉密文件以后，借调人员周某在非涉密计算机上起草了该局贯彻落实的相关材料；二是起草的材料未按照派生定密的要求定密；三是未正确履行保密审查程序，就将涉密文件刊登至互联网网站。三种行为叠加，造成了泄密事件。须知，执行上级确定的国家秘密事项，需要定密的，要根据所执行的国家秘密事项的密级确定；需要信息公开的，必须依法对拟公开的信息进行严格的保密审查。只有将制度规定转化为行动自觉，才能确保少出事、不出事。①

▶▶ 三、新闻单位的保密制度

改革开放以来，我国新闻报道渠道有了明显扩大，在新闻报道中泄露国家秘密的事件也随之增多。据国家保密局归纳，常见的泄密现象有四种：一是国外渗透进来窃取经济技术秘密；二是在外贸洽谈中无意或有意泄露秘密；三是通过通信邮电方式把国家秘密泄露出去；四是在媒体上发布了不该发布的秘密。

《保密法》第二十七条对新闻媒介和其他传播媒介的保密责任有专门规定："报刊、图书、音像制品、电子出版物的编辑、出版、印制、发行，广播节目、电视节目、电影的制作和播放，互联网、移动通信网等公共信息网络及其他传媒的信息编辑、发布，应当遵守有关保密规定。"

1992年制定的《新闻出版保密规定》（以下简称《规定》）对新闻单位保密制度做了一些具体的规定。

第一，新闻出版保密审查制度。《规定》第六条规定："新闻出版保密审查实行自审与送审相结合的制度。"自审，就是新闻出版单位和提供信息的单位，对拟公开出版、

---

① 澎湃新闻. 保密审查存漏洞 网站泄密受处分[EB/OL]. (2020-09-17)[2022-10-08] https://m.thepaper.cn/baijiahao_9218297.

报道的信息，根据有关规定自己进行审查。送审，就是对是否涉及国家秘密界限不清的信息，送交有关主管部门或其上级机关、单位审定。有关机关、单位应当指定有权代表本机关、单位的审稿机构和审稿人，负责对送审稿是否涉及国家秘密进行审定。若审稿者仍认为界限不清，应当报请上级有关机关、单位审定；涉及其他单位国家秘密的，应当征求有关单位的意见。审稿的机关、单位，应当满足新闻单位提出的审定时限的要求，遇到特殊情况不能如期完成的，应当与送审稿件的新闻单位共同商量解决办法。

第二，通过内部途径反映涉及国家秘密的信息的制度。据《规定》第八条，新闻出版单位及其采编人员需向有关部门反映或通报的涉及国家秘密的信息，应当通过内部途径进行，并对反映或通报的信息按照有关规定作出国家秘密的标志。这也就是新闻单位编印"内部参考"的制度。我国新闻单位在新闻采编工作中是会产生国家秘密的，一定层级以上的新闻单位还依法或受权拥有定密权，应当依法确定、变更和解除有关国家秘密，依照国家保密规定制作、收发、传递、使用、复制、保存、维修和销毁国家秘密载体，以及履行其他各项保密措施。

第三，采访涉及国家秘密的事项的批准制度。据《规定》第九条、第十条，被采访单位的被采访人向新闻单位提供有关信息时，对其中确因工作需要而又涉及国家秘密的事项，应当事先按照有关规定的程序批准，并向采编人员申明。新闻出版单位及其采编人员对被采访单位、被采访人申明属于国家秘密的事项，不得公开报道出版。对涉及国家秘密但确需公开报道、出版的信息，新闻出版单位及其采编人员应当向有关主管部门建议解密或者采取删节、改编、隐去等保密措施，并经有关主管部门审定。新闻出版单位采访涉及国家秘密的会议或其他活动，应当经主办单位批准。主办单位应当验明采访人员的工作身份，指明哪些内容不得公开报道、出版，并对拟公开报道、出版的内容进行审定。

时至今日，互联网已经成为重要的泄密源，相比之下于1992年制定的《新闻出版保密规定》已经有些陈旧。2010年的《保密法》增添了防范互联网和计算机泄密的规定，新闻单位也应遵守。2010年《保密法》中涉及新闻单位的主要规定包括：

第一，新闻网站保密制度。目前，大多数新闻单位都设立或联合设立了新闻网站，属于互联网内容服务者。网站自行发布的内容，理应履行保密审查责任。多数新闻网站还向用户提供发布空间服务，《保密法》规定，发现利用网络发布的信息涉及泄露国家秘密的，"应当立即停止传输，保存有关记录，向公安机关、国家安全机关或者保密行政管理部门报告"。按《电信条例》和《互联网信息服务管理办法》规定，内容服务者"发现"需要停止传输的，限于"明显属于"违法、有害的信息。此外，《保密法》还规定服务商应当配合公安机关、国家安全机关、检察机关对泄密案件进行调查；应当根据公安机关、国家安全机关或保密行政管理部门的要求，删除涉及泄露国家秘密的信息（第二十八条）。

第二，涉密信息系统制度。涉密信息系统是指由计算机及其相关设施构成的、按照一定应用目标和规则存储、处理、传输国家秘密的系统或网络。涉密信息系统也分为秘密、机密和绝密三级，实行分级保护。国家保密局制定了涉密信息系统建设、使用和管理的各项规则，涉密信息系统应当经保密部门检查合格后方可投入使用（第二十三条）。涉密信息系统必须与公共信息网络隔离。禁止将涉密计算机和存储设备接入互联网等公共网络、在未采取防护措施的情况下在涉密信息系统与互联网及其他公共信息网络之间进行信息交换、擅自卸载或修改涉密信息系统的安全技术程序、管理程序，也禁止使用非涉密计算机和存储设备处理国家秘密信息（第二十四条）。

第三，从业人员保密责任。2010年的《保密法》增列了若干违反保密规定、需要追究法律责任的行为，除前面所列外还有：非法获取、持有国家秘密载体的；买卖、转送或者私自销毁国家秘密载体的；通过普通邮政、快递等无保密措施的渠道传递国家秘密载体的；邮寄、托运国家秘密载体出境，或者未经批准，携带、传递国家秘密载体出境的；非法复制、记录、存储国家秘密的；在私人交往和通信中涉及国家秘密的；在互联网及其他公共信息网络或者未采取保密措施的有线和无线通信中传递国家秘密的；等等。其责任主体是一般主体，新闻从业人员比一般人有较多机会接触国家秘密，同时拥有更多的传播渠道，更需切实遵守。

新闻出版广电总局2014年印发了《新闻从业人员职务行为信息管理办法》，规定新闻单位应健全保密制度，对新闻从业人员在职务行为中接触的国家秘密信息，应明确知悉范围和保密期限，健全国家秘密载体的收发、传递、使用、复制、保存和销毁制度，禁止非法复制、记录、存储国家秘密，禁止在任何媒体以任何形式传递国家秘密，禁止在私人交往和通信中涉及国家秘密。新闻从业人员上岗应当经过保密教育培训，并签订保密承诺书（第四条）。

案例

记者将标密照片未经审查发到媒体微信公众号

某新闻媒体记者黄某在一微信群中，发现网民傅某发布了一张标密文件的照片。黄某没有依法向有关部门报告，反而觉得是一个很好的新闻线索，遂将该照片中的内容整理成为一篇新闻报道并附上该照片，未经审查发送到该媒体的微信公众号中，造成泄密范围进一步扩大。另一新闻媒体在上述媒体的微信公众号中看到此文后，经该媒体公众号频道副主任李某、主任王某审核，对全文进行了转发。事件发生后，有关部门对黄某、李某、王某作出了降级降职处理，并作出经济处罚，对黄某所在的新闻媒体副总裁张某也作出了经济处罚。微信公众号具有主动推送信息和互动交流的功能，在推送信息过程中，未履行保密审查程序或者保密审查不严格，就有可能将涉及国家秘密、工作秘密的信息随意发布。微信公众号具有便捷的转发功能，由此导致的二次泄密较为严重，国家秘密、工作秘密扩散范围会进一步扩大。①

▶▶ 四、法律责任

按照《保密法》规定，违反保密规定需要追究法律责任的方式有：

处分，包括行政处分和党纪处分，违反保密规定的行为主要发生于国家体制内，所以处分是追究法律责任的主要手段。

行政处罚，在《保密法》中只规定了对互联网服务商违反保密规定的行政处罚，但在各类媒介管理法规中，"泄露国家秘密"都被列为禁载的一项，违者也要受行政处罚。

刑事处罚，以下着重介绍《刑法》规定的违反保密法的几种主要罪名。

1. 故意或过失泄露国家秘密罪

《刑法》第三百九十八条规定："国家机关工作人员违反保守国家秘密法的规定，故意或者过失泄露国家秘密，情节严重的，处三年以下有期徒刑或者拘役；情节特别严重的，处三年以上七年以下有期徒刑。"本罪属于渎职罪。犯罪主体是特殊主体，即国家机关工作人员。同时，本条第二款规定："非国家机关工作人员犯前款罪的，依照前款的规定酌情处罚。"本罪主观方面已在条文中明确规定，故意和过失都可以构成；故意的恶性要大于过失。侵犯客体是国家的保密制度。客观方面表现为具有违反国家保密法的规定，泄露国家秘密，情节严重的行为。首先是违反保守国家秘密的法律、法规、规章的规定。其次是有泄密的行为，就是使不应知悉国家秘密的人知悉了该项秘密或者使该项秘密超出了限定的接触范围的行为。再次是情节严重。情节严重要根据泄密行为的主观恶性大小，客观上对国家安全和利益的损害包括秘密的内容、密级及泄露造成的后果等诸方面作综合考虑。

对互联网泄密行为，最高人民法院2001年年初发布的《关于审理为境外窃取、刺探、收买、非法提供国家秘密、情报案件具体应用法律若干问题的解释》规定："将国家秘密通过互联网予以发布，情节严重的，依照刑法第三百九十八条的规定定罪处罚。"

2. 为境外窃取、刺探、收买、非法提供国家秘密罪、情报罪

按《刑法》第一百一十一条规定："为境外的机构、组织、人员窃取、刺探、收买、非法提供国家秘密或者情报的，处五年以上十年以下有期徒刑；情节特别严重的，处十年以上有期徒刑或者无期徒刑；情节较轻的，处五年以下有期徒刑、拘役、管制或者剥夺政治权利。"本罪属于危害国家安全罪。犯罪主体是一般主体。侵犯客体是国家安全和利益。主观方面必须出于故意，即明知是国家秘密或情报而非法向境外提供；因

---

① 澎湃新闻. 保密宣传周案例警示教育[EB/OL]. (2022-05-27)[2022-06-18]. https://m.thepaper.cn/baijiahao_18307056.

过失而被境外人员窃取自己所保管的国家秘密或情报，不足构成本罪。本罪与其他危害国家安全罪的不同在于，行为人在主观上并不一定要有危害国家的直接目的，其主观动机可以是为了牟利，或者是朋友情面，或者是想抢独家新闻，主观动机的差别并不影响本罪的成立。在客观方面，行为人要实施违反我国保密法规，采取窃取、刺探、收买等手段或者将自己保管的国家秘密或情报非法提供给境外的机构、组织、人员的行为；提供给境内的，不属本罪。所谓"情报"，按照最高人民法院前述司法解释，指"关系国家安全和利益、尚未公开或者依照有关规定不应公开的事项"，例如为参加国家司法考试的境外人员提供属于国家秘密的试题或者答案的，不成立本罪，而成立故意泄露国家秘密罪或非法提供试题、答案罪。司法解释对《刑法》第一百一十条规定的"情节特别严重""情节较轻"以及两者之间这三个层次进行了具体划分。此外，本罪与故意泄露国家秘密罪、非法获取国家秘密罪并非对立关系。

案例

师某利用网络向境外组织泄露国家秘密案

师某原为湖南《当代商报》新闻中心和编辑中心主任，2004年11月因为向境外非法提供国家秘密罪而被捕。此案先是由湖南省长沙市中级人民法院审理。法院认定，被告人师某于2001年4月与境外某网站及某电子刊物主编洪某某相识。2004年4月20日下午5时许，当代商报社副总编王某某、杨某某在例行评报会和编前会后，召集该报社要闻部、热线机动部、编辑部等部门负责人开会，时任该报社新闻中心和编辑中心主任的师某参加了会议。王某某在会上口头传达了属于绝密级国家秘密的重要内容摘要，并强调该文件属于绝密文件，不能记录，不要传播，但被告人师某仍将此重要内容摘要作了记录。当日23时32分许，被告人师某利用其独自在办公室值班之机电话上网，通过其个人的电子邮箱向境外人员洪某某的电子邮箱发送了其记录的上述中办发文件的重要内容摘要。当日，上述中办发文件的重要内容摘要在电子刊物上刊登发表，此后又被若干境外网站转载发表。上述事实有国家保密局作出的密级鉴定书，境外网站发表的文章摘要内容，境外人员洪某某寄给师某的稿费（支票）、信件及原审被告人师某的多次供述等证据证明。据此，长沙市中级人民法院判决：被告人师某犯有为境外非法提供国家秘密罪，判处有期徒刑10年，剥夺政治权利2年。师某不服判决，提出上诉。

湖南省高级人民法院经审理后认定，上诉人师某为获取高额稿费和向境外人员通风报信，通过互联网将其在工作中所知悉的属于绝密级的国家秘密故意非法提供给境外机构，其行为危害了国家安全，已构成为境外非法提供国家秘密罪，且犯罪情节特别严重。针对上诉人提出"其为境外非法提供国家秘密的犯罪行为不属于情节特别严重"的理由和意见，法院调查后认为，师某为境外非法提供的国家秘密经国家保密局鉴定为绝密级国家秘密，根据最高人民法院《关于审理为境外窃取、刺探、收买、非法提供国家秘密、情报案件具体应用法律若干问题的解释》的相关条款，属于情节特别严重的规定，故此上诉理由和辩护意见不能成立。针对上诉人提出"师某的行为未造成极其严重的后果，案发后认罪态度好"的理由和意见，法院经查与事实相符，但原判已予认定，并在量刑上已予酌情从轻处罚，故其另提出"量刑过重"的上诉理由和辩护意见，法院不予采纳。法院认为，原审判决认定的犯罪事实清楚，证据确凿、充分，定罪准确，量刑适当，审判程序合法。因此，法院做出驳回上诉、维持原判的终审裁定。

3. 非法获取国家秘密罪和非法持有国家绝密、机密文件、资料、物品罪

《刑法》第二百八十二条规定："以窃取、刺探、收买方法，非法获取国家秘密的，处三年以上七年以下有期徒刑、拘役、管制或者剥夺政治权利。""非法持有属于国家秘密、机密的文件、资料或者其他物品，拒不说明来源与用途的，处三年以下有期徒刑、拘役或者管制。"此二罪属于妨害社会管理秩序罪。犯罪主体是一般主体。主观方面是故意，即行为人明知是国家秘密而故意窃取、刺探、收买，或者明知属于自己不能接触的国家绝密、机密文件、资料或其他物品而故意非法持有并且拒不说明来源和用途；非法获取或持有国家秘密的具体动机和目的不影响罪名的成立。侵犯客体是国家的保密制度。在客观方面，非法获取国家秘密的行为包括："窃取"，是指行为人以秘密方式非法了解和掌握国家秘密的行为，如秘密进入禁止进入的涉及国家秘密的区域、场所和计算机数据库，偷窃秘密原件或偷拍、偷录、窃听窃记、秘密复制等；"刺探"，是指行为人隐瞒真实身份和目的，通过各种途径和手段探听国家秘密的行为；"收买"，是指行为人使用金钱或者其他物质手段与国家秘密的保管者交换国家秘密的行为。"非法持有国家绝密、机密文件、资料、物品的行为"，是指行为人非法持有国家绝密、机密文件、资料、物品，当有关机关责令说明其来源和用途时，行为人拒不说明。本罪只以非法获取或非法持有为特征，而不论行为人非法获取或非法持有的国家秘密是否泄露。

案例

陆某手机偷拍涉密文件并存储在个人计算机中

某年10月，有关部门在工作中发现，某省研究机构人员陆某非法持有1份机密级文件的数码照片。经查，当年5月，陆某在某机关研究室副主任赵某的办公室内看到了这份涉密文件，于是趁赵某不备，用手机偷拍文件，并存储在个人计算机中，直至被有关部门发现。次年5月，司法机关以非法获取国家秘密罪判处陆某有期徒刑2年。国家秘密是国家安全和利益的一种信息表现形式，也是国家的重要战略资源，为国家所独有，而非产生它的机关、单位和知悉它的任何人可以私有。一些并非法定接触国家秘密

范围之内的机构、组织和个人，出于种种原因和目的，非法获取国家秘密，以获取政治、经济上的利益，给国家安全和利益造成严重危害。我国刑法将以窃取、刺探、收买方法非法获取国家秘密的行为规定为犯罪，最高可处七年有期徒刑。有接触国家秘密可能的机关、单位工作人员应当坚决杜绝"监守自盗""顺手牵羊"等非法获取国家秘密行为的发生。①

案例

美国前总统特朗普住所查获大量机密文件

美国一名联邦法官于2022年9月2日下令公开联邦调查局（FBI）上月搜查前总统特朗普住所时查获的物品清单。清单显示共查获1万多份文件，其中100多份带有保密级别，另有48个标记为"保密"的空文件夹。司法部下属的FBI于8月8日突击搜查特朗普在佛罗里达州棕榈滩的住所海湖庄园，这是美国历史上第一次有前总统因为刑事调查而被突击搜查住所。清单显示，FBI从特朗普在海湖庄园的办公室及储藏间带走的33箱物品里，共有超过1.1万份文件或照片，其中100余份标有密级，54份为"秘密"、31份为"机密"、18份为最高级别的"绝密"。FBI还发现了90个空文件夹，其中48个标有"保密"字样，42个标记有"归还秘书"或"归还助理"等字样。美联社评论，这些空文件夹引发质疑，政府部门或许还没从特朗普那里收回所有涉密文件。清单显示，这些文件有的被堆在箱子里，有的被随意搁置，与书籍、杂志、剪报、衣物及其他个人物品混杂在一起。美国法律规定，总统任内所有文件必须留存，并在卸任时交由国家档案和记录管理局管理。特朗普的律师团队未就被披露的法庭文件作出评论。先前，特朗普否认不当处理文件，指责民主党人对他进行政治攻击。他的律师团队8月22日发起诉讼，试图阻止FBI审阅查获的文件，要求法官任命一名与本案无利益冲突的特别主事官负责核查文件并确认其中哪些受"行政特权"保护。

【思考题】

1. 数字环境下表达自由的边界、表达权利的行使与传统媒介时代相比，是否存在不同？为什么？
2. 在总体国家安全观的视角下，发表煽动性言论将会带来哪些危害？
3. 国家秘密是指什么？作为当代大学生，应该如何防止国家秘密的外泄？

---

① 百度百家号.3起保密典型案例[EB/OL].（2022-03-16）[2022-06-18]. https://baijiahao.baidu.com/s?id=1727418274358795077&wfr=spider&for=pc.

【推荐阅读书目】

[1] 张千帆. 宪法学导论：原理与应用 [M]. 3版. 北京：法律出版社，2014.

[2] 顾肃. 自由主义基本理念（修订版）[M]. 南京：译林出版社，2013.

[3] 孙平. 冲突与协调：言论自由与人格权法律问题研究 [M]. 北京：北京大学出版社，2016.

[4] 卢家银. 群己权界新论：传播法比较研究 [M]. 北京：商务印书馆，2020.

[5] [英] 约翰·穆勒. 论自由 [M]. 孟凡礼，译. 桂林：广西师范大学出版社，2011.

第二讲
数字传播与社会（上篇）

第一节　网络谣言

　　谣言被认为是一种古老的社会现象。学术上对于谣言的定义、根源和对策存在各种说法。国外部分学者采用"未经证实"来界定谣言。1951 年，美国学者彼得森和吉斯特对谣言所下的定义是：在人们之间私下流传的，对公众感兴趣的事物、事件或问题的未经证实的阐述或诠释。[①]《韦伯斯特英文大字典》认为，谣言是一种缺乏真实根据，或未经证实、公众一时难以辨别真伪的闲话、传闻或舆论。[②]《现代汉语词典》上对谣言的定义则是"没有事实根据的消息"。刘建明所理解的谣言是"作为舆论的出现，是众人传播虚假事件的行为，但多数传播者并不认为是假的。因此它和谎言不一样，说谎者意识到说的是假话，一个或少数人造谣生事仅仅是谎言，而不是谣言。只有传播虚构事件的人鱼贯而动，达到舆论量，才称为谣言。谣言是指众人无根之言的传播，又称谣诼、谣言、谣传等"[③]。在该定义中，更强调用传播的效果来鉴定谣言，同时他还指出了谣言和谎言的区别和界限。胡钰对谣言的定义是：谣言是一种以公开或非公开渠道传播的对公众感兴趣的事物、事件或问题的未经证实的阐述或诠释。[④] 在我国法律上，谣言被确认是一种有害的虚假信息。每当社会上有突发事件发生，人们迫切地想了解真相，却又无法从公开渠道获取权威、可靠的消息时，就给了谣言滋生蔓延的空间。在网络时代，谣言除了通过人际口头传播之外，还经过网络病毒式复制和社会化传播，产生很大影响，有的谣言会严重干扰社会秩序和突发事件应对部署，具有很大的社会危害性，对编造、故意传播此类谣言的行为人必须依法惩处。

　　在网络空间中，各式各样的谣言往往与自然灾害、传染病等重大事件相伴而生。为此，行政机关加强了对于造谣行为的查处，北师大网络国际法治中心对于新冠病毒感染疫情中网上造谣行为的行政处罚进行了追踪统计，并通过"经济犯罪治理"微信公众号列表公布，据其 2020 年 2 月 16 日 19 时的发布，共有 224 起，体现了我国行政机关维护社会稳定、保障全国疫病防控工作顺利进行的重要作用。

　　我国刑法没有规定"造谣罪"，除规定以造谣等手段危害国家安全的犯罪（即"煽动颠覆国家政权罪"）外，自 20 世纪以来，通过解释原有罪名（如"寻衅滋事罪"）和设立新的罪名（如《刑法》第九修正案设立"编造、故意传播虚假信息罪"）等，基本

---

① 卡普费雷, 郑若麟. 谣言[M]. 边芹, 译. 上海：上海人民出版社, 1991.
② 罗那·茪斯. 对因特网"颜色"的反思[J]. 新闻与传播研究, 2000(3).
③ 刘建明, 纪中惠, 等. 舆论学概论[M]. 北京：中国传媒大学出版社, 2009：103.
④ 胡钰. 大众传播效果[M]. 北京：新华出版社, 2000.

确立了对网络造谣犯罪的刑事制裁体系（表2-1）。

表2-1　针对网络谣言犯罪的刑事制裁体系

煽动颠覆国家政权罪	《刑法》第一百零五条第二款："以造谣、诽谤或者其他方式煽动颠覆国家政权、推翻社会主义制度的，处五年以下有期徒刑、拘役、管制或者剥夺政治权利；首要分子或者罪行重大的，处五年以上有期徒刑。"
寻衅滋事罪	《关于办理利用信息网络实施诽谤等刑事案件适用法律若干问题的解释》（法释〔2013〕21号）第五条第二款规定："编造虚假信息，或者明知是编造的虚假信息，在信息网络上散布，或者组织、指使人员在信息网络上散布，起哄闹事，造成公共秩序严重混乱的，依照《刑法》第二百九十三条第一款第（四）项的规定，以寻衅滋事罪定罪处罚。" 《关于依法惩治妨害新型冠状病毒感染肺炎疫情防控违法犯罪的意见》第二条第六款："编造虚假信息，或者明知是编造的虚假信息，在信息网络上散布……起哄闹事，造成公共秩序严重混乱的，依照刑法第二百九十三条第一款第四项规定，以寻衅滋事罪定罪处罚。"
编造、故意传播虚假信息罪	《刑法》第二百九十一条之一第二款："编造虚假的险情、疫情、灾情、警情，在信息网络或者其他媒体上传播，或者明知是上述虚假信息，故意在信息网络或者其他媒体上传播，严重扰乱社会秩序的，处三年以下有期徒刑、拘役或者管制；造成严重后果的，处三年以上或七年以下有期徒刑。" 《关于依法惩治妨害新型冠状病毒感染肺炎疫情防控违法犯罪的意见》第二条第六款："编造虚假的疫情信息，在信息网络或者其他媒体上传播，或者明知是虚假疫情信息，故意在信息网络或者其他媒体上传播，严重扰乱社会秩序的，依照刑法第二百九十一条之一第二款的规定，以编造、故意传播虚假信息罪定罪处罚。"

对于造谣行为的行政处罚，我国法律规定形成更早。早在1957年全国人大常委会就通过第一部《治安管理处罚条例》，规定了对"造谣生事，骗取少量财物或者影响生产"的处罚措施①，在1986年第二部《治安管理处罚条例》增加规定了"造谣惑众，煽动闹事"②的行政处罚，至1994年修订为对"捏造或者歪曲事实、故意散布谣言或者以其他方法煽动扰乱社会秩序的"③予以行政处罚。2005年制定的《治安管理处罚法》，将"散布谣言，谎报险情、疫情、警情或者以其他方法故意扰乱公共秩序的"④列为受行政处罚的行为，是当前的有效规定，也是对造谣行为进行行政处罚的法律依据。

---

① 1957年《治安管理处罚条例》第六条：有下列扰乱公共秩序行为之一的，处七日以下拘留、十四元以下罚款或者警告：……三、造谣生事，骗取少量财物或者影响生产，经教育不改的。

② 1986年《治安管理处罚条例》第十九条：有下列扰乱公共秩序行为之一，尚不构成刑事处罚的，处十五日以下拘留、二百元以下罚款或者警告：……（五）造谣惑众，煽动闹事的。

③ 1994年《治安管理处罚条例》第十九条：有下列扰乱公共秩序行为之一，尚不构成刑事处罚的，处十五日以下拘留、二百元以下罚款或者警告：……（五）捏造或者歪曲事实，故意散布谣言或者以其他方法煽动扰乱社会秩序的。

④ 2005年《治安管理处罚法》第二十五条：有下列行为之一的，处五日以上十日以下拘留，可以并处五百元以下罚款；情节较轻的，处五日以下拘留或者五百元以下罚款：（一）散布谣言，谎报险情、疫情、警情或者以其他方法故意扰乱公共秩序的。

随着互联网的发展，许多规制网络内容的行政法规、规章和更低位阶的规范性文件都就制裁造谣作出规定，唯其措辞，自 2000 年《电信条例》以来，多数文件行文简化并固化为"散布谣言，扰乱社会秩序，破坏社会稳定"。这在执行中可能会产生一些不同的理解。

我国社会主义法律体系已经形成，正在全面推进依法治国，实现建设社会主义法治国家的总目标。所以，对于造谣行为的行政处罚并非仅仅是某个行政机关的单独执法行为，而是整个法律体系中国家行政机关实施行政行为的一种类型，必须符合国家法律体系的总体原则。具体来说，我国现有基本法律《行政处罚法》对于行政处罚的主体、对象（相对人）、种类、设定和执行权限、程序等作出了系统而完整的规定。对于国家法律体系安排及不同位阶法律文件的权限，基本法律《立法法》也有明确规定。各系统各级行政机关理应严格遵循依法治国基本方略，在法律框架之下实施包括行政处罚在内的一切行政行为。

一、界定应受行政处罚的造谣违法行为的构成

无论认定犯罪行为还是行政违法行为，都必须具备一定条件即所谓"构成要件"，这包括行为主体、主观要件、客体要件、客观方面等[①]，通常从法律条文中就可以得出某个犯罪或违法行为所需的构成要件。从构成要件来说，1994 年《治安管理处罚条例》第十九条、2005 年《治安管理处罚法》第二十五条有关"造谣"的界定完全一致，说明国家对于处罚造谣的原则具有一贯性。

首先，"故意"即明知事实不存在并且此虚假事实有损公共秩序而加以编造。1994 年《治安管理处罚条例》不用说，2005 年《治安管理处罚法》将"故意"一词置后，说明行为人必须具有扰乱公共秩序的故意，那么其"散布""谎报"当然也是故意的。过失传播谣言不在处罚之列，因此，所谓"不经核实"不能成为认定造谣违法的根据。

其次，客观行为是公开散布，散，分开，布，宣告（辞海·语词分册，1977：1558，132）；用传播学术语来说，就是向不特定多数人传播即向公众传播。小范围传播、特定群体传播不在此列。如在某特定同学群、同事群内沟通信息，并订有群内信息不外传的自律规则的，那不属于"散布"。

第三，谣言内容应该具有扰乱公共秩序的性质，并可能造成扰乱公共秩序的后果，与公共秩序无关的虚假信息不受本条涵盖。如网上谣传食用或使用某某物品可以预防肺炎、某专家自己也被感染，诸如此类，实无其事，而且很快就有正确消息澄清，并不涉及"故意扰乱公共秩序"，不在处罚之列。

《治安管理处罚法》第四十二条规定"捏造事实诽谤他人"，从广义上说也是一种

---

① 黄建刚，孔志洁. 行政违法行为构成要件实务研究[J]. 监管执法，2015(2).

"造谣"。通常情况，侵犯特定自然人名誉的行为，适用民法保护。按照《刑法》第二百四十六条第二款的规定，只有"严重危害社会秩序和国家利益"的情况，公共权力才能主动介入。2013年中华人民共和国最高人民法院和最高人民检察院《关于办理利用信息网络实施诽谤等刑事案件适用法律若干问题的解释》就此规定了具体界限。治安处罚适用于此类行为和情节显然轻微尚不构成犯罪的情况。

21世纪以来一些低于法律位阶的法规、规章通用的"散布谣言，扰乱社会秩序，破坏社会稳定"，与上述法律的规定是一致的。法条不能割裂说明和运用，这16个字是一个完整的整体，"扰乱社会秩序，破坏社会稳定"，既是"散布谣言"的目的，也具有"散布谣言"的性质，再说行政法规、规章必须与法律保持一致，不得发生抵触，所以这些规定同样具备上述法律条文的要件。

此次疫情初起，有行为人在特定群体内传递的信息与事实或有出入，但既不是向不特定多数人传播（散布），又不具有"扰乱社会秩序，破坏社会稳定"的目的和性质，行为人还要求他人不要外传，那就不具备应受处罚的行政违法行为的构成，不应受到查处。

将"不经核实"作为处罚造谣的依据，这至少是对法律的重大误读。"不经核实"，说明信息自有所本，并非行为人故意编造，即使疏于核实，信以为真，向他人转述，那至多是过失，不属于法律规定的应受处罚行为。再说，有哪一条法律或者哪怕是任何低位阶官方文件规定普通公民对流传的信息都有核实的义务呢？

▶▶ 二、依法规定行政处罚

从政府到民众，都必须在宪法法律范围内行动，这是依法治国的核心原则。行政处罚的设定、种类、内容以及执行程序等都必须符合法律规定。国家以现行《行政处罚法》为基础建立了完整制度。

就行政处罚的种类而言，按照《行政处罚法》的规定有：警告、通报批评；罚款、没收违法所得、没收非法财物；暂扣许可证、降低资质等级、吊销许可证件；限制开展生产经营活动、责令停产停业、责令关闭、限制从业；行政拘留；法律、行政法规规定的其他行政处罚。（第九条）《治安管理处罚法》的规定则少于《行政处罚法》，主要有：警告、罚款、行政拘留、吊销公安机关发放的许可证。没有兜底规定。（第十条，末款关于外国人规定略）

《治安管理处罚法》二十五条对包括"散布谣言"在内的三项违法行为的处罚为："处5日以上10日以下拘留，可以并处500元以下罚款；情节较轻的，处5日以下拘留或者500元以下罚款。"

《行政处罚法》第九条有一个可以另行设立行政处罚种类兜底条款，但是这种权力是有严格限制的，即限于法律、行政法规。而设定已有行政处罚也是有不同权限的：行政法规只能设定除限制人身自由以外的行政处罚（第十条），地方性法规只能设定除限制人身自由、吊销企业营业执照以外的行政处罚（第十二），国务院部门规章只可以在法律、行政法规规定的给予行政处罚的行为、种类和幅度的范围内作出具体规定。尚未制定法律、行政法规的，可以对违反行政管理秩序的行为设定警告、通报批评或者一定数额罚款的行政处罚（第十三条）。此法还特别规定：除以上各项，"其他规范性文件不得设定行政处罚"（第十六条）。

《行政处罚法》对于各位阶法律权限的规定与《立法法》（2015）的有关规定是完全一致的。

《网络安全法》没有规定禁止造谣，但有禁止编造、传播虚假信息扰乱经济秩序和社会秩序的规定（第十二条），同时规定对违者"依照有关法律、行政法规的规定处罚"（第七十条），同样表明规章及以下的文件无权另行设定行政处罚。

由此可见，对于网络造谣行为人若要进行行政处罚，特别是行政拘留的处罚，其依据只能是《治安管理处罚法》的规定。事实上，现在检索到所有涉及禁止散布谣言的行政法规也并没有设立其他的处罚种类。

至于近来引起热议的"训诫"，法律、行政法规有没有规定行政机关对造谣行为人可以采取这样措施呢？

"训诫"的措施，最初是最高人民法院在 1964 年一个批复（也就是今天的司法解释）中确认的人民法院对于情节轻微的犯罪分子认为不需要判处刑罚而采取的司法强制措施，及至如今在三大诉讼法中都有对于某些妨害诉讼的轻微违法行为，司法机关可以对行为人予以训诫的规定。同时，在行政法部门中也有法律、行政法规对于轻微违法行为人予以训诫的规定，如：《信访条例》（2005）规定信访人员违反条例规定，"经劝阻、批评和教育无效的，由公安机关予以警告、训诫或者制止"（第四十七条）；《保安服务管理条例》（2009）规定保安员有违法行为的，"由公安机关予以训诫"（第四十五条）；《拘留所条例》（2012）规定被拘留人有违法行为的，"拘留所可以予以训诫、责令具结悔过或者使用警械"（第二十三条）……由此可见，在这些行政法规中"训诫"实际上已成为行政处罚的一项种类。

但是，至今设定予以训诫处罚的行为，或者不属于治安违法，或者虽然属于治安违法但只是行政法规规定而不能推广到上位的《治安管理处罚法》。在 1994 年的《治安管理处罚条例》中有"不满十四岁的人违反治安管理的，免予处罚，但是可以予以训诫，并责令其监护人严加管教"的规定（第九条），如今这条内容已经转移到《预防未成年人犯罪法》（1999）里（第三十七条），现行《治安管理处罚法》并无"训诫"词语。那么，行政机关对被指造谣的成年的相对人予以训诫的法律依据在哪里呢？

▶▶ 三、查明造谣的违法事实

以事实为依据，以法律为准绳，是司法和行政执法的基本原则。《行政处罚法》规定对违法行为给予处罚,"行政机关必须查明事实;违法事实不清、证据不足的,不得给予行政处罚"(第四十条)。对处罚造谣所要查明的事实,应该是满足特定行政违法行为构成要件的基本事实,如:确属谣言,行为人主观有故意、客观有散布行为,有扰乱社会秩序的性质和后果,缺一不可。

查明确属谣言,看似简单,其实有的时候很不容易。很多违法行为需要调查的是证明事实存在,而调查谣言却是要证明行为人所散布信息中的事实不存在。好比需要认定某行为人造谣发生疫情,行政机关就必须查明在相应的现实空间确实没有发生此类或者相近的疫病。如果确有其病发生,行为人只是说的名称不够确切或者使用的形容词不够恰当,这在普通人认识和语言中是经常发生、可以理解的差错,就不能认定是造谣。行政机关不能光凭自己的感觉:没有看见、没有听说、没有报道、没有公布,就断定他人传播的是谣言。

所有具体行政行为都要准备经受司法检验。《行政诉讼法》明文规定:"被告(即行政机关——引者)对作出的行政行为负有举证责任,应当提供作出该行政行为的证据和所依据的规范性文件。"(第三十四条)可见,说相对人散布"不经核实"的言论就是谣言,潜台词就是,只有"造谣人"能够核定自己说的属实,才可以免除"造谣"之责,这是行政机关把法律规定的举证责任颠倒了。行政机关确认谣言,不能要相对人去"核实",而是要自己去"证伪",不能要相对人去进行"真实抗辩",而是要自己去搜集相对人所说的事实并不存在的证据。那种推卸法律规定的责任的说法在逻辑上完全不能成立。我们知道,在民事诉讼中存在着证明积极事实(存在)和消极事实(不存在、没有)的举证责任分配争议,由于消极事实难以证明而被要求将举证责任转移到主张积极事实的一方,好比在新闻侵害名誉权纠纷中,虽然新闻虚假是原告的主张,但被告新闻单位如果不能提供新闻真实的证据,就可能败诉。而行政诉讼不允许转移举证责任,在处理造谣案件中,行政机关对于自己依照法律规定有可能面临证明消极事实的重大责任理应有足够的估计和准备。

如在此次疫情防控工作中,某地警局为了查明网传有个武汉人违规扒乘货运车进入城市的谣言,不仅找到了这位武汉青年,还找了货运车的司机以及把守道口的民警,一一听取并记录了他们的陈述,弄清了真实情况。他们说:"谣言一张嘴,查清楚跑断腿。"(上海广播电视台,2020-02-16)这充分显示了行政机关对于掌握证据的负责任态度。

▶▶ 四、受到查处的相对人的救济渠道

救济渠道是存在的,而且相当完备,《立法法》《行政诉讼法》《行政复议法》等及其配套规定已经形成了系统的制度。

现在有一个问题是:行政机关有的行为属于什么性质存在争议。例如训诫,有的说

应该算是行政处罚，有的说不是行政处罚，只是一种教育批评。如果是教育批评，那么，行为主体是谁呢？是老师进行教育呢，还是父母进行批评呢？当然都不是，是行政机关。行政机关对与自己毫无组织隶属关系的相对人进行教育批评，是不是属于行政行为？如果不是，那么是什么行为？

《行政诉讼法》的职能就是"对行政行为是否合法进行审查"（第六条），"公民、法人或者其他组织认为行政机关和行政机关工作人员的行政行为侵犯其合法权益，有权依照本法向人民法院提起诉讼。"（第二条）有人认为训诫不属于行政处罚，所以受到训诫的相对人无权对实行训诫的行政机关提起行政诉讼。不错，行政机关说是"根据《治安管理处罚法》有关规定"，而其中确实没有"训诫"一词，如果以此说明训诫不属于行政处罚，那么行政机关恰好可能面对难以提供这一行为"所依据的规范性文件"的窘境。何况，它确实向社会正式公告了若干行为人"散布谣言"，"被依法查处"。对于这种"依法查处"，相对人有没有权利提出异议，要求行政机关提交证明相对人"散布谣言"的证据和进行"查处"所依据的规范性文件进行司法审查？《行政诉讼法》并不等于仅仅是行政处罚审查法。具体说，根据《行政诉讼法》第十二条规定的受理范围，就算不属于第一项对行政处罚不服，也可以归于第十二项"认为行政机关侵犯其他人身权、财产权等合法权益"。相对人被宣布为"违法人员"，还要通过传媒广为传播，他们一些合法权益，例如尊严、声誉、正常生活等，难道还是毫发无损吗？

作为对人民负责的行政机关，一旦发现先前认定为"谣言"的恰恰是确凿事实，相对人及时传播信息对社会非但无害而且十分必要、十分有益，当时不管是训诫还是批评教育，都是错了，那么就理应及时宣布撤回。

对于谣言现象的长期研究已经证明，谣言的产生具有复杂的社会原因。无论是刑事处罚还是行政处罚，作为国家强制力维护社会秩序的控制手段，对于遏制那些具有社会危害性的谣言，处罚违法犯罪人，确有必要，也有重要成效。但是，法律手段不可能从根本上消除谣言，甚至不是消除谣言的主要手段，这也是确凿无疑的。对待网络谣言，重在一个"查"字，真相大白，天空自然晴朗。而把披露真相误作谣言加以制裁，无异封杀真相。根据学者提出的"谣言强度＝（问题的）重要性×（事实的）不确定性"（Rumor ＝ Importance × Ambiguity）的公式，说明越是广泛流传的谣言，越是存在信息饥渴的盲点。面对社会关注的重大事件，尊重民众寻求、获取、传递信息的自由，最大限度地保持信息畅通无阻，公权力各部门依法及时公开信息，特别是放手让主流媒体以真实、客观、及时的权威信息引导舆论，才是减少、消除谣言及其不利影响的最有效途径。

▶▶▶ 五、第三方事实核查实践

在当前的网络环境中，针对日益泛滥的谣言、假新闻等，脸谱网（Facebook）等主

要社交平台更多的是通过与第三方事实核查机构合作的方式对其内容进行规范的。相对于"国家安全""公共利益"等标准，"事实"在确定言论自由的边界问题上是一个最基本的，同时也是不言自明的尺度：必须尊重事实；罔顾"事实"的言论不在言论自由保护的范围之内，一旦超越了界限就必须承担相应的法律责任。比如，《国际人权公约》和《欧洲人权公约》在有关言论自由的条款中都提到了要"尊重他人的权利和名誉"，这就限制了通过捏造和散布虚构的"事实"以损害他人人格和破坏他人名誉的诽谤行为。对普通公民的限制尚且如此，对影响更广泛、意义更重大的网络"政治口水仗"而言，其"事实"依据、与"事实"的符合程度更成为判断是否超越言论自由界限的依据。

所谓"第三方事实核查机构"，就是为了寻找、查证"事实"而存在的。它们是涉及事实争议的政府、企业、新闻采编单位等主体之外的"第三方"，是对新闻事实、政治言论进行核查、监督的地位相对独立的机构。在一则说法已经刊登、播放的情况下，它们对其中可能存在的事实问题进行核查。这些为数众多的第三方事实核查机构，有的由传统主流媒体的特色栏目发展、演化而来，有的由独立的资深记者、网站编辑所创设，根据共同的目标、原则章程的指引开展事实核查工作。首先，他们的工作基于一种特定的关于事实的认识论和方法论，将"可被验证的事实"作为判断依据，坚定地相信"作出事实性声明的人应该为他们自己说过的话负责，并能够提供那些能够支持他们言论的证据"；其次，它们各自工作的侧重点不同，有的偏重对各种"都市传说"进行辟谣，更多的则是监督、核查政治人物的言论；最后，它们各自有一套公开透明、切实可行的工作方法，从确定选题，根据选题寻找权威的资料来源，到分级处理，开展事实核查，形成研究报告，直至根据用户反馈的意见做出更正。

目前最具代表性的三家事实核查机构——Snopes、Politifact 和 Fact Checker 的工作方法基本一致，它们从确定待核查的选题开始，进一步寻找有关方面权威、可靠的资料来源，再对照自身的分级标准细化处理，就事实核查的成果形成研究报告，最后根据反馈做出更正。不过 Snopes、Politifact 和 Fact Checker 在一些具体问题上稍有差别。

其一，在如何确定选题来源这个问题上，三家机构各有侧重。Snopes 对有待核查的选题并不设限，它不仅仅专注于政治（尽管政治信息的事实核查占了工作的很大比重），也涉及其他社会热门话题，声称"在任何时候，在没有任何党派考虑的情况下，写下最大数量读者所询问和搜索的任何项目"。相应地，Snopes 采取了较为技术化的手段来确定读者的兴趣——他们根据"进入我们搜索引擎的词语列表""读者提交的电子邮件""发布在我们 Twitter 和 Facebook 账号上的评论和条目""外部社会化媒体上的发布""谷歌趋势""Facebook 热门话题""Facebook 用户做出标记的条目"，以此选择待核查的事实。与热衷对社会热点、都市传说进行辟谣的 Snopes 不同，PolitiFact 和 Fact Checker 对各种政治言论进行确认。PolitiFact 检查政客、官僚和相关组织在演讲、新闻报道、新闻通讯、活动手册、电视广告、Facebook 发布和电视、广播采访记录上的各种说法，但"只选择那些最具有新闻价值的和最重要的"，并且认真考虑"陈述是基于可被验证的事实吗？"等五个问题。Fact Checker 与 PolitiFact 的具体做法类似，而更强调"将注意力和资源集中在那些对选民最重要的议题上"，并突出读者的参与对于计划能够成功的重要性，指出"我们的事实核查大约有 50% 是从一个读者的问询开始的"。虽然核查工作针对"事实"而展开，但"最具新闻价值""最重要""对选民最重要"的遴选标准却体现了不同的"价值"判断——当然，其中必然会有互相重合的部分——进而，凡是不被这些机构认为是具有这些价值的事实，自然也就不在被核查之列了。

其二，面对纷繁复杂的社会事实，有必要按照一定的方法进行归类、梳理，以获得更清晰的认识，提高事实核查工作的效率——而这个归类、梳理的路径，就是三家机构的"分级系统"。每个分级系统按照一个或多个标准对待核查的事实划分出不同的等级，而每个等级都有各自严格的定义。一方面，分级系统提供了第三方事实核查机构进行裁断的依据、标准；另一方面，它又作为"标签"被附在经过鉴定、认证的事实或说法之上，以此来引导读者的认知。Snopes 的分级系统以"能否被证实"等为依据，分出"事实""基本属实""混合""基本错误""未被证实""过期""正确引用""错误引用"和"传奇"九个等级。PolitiFact 有三大分级系统，分别被冠名为"真相标尺"（Truth-O-Meter）、"翻转标尺"（The Flip-O-Meter）和"承诺标尺"（The Promise Meter），就"陈述反映真相的相对准确度""官员在某一议题上的一致性""当选官员对竞选承诺的履行状况"进行分级和裁断。另外，Fact Checker 还有一个叫做"累犯观察"（Recidivism）的特色栏目。

其三，三家机构进行事实核查的方法大致相同，主要依靠机构内的专业人士完成。首先，将待核查的选题分配给编辑部成员，搜集相关的背景资料，形成一个研究初稿。然后，根据选题的复杂度，交由其他对该领域更具备专业能力的成员，进一步深化。在成稿前，由至少一名文字编辑（line/copy editor）、两名内容编辑把关，检查标点、拼写、语法问题，以及内容是否充分、全面、中立等。在最终形成的网页上，有专门的"资料来源"版块标注出研究的参考文献，以确保其核查过程的透明性和作出结论的可信性。

案 例

针对"疾病预防和控制中心说 60% 的美国人体内有寄生虫"的核查

一段病毒式传播的 Instagram 视频声称，美国大多数成年人都感染了寄生虫——但它引用的数据并不支持这一说法。该视频最初由一位名叫格雷格·蒙金（Greg Mongeon）的健康博主于 2022 年 8 月 30 日发布，他的 Instagram 个人资料称他是一名功能医学医生。在视频中，蒙金正在参加他的播客节目《每日剂量》（The Daily Dose）的采访。蒙金在采访中说，疾病控制和预防中心"说60%的美国人有寄生虫"。该内容被标记为Fackbook打击虚假新闻和错误信息的努力的一部分。Instagram视频显示了哥伦比亚广播公司新闻标题的屏幕截图，标题为"疾病预防和控制中心警告说，常见的寄生虫困扰着美国数百万人"。该报道发表于2014年5月，引用了2014年疾病预防和控制中心关于五种最常见寄生虫感染的新闻稿。疾病预防和控制中心的新闻稿指出："美国有超过6 000万人长期感染弓形虫"，这是一种导致弓形虫病的寄生虫。根据梅奥诊所的数据，它是世界上最常见的寄生虫之一，经常在猫粪便中发现，可以感染人类。新闻稿没有提到美国感染寄生虫的人的百分比。我们在新闻稿或疾病预防和控制中心的其他信息中也没有发现任何信息，称60%的美国人感染寄生虫。疾病预防和控制中心没有回应置评请求。因此，我们将这一说法鉴定为"错误"（false）。①

案 例

针对"银行被迫将实物货币上交联邦政府并只使用电子交易"的核查

Facebook的一篇文章称，美国的所有银行将很快被迫将所有实物货币移交给联邦政府，因为即将过渡到通用的纯电子支付协议。"我们被告知，所有银行将很快开始向政府交出硬币，将不再向公众或企业开放。"（2022年）9月13日的帖子写道。该内容被标记为Fackbook打击虚假新闻和错误信息的努力的一部分。在对美联储2022年发布的所有公告和新闻稿的回顾中，我们没有发现任何证据表明该计划强制将硬币和其他实物货币交给美联储进行清算。该机构8月29日表示，美联储正在推出FedNow服务，这是一项即时支付试点计划，预计将在2023年中期向银行和消费者更广泛地提供。试点参与仅限于约120家金融机构。FedNow服务于2019年8月首次宣布，"通过参与FedNow服务的金融机构、企业和个人将能够在一天中的任何时间发送和接收即时付款，收款人将立即完全访问资金，使他们有更大的灵活性来管理他们的钱并进行时间敏感的付款"。该机构当时表示，一位美联储官员在首次宣布时表示，通过消除资金存入或转移与可用资金之间的延迟，该计划旨在特别帮助依靠固定收入生活和盼望着用下一张工资单过日子的美国人（living paycheck to paycheck）。政府没有强制要求金融机构或个人使用此服务。而且，没有迹象表明参与的银行将不得不将其硬币交给联邦政府。我们还没有发现任何证据表明个人将不得不清算实物货币才能使用该服务。本月早些时候，PolitiFact驳斥了一篇类似的帖子，声称总统乔·拜登（Joe Biden）签署了一项行政命令，实施了一

---

① POLITIFACT. Misleading video cites CDC report that doesn't support the claim about parasites[EB/OL].（2022-09-30）[2022-10-08］. https://www.politifact.com/factchecks/2022/sep/30/instagram-posts/misleading-video-cites-cdc-report-doesnt-support-c/.

种数字货币，并将权力扩展到政府，以电子方式控制它。

9月13日，Facebook的一篇帖子在没有证据的情况下声称，在过渡到通用的纯电子支付协议之前，所有美国银行都将不得不将所有硬币交给联邦政府。该帖子似乎基于有关即时支付计划的断章取义信息，该计划称为FedNow服务，该计划处于试点阶段，预计将在2023年中期更广泛地提供。该计划不是强制性的，参与的银行不必将其硬币交给联邦政府。我们将此说法鉴定为"错误"（false）。①

尽管目前第三方事实核查存在着诸多问题，但不能因此否定其中的价值。"事实"的重要性不必多说，作为"事实"核查者、提供者的第三方事实核查机构，它为人们理性地判断表达权利是否超越界限提供了可信的参考依据，某种程度上甚至还能避免公权力部门介入调查、审理造成的资源浪费和低效率等问题。当前，第三方事实核查机构正根据批评意见，对自身存在的问题持续地作出重要调整，以更好地投入业务实践中去。②

第二节　网络色情

一、概念界定

对于淫秽、色情事物的控制和管理，是许多国家感到困扰的大问题。很少有哪个政府是公开主张对淫秽事物放任不管的，只是管的程度有严有宽。在我国，淫秽、色情物品习惯上通称为黄色物品、黄色出版物，受到严格禁止。

（一）我国的相关法律规定

早在1979年《刑法》中就规定了制作、贩卖淫书、淫画罪。1985年，国务院发布了行政法规《关于严禁淫秽物品的规定》。1986年《治安管理处罚条例》也作了与《刑法》相衔接的规定。1988年至1989年新闻出版总署陆续制定发布了《关于重申严禁淫秽出版物的规定》《关于认定淫秽及色情出版物的暂行规定》《关于鉴定淫秽、色情出版物权限的通知》《关于部分应取缔出版物认定标准的暂行规定》等部门规章。1990年，最高人民法院、最高人民检察院发布《关于办理淫秽物品刑事案件具体应用

---

① POLITIFACT. No, banks are not being forced to hand over physical currency to the government[EB/OL]. (2022-09-13)[2022-10-08]. https://www.politifact.com/factchecks/2022/sep/19/facebook-posts/no-banks-are-not-being-forced-hand-over-physical-c/.

② 李丹林,曹然. 以事实为尺度:网络言论自由的界限与第三方事实核查[J]. 南京师范大学学报（哲学社会科学版）,2018(4).

法律的规定》，就淫秽物品的犯罪作出司法解释。1991年《未成年人保护法》和1999年《预防未成年人犯罪法》专门就向未成年人传播淫秽、色情等有害内容规定了禁止条款。1997年《刑法》在第六章"妨害社会管理秩序罪"中以专节规定了"制作、贩卖、传播淫秽物品罪"。国务院关于管理音像制品、电影、出版物、广播电视以及互联网等行政法规中，也都有禁止淫秽、色情内容的规定。2005年《治安管理处罚法》对制作、运输、复制、出售、出租淫秽的书刊、图片、影片、音像制品等淫秽物品或者利用计算机信息网络、电话以及其他通讯工具传播淫秽信息的行为，作出了行政处罚的规定。为适应数字媒体新情况，2004年和2010年，最高人民法院、最高人民检察院发布了《关于办理利用互联网、移动通讯终端、声讯台制作、复制、出版、贩卖、传播淫秽电子信息刑事案件具体应用法律若干问题的解释》（一）和（二）。我国禁止淫秽、色情物品，从法律、行政法规，到部门规章，可称相当完备。

（二）我国对于淫秽、色情内容的认定标准

对于淫秽、色情物品必须有认定标准，才能既有效地同"黄祸"作斗争，又不致伤害那些有科学艺术价值的文化成果。《刑法》第三百六十七条有如下规定："本法所称淫秽物品，是指具体描绘性行为或者露骨宣扬色情的诲淫性的书刊、影片、录像带、录音带、图片及其他淫秽物品。有关人体生理、医学知识的科学著作不是淫秽物品。包含有色情内容的有艺术价值的文学、艺术作品不视为淫秽物品。"最高人民法院和最高人民检察院关于淫秽电子信息刑案的司法解释，对于"其他淫秽物品"作了一个补充规定："包括具体描绘性行为或者露骨宣扬色情的诲淫性的视频文件、音频文件、电子刊物、图片、文章、短信息等互联网、移动通讯终端电子信息和声讯台语音信息。"

淫秽物品这个定义的形成是有一个过程的：1985年国务院《关于严禁淫秽物品的规定》规定，淫秽物品的范围是"具体描写性行为或露骨宣扬色情淫荡形象的录像带、录音带、影片、电视片、幻灯片、照片、图画、书籍、报刊、抄本、印有这类图照的玩具、用品，以及淫药、淫具"。这个"规定"也注意到必须划分淫秽物品和非淫秽物品的界限，提出"夹杂淫秽内容的有艺术价值的文艺作品，表现人体美的美术作品，有关人体的生理、医学知识和其他自然科学作品，不属于淫秽物品的范围，不在查禁之列"。由于1979年《刑法》没有淫秽物品定义，这个规定是当时界定淫秽物品的主要法律依据，至1997年《刑法》颁布后方被取代。1988年新闻出版总署公布了《关于认定淫秽及色情出版物的暂行规定》，其中淫秽出版物被定义为"在整体上宣扬淫秽行为，具有下列内容之一，挑动人们的性欲，足以导致普通人腐化堕落，而又没有艺术价值或者科学价值的出版物"，共有七种情况："（一）淫亵性地具体描写性行为、性交及其心理感受；（二）公然宣扬色情淫荡形象；（三）淫亵性地描述或者传授性技巧；（四）具体描写乱伦、强奸或者其他性犯罪的手段、过程或者细节，足以诱发犯罪的；（五）具体描写少年儿童的性行为；（六）淫亵性地具体描写同性恋的性行为或者其他性变态行为，或者具体描写与性变态有关的暴力、虐待、侮辱行为；（七）其他令普通人不能容忍的对性行为的淫亵性描写。"这个规定虽然早于1997年《刑法》，但是与《刑法》规定并无冲突，后来亦为另一些规范性文件所借鉴、引用，至今依然有效。1990年最高人民法院和最高人民检察院《关于办理淫秽物品刑事案件具体应用法律的规定》第九条规定："淫秽物品，是指诲淫性的音、像、书、画等制品。"这是我国法律性文件中最早出现"诲淫性"这一词语。

若将《刑法》规定和《关于严禁淫秽物品的规定》加以比较，可以发现《刑法》的规定突出了"诲淫性的"特征，而在《关于严禁淫秽物品的规定》中使用的是"淫荡"一语。诲，即诱导；淫，即淫荡，通指非道德和非法的性活动。诲淫，就是诱导人们去进行非道德和非法的性活动。可见"诲淫性"与"淫荡"大致同义，而"诲淫性"对淫秽物品的特征和危害的表述更为确切。"诲淫性"也可以认为是对《关于认定淫秽及色情出版物的暂行规定》中"宣扬淫秽行为……挑动人们的性欲，足以导致普通人腐化堕落"这句话的概括，而该"暂行规定"所列七条，则是对"诲淫性"的具体罗列。七条所有内容都同描写性活动有关，那么是不是只要具体描写了性活动的内容都可以定性为淫秽内容呢？并非如此。这七条中，有的使用了"淫亵性"的修饰语，有的没有。使用"淫亵性"的修饰语，如"淫亵性地具体描写性行为、性交及其心理感受"，"淫亵性地描述或者传授性技巧"，"其他令普通人不能容忍的对性行为的淫亵性描写"，等等。这就是说，一般叙述性行为、性交、性心理以至性技巧的，是不能以淫秽定性的，如有些文章或书籍叙述如何获得性满足、如何克服性心理障碍、如何治疗性生理的疾病时，都有可能具体写到性行为，在文学作品中涉及性的描写也是常见的，这种正常叙述和描写，不是淫秽内容。构成淫秽内容的，必须是"淫亵性"的描写。所谓"淫亵性"，也就是下流的、粗野的、挑逗式的，亦即具有"诲淫性"。七条中没有加上"淫亵性"的修饰语的，如具体描述乱伦、强奸等性犯罪和少年儿童性行为等，均是非道德和非法的性活动，其"诲淫性"自不待言。① 由此可见，认定淫秽物品，不只是看它是不是涉及"性"，还要看它的客观社会效果。诲淫性，正是淫秽物品的本质特征。

《刑法》这条规定中还有两项排除：一是有关人体生理、医学知识的科学著作。这是指有关科学、性解剖、性生理、性病理、性心理这一类科学著作，既包括专门论著，也包括进行性教育、宣传性知识、指导性生活的普及性文章。这些论作当然会有性的描述，但是同淫秽描写有本质的区别。作为科学论作，总是理性的、冷静的、严肃的，即使涉及性的问题，甚至非常具体地论述性器官和性行为，也并不会发生诲淫的效果，所以"不是淫秽物品"。二是包含有色情内容的有艺术价值的文学、艺术作品。所谓艺

---

① 萧永康. 淫秽出版物认定标准辨析[N]. 新闻出版报，1995-03-05.

价值，必须是在文学、艺术领域有公认的地位。所谓"不视为"，是因为文学、艺术是有感染力的，其中的色情内容难免有诲淫的效果，所以只是不把它当做淫秽物品来对待，但还是要有一定控制。

我国关于淫秽物品的标准明显参照了国际用语。如美国1937年著名判例"米勒传递色情印刷品案"的判断淫秽的标准，即"米勒标准"，规定淫秽必须具备下列条件：（1）对于普通人来说，根据当地的社区标准，能证明作品从整体上看（taken as a whole）会引起对淫欲的兴趣（prurient interest）；（2）作品对性行为的描写具有明显的冒犯性（patent offensiveness），违反了当地有关法律的特别规定；（3）作品缺乏严肃的文学、艺术、政治或科学价值。具体详见下一部分，此处暂不展开。

不过，淫秽并非禁止的底线。淫秽只是刑法调整的对象，制作和传播淫秽物品行为要受到刑事处罚。此外，我国法律禁止的还有色情。《预防未成年人犯罪法》等法律和一些法规都把色情列入禁止的范围。有关色情的定义，1988年新闻出版总署《关于认定淫秽及色情出版物的暂行规定》在对淫秽出版物的界定中突出了"在整体上"的特征，如果某种出版物不是整体地表现淫秽，而是有部分内容涉及前引的七种情况之一，对普通人特别是未成年人的身心健康有毒害，而缺乏艺术价值或科学价值，那就是色情出版物。色情出版物是要禁止的。对于电影、电视等表现视觉动态形象的内容，界定要严格一些。1997年广电部《电影审查规定》和1999年广电总局《电视剧审查暂行规定》中都有应当删减、修改的淫秽、色情内容的具体标准。2004年新的《电视剧审查管理规定》没有对送审电视剧中应予删减、修改的内容作具体规定。2006年《电影剧本（梗概）备案、电影片管理规定》对送审电影片中应予删减、修改的内容列出了新的八项规定，其中第三项为："夹杂淫秽色情和庸俗低级内容，展现淫乱、强奸、卖淫、嫖娼、性行为、性变态等情节及男女性器官等其他隐秘部位；夹杂肮脏低俗的台词、歌曲、背景音乐及声音效果等。"

近年来，国家主管部门扩大了禁止涉"性"内容的范围。重要行动如：

2007年9月，广电总局就禁止并查处四川人民广播电台等违规内容发出通知：各级广播电视播出机构不得以任何理由和名目策划、制作和播出违背伦理道德、亵渎科学文明的节目栏目。凡涉及性生活、性经验、性体会、性器官和性药功能等节目的栏目，一律不得策划、制作、播出，正在制作、播出的必须立即停止。禁播"五性"节目，被认为是对广播电视节目提出的一条新的底线。

2009年1月，国务院新闻办、工信部、公安部、文化部、工商总局、广电总局、新闻出版总署等部门组织开展整治互联网低俗之风专项行动，过百家网站受到曝光和查处。关于什么是"低俗"，七部委均未发布规章予以定义。经"中国互联网协会互联网违法和不良信息举报中心"向"全国整治互联网低俗之风专项行动办公室"了解，网上低俗内容包括：（1）直接暴露和描写人体性部位的内容；（2）表现或隐晦表现性行为、具有挑逗性或者侮辱性的内容；（3）以带有性暗示、性挑逗的语言描述性行为、性过程、性方式的内容；（4）全身或者隐私部位未着衣物，仅用肢体掩盖隐私部位的；（5）带有侵犯个人隐私性质的走光、偷拍、漏点等内容；（6）以庸俗和挑逗性标题吸引点击的内容；（7）相关部门禁止传播的色情和有伤社会风化的文字、音视频内容，包括一些电影的删节片段；（8）情色动漫；（9）传播一夜情、换妻、性虐待等的有害信息；（10）宣扬暴力、恶意谩骂、侮辱他人等的内容；（11）非法性药品广告和性病治疗广告等相关内容；（12）恶意传播侵害他人隐私的内容；（13）推介淫秽色情网站和网上低俗信息的链接、图片、文字等内容。

二、数字传播条件下规制淫秽、色情的挑战

互联网技术的普及与发展使得原先单向度的色情传播已经演变为一种双向的互动传播。除此之外，网络技术的更新不仅催生了许多新型的色情传播方式，而且由于网络空间本身所具有的全球性、共享性、交互性等特征，也导致了色情信息传播的范围更大，交互性也更强，而且通过网络技术手段变得更隐蔽。①

一是具有极强的隐蔽性。传播淫秽色情信息的行为在犯罪学上属于"无受害人犯罪"。"无受害人犯罪"是美国学者埃德温·舒尔在1965年首次提出的，因为在淫秽色情信息的传播过程中，作为施害者的信息生产者和传播者与作为受害者的接受者之间是自愿交换行为，不存在强迫性，因此也就不存在受害人告诉的情况。这就使其具有极强的隐蔽性。特别是随着直播技术的发展，色情传播借助技术力量规避监管也增强了隐蔽性，如网络色情直播一对一进行，无人举报，监管无法到位，具有缓存功能的播放软件、各类社交软件、网络游戏、云存取空间等也都成了淫秽色情传播的重要通道，所有这些借助技术而生存的色情信息，也借助技术加强了隐蔽性。淫秽色情信息的认定也具有一定的困难性，美国"米勒原则"虽然提供了一个较好的判定标准，但毕竟还是失之过宽，操作性不强。张明楷提出的"整体性、客观性、关联性三原则"对判定淫秽色情信息虽有积极作用，但在实际运用中具体尺度还是不易把握。这就更增加了淫秽色情信息的隐蔽性。

二是蔓延快、社会危害大。网络空间的淫秽色情信息传播，具有病毒的裂变性特征。信息一旦被发布，不仅涉及面广，而且传播速度极快。网络色情犯罪侵害的最主要的法益是未成年人的身心健康。未成年人属于媒介影响的"易感人群"，网络淫秽色情信息对青少年网民会产生不良影响，损害他们的身心健康，造成严重的社会危害。《未成年人保护法》第五十条规定："禁止制作、复制、出版、发布、传播含有宣扬淫秽、

---

① 范玉吉,郭琪.网络空间治理视阈下淫秽色情信息的网络传播规制研究[J].山西大同大学学报（社会科学版），2020(4).

色情、暴力、邪教、迷信、赌博、引诱自杀、恐怖主义、分裂主义、极端主义等危害未成年人身心健康内容的图书、报刊、电影、广播电视节目、舞台艺术作品、音像制品、电子出版物和网络信息等。"传统媒体时代监护人对未成年人的媒介接触行为还可以有效控制，但在网络媒体时代，却陷入了失控的局面，未成年人可以轻易获得包括手机在内的移动终端，由此大大增加了接触网络淫秽信息的机会。

三是传播手段多样化、智能化。当今社会，网络信息技术的发展可谓日新月异，淫秽色情信息借助这些技术力量，在传播手段与传播方式上迭代更新。互联网本身的交互性特点使传播者与接受者进行即时交流成为可能，这也就导致了他们得以利用网络空间打一些软色情之类的"擦边球"。比如游走于灰色地带的"福利姬"就是通过伪装的APP和网站来售卖自己的大尺度照片和视频的。为了规避打击，这些软色情的传播往往要通过多次转折才能到达"消费者"。"福利姬"软色情交易的利益链条包括"福利姬"、中介、购买者三个群体和线上线下两个环节。在线上，"福利姬"通过售卖软色情图包、音视频、好友位费用以及会员费来收取费用，而线下则是通过援助交际来盈利。购买者要通过向中介付费才能购买到各类涉及"福利姬"的网站资源与直播软件，这样"福利姬"的色情传播链条才能完整起来。① 在传播手段多变、多平台引流、直播平台自设的技术障碍、音视频低俗标准不统一等诸多因素的影响下，网络淫秽色情传播屡禁不止。

四是传播区域的无界性。互联网塑造了虚拟社群，在虚拟社群中，传统政治疆域的边界消失，人们不再按照国籍划分社群，而是基于共同的兴趣爱好和价值观组成不同的社群。因此，网络信息传播不受自然地域限制，也不受政治性区域限制，自由传播的无界特征很明显。正因为如此，许多淫秽色情信息都是通过租用境外服务器建立网站进行传播，传播者可能在A国，服务器可能在B国，而信息接收者则可能在C国，这样就造成了对信息传播管控规制的困难。

案例

索某某、王某某等传播淫秽物品牟利案

2009年9月26日至2010年1月5日间，索某某在王某某的帮助下租赁虚拟主机，注册了名为"女孩精选"的网站。该网站后来加入"八方广告联盟"，成为其正式会员网站。为了提高网站中广告的点击率而获利，索某某在"女孩精选"网站上投放了具有淫秽性内容的电子信息，至案发时，该网站上共有视频文件204个、文章72篇，经鉴定，上述文件均有淫秽性。在此期间，王某某帮助索某某下载淫秽图片供其更新网站

---

① 韩丹东,李恋洁,张睿青. 福利姬软色情交易黑幕调查[N]. 法制日报, 2019-02-12.

内容，做该网站的推广，并提供其个人银行卡作为"八方广告联盟"为"女孩精选"网站结算使用。2009年9月间，"八方广告联盟"的创建者罗某某雇用郭某某，利用QQ聊天的方式为"八方广告联盟"招募具有淫秽性内容的网站成为会员网站。法院认定，截至2010年2月，罗某某、郭某某招募的"八方广告联盟"的会员网站中有27个网站的内容具有淫秽性，罗某某为其中的13个网站提供过费用结算服务。罗某某向13家网站共支付12 490元，以10%收取费用，从中获利1 387元。自2009年9月26日至2010年1月5日案发时，网站内淫秽电子信息累计实际被点击数为775 331，罗某某为郭某某招募审核的索某某、王某某的"女孩精选"网站结算3次，共支付479元。法院认为，索某某、王某某以牟利为目的，利用互联网传播淫秽电子信息，情节特别严重；罗某某、郭某某明知是淫秽网站，以牟利为目的，通过投放广告的方式，为淫秽网站提供费用结算服务，四人均构成传播淫秽物品牟利罪，四人同时构成共同犯罪。根据各被告人的犯罪事实，犯罪的性质、情节和对于社会的危害程度，依法对索某某判处有期徒刑11年，并处罚金2 395元；对王某某判处有期徒刑10年，并处罚金1 437元；对罗某某判处有期徒刑1年6个月，并处罚金6 935元；对郭某某判处有期徒刑2年，并处罚金14 161元。

案例

快播公司涉嫌传播淫秽物品牟利罪

快播公司自2007年12月成立以来，基于流媒体播放技术，通过在互联网上发布免费的QVOD媒体服务器安装程序和快播播放器软件的方式，为网络用户提供网络视频服务。2013年11月，执法机构在北京查获了快播公司的4台服务器，从中提取视频文件进行鉴定，认定其中21 251个文件为淫秽视频。据此，执法机构2015年2月以涉嫌传播淫秽物品罪对快播公司及其主要负责人王某、吴某、张某某、牛某某四人提起公诉。2016年1月，此案在北京市海淀法院公开审理，引起全国关注。公诉人声称，被告以牟利为目的，在明知上述QVOD媒体服务器安装程序和快播播放器软件被网络用户用于发布、搜索、下载、播放淫秽视频的情况下仍放任，导致大量淫秽视频在互联网上传播。公诉人指出，依据我国《刑法》第363条的规定及最高法、最高检所出台的司法解释，应该判处王某有期徒刑10年以上或无期。被告则以技术中立原则进行辩护，声称"快播"只是一个播放平台，负责给视频编码，"快播"的产品不具备传播属性，因此并不提供淫秽内容，且使用了很多方法监管淫秽视频。2016年9月，此案宣判。快播公司被罚1 000万元，王某、张某某、吴某、牛某某均犯传播淫秽物品牟利罪，分别被判处有期徒刑3年6个月、3年3个月、3年3个月、3年，并分别处以罚金100万元、50万元、30万元、20万元。

三、英、美关于网络色情内容的规制

(一) 英国关于网络色情内容的规制

英国对淫秽内容的规制经历了漫长的历史发展过程,英国第一部有关淫秽的法律是1857年的《淫秽出版物法》,依据该法律,治安法官可以申请裁决令并销毁材料。但是,该法没有对"什么是淫秽"进行明确定义,这意味着,治安法官可以根据个人意愿决定什么样的材料被销毁。直到10年后,有关淫秽的定义才诞生。1868年,法院在"希克林案"中制定了严苛的希克林准则,即从敏感人群(如未成年人)出发,依据材料的片段判断淫秽内容。这一标准统治了英国近一个世纪,直到20世纪50年代,英国法官才在司法实践中相继拒绝了"敏感人群"和"部分内容"判断标准。1959年,立法者出台了《淫秽出版物法》(Obscene Publications Act,1959),才正式改变了过去对淫秽的定义,将材料作为一个整体,从普通人标准出发,判断材料是否为淫秽内容。在制定该法时,英国立法者考虑的是通过传统媒介传播的淫秽内容,列举了包括文学作品、图片、音频、电影这几种传播形式。然而,随着互联网的发展,各种色情信息开始从杂志、电话、电视等媒介蔓延至网络世界。网络媒介的特征不同于传统的印刷媒介和广播电视等,互联网的全球性、普及性、匿名性等特点,完全改变了淫秽材料传播的形式,从而导致世界各国政府在监管网络淫秽色情传播方面遭遇了前所未有的困难,英国政府亦是如此。

目前,英国对互联网淫秽色情内容的管理,适用的是1959年颁布的《淫秽出版物法》,该法是当下英国规制淫秽材料最根本的立法。当时的立法者不可能也不会预料到互联网的诞生改变了淫秽材料的传播形式,由此英国在传统媒介时代颁布的《淫秽出版物法》,如今在互联网时代是否依然适用就成了问题。

在实践中,英国将网络媒体视为出版物的一种,对其规制以既有法律为主。最根本的立法是1959年的《淫秽出版物法》(1964年进行过修正,以下简称"OPA法案")。然而,当时的立法者无法想象到互联网诞生后的世界,因此,导致"OPA法案"在管理互联网淫秽色情内容时存在诸多问题。① 为解决这些问题,英国政府进行了补充立法,主要包括以下几部法案:第一,针对儿童色情的专门立法——1978年《儿童保护法》(Protection of Children Act 1978);第二,针对性侵犯的专门法律——2003年《性侵

---

① 例如,有关"出版物"的定义问题,该法案第一条第二款对其进行了明确界定:"通过某种介质承载,能够被听到或被看到或二者兼有,包括任何录音、胶片或其他图片方式记录的材料。"但是,互联网的诞生使大多数网上色情内容从一台计算机电子传输到另一台计算机,使用的是电话线路和调制解调器,而不是通过任何有形介质(如书籍、光盘)传输。为此,英国于1994年出台《刑事司法和公共秩序法》(Criminal Justice and Public Order Act 1994)扩展了"OPA法案",修改了"出版物"的含义,将电子传播的色情材料囊括其中。比如,发布者A通过电子邮件给接收者B发送的色情图片,则属于该法所说的"出版物"。

犯法》(*Sexual Offences Act* 2003)，该法案是在 1978 年《儿童保护法》基础上修改和添加后形成的，2012 年进行过修正，将未成年人的年龄由原来的 16 岁以下（不含 16 周岁）改为了 18 岁以下（不含 18 周岁）；第三，一般刑法中规制淫秽出版物的相关条文——1988 年《刑事司法法》(*Criminal Justice Act* 1988)（160—161 条）、1994 年《刑事司法和公共秩序法》(*Criminal Justice and Public Order Act* 1994)（84—92 条）规定了有关淫秽、色情、儿童不雅照片等行为及处罚刑期、2008 年《刑事司法和移民法》(*Criminal Justice and Immigration Act* 2008)（63—71 条）规定了拥有极端色情影像的具体行为、惩罚后果、抗辩理由和对拥有儿童色情材料行为的相关处罚。

由于网络发布者所在地理位置的任意性，使得"OPA 法案"无法有效地控制淫秽内容的发布行为，这让英国担心该法在遏制网上淫秽材料时会变得无效。因此，在呼吁禁止互联网暴力色情内容的推动下，英国政府转而采取了限制淫秽传播行为的替代机制，于 2008 年通过了《刑事司法和移民法》(*Criminal Justice and Immigration Act* 2008，以下简称"CJIA 法案"）。该法案是一项独立法案，用于加强现有的"OPA 法案"，其中第六十三条标志着英国淫秽法规的新篇章，即检方必须证明：第一，材料是色情的。第二，必须有"严重冒犯、恶心或其他淫秽特征"。第三，材料以明确和真实的方式描绘以下任何一项内容：（1）威胁他人生命的行为；（2）导致或可能导致对他人人身如肛门、乳房或生殖器造成伤害的行为；（3）涉及与人类尸体的性行为；（4）与动物进行性交或口交的行为（无论死亡还是活着），以及理性的人认为所观看内容中的动物和人是真实的。

基于网络淫秽内容传播的匿名性和广泛性，"CJIA 法案"在一定程度上适应了互联网环境，弥补了"OPA 法案"的不足，将拥有极端色情材料的行为纳入了刑事罪行，规制范围从发布行为扩大至拥有材料的行为，规制对象也从传播者扩大到消费者。换言之，行为人 A 消费和拥有极端色情材料，或将该材料传播给其他人，即便没有营利目的，在"CJIA 法案"之下，也构成犯罪。不过，当局对网络淫秽色情内容的管理依旧能适用"OPA 法案"，即发布者以营利为目的，在网上发布其他任何"倾向于使人堕落和腐化"的材料也是有罪的。几年后，这一定义在互联网时代也受到了公众的强烈质疑。

案例

英国诉吉布森案

依据 1959 年《淫秽出版物法》，当某一犯罪行为在本质上涉及相关资料是不是淫秽物品这一问题时，应依法对此种行为提起公诉。但在此案中，被告吉布森（Rick Gibson）在公共画廊展出了一对由冰冻人体干胚胎做成的耳环，此种物品并不具有使人腐化或堕落的倾向，或者说不符合 1959 年法案所规定的淫秽物品的界定。但在法院看来，此案不应机械地套用1959年法案的相关规定，而应根据判例法中与侵蚀公共道德或侵犯公序良俗有关的规则进行起诉。依据侵犯公序良俗的判例原则，被告展示胚胎耳环的行为构成犯罪。此案表明，即使相关资料不具有使人腐化或堕落的倾向，依然可以对公开此种资料的行为进行公诉。被告不能援引1959年法案所规定的公共利益原则进行辩护。在决定相关资料是否可能招致公众愤怒时，陪审团也不必对相关物品进行整体上的衡量与把握。

案 例

英国诉皮科克案

案件发生时，被告皮科克（Michael Peacock）在 Craiglist 网站上做广告，销售色情光盘，其中含有男同性恋之间的性行为内容。这些性行为本身在英国并不违法，但销售含有此行为的光盘就有可能触犯1959年《淫秽出版物法》，因为该色情内容被认为具有使人腐化或堕落的倾向。2009年，伦敦警方派出卧底，在被告家中购买了此黄色光盘，然后将被告拘捕，并依据1959年法案提出六项犯罪指控。如果被判有罪，被告将面临5年监禁的处罚。审判在两度被推迟之后，于2012年1月进行。控方声称，光盘中出现的场景有能力腐化观众，而且购买光盘的客户事先并不知道其中的色情内容。对此，被告予以坚决否认，声称其客户购买时询问了具体的名称和特殊内容，他们确切地知道其购买的内容，包括男性和女性的陪审团花了4天观看最后认定被告无罪。在陪审团看来，涉案光盘主要的消费者是具有特殊性癖好的男同性恋，而这些特殊观众不太可能会因此而腐化或堕落。

这个判决显示了1959年法案在互联网时代面临的重要挑战。被告律师杰克曼（Myles Jackman）欢呼这是"常识的重大胜利"，认为"1959年法案在数字化时代已经寿终正寝了，因为陪审团的决定显示正常人已将自愿性成人色情视为日常生活的一部分，而不再为此感到震惊、堕落或被腐化"。此案关系重大，因为它反映了英国民众正在用一种全新的方式来看待色情问题。

（二）美国关于网络色情内容的规制

米勒标准是当前美国淫秽物品认定的重要判断准则，具体包括社区标准、令人不快的性行为描述方式以及社会价值标准，后者分别从不同的判例中发展而来，充分反映了美国20世纪言论自由追求与淫秽物品管制之间的相互制衡。

互联网存在传输速度快、影响范围广、传播途径隐蔽等特点，淫秽物品在互联网上传播将更难以控制与监管。而且，对淫秽物品进行认定时，直接适用米勒标准也存在一定困难。首先，社区标准要求互联网内容生产者在发送相关信息时，需要对传播地的淫秽物品社区标准进行考量，自发排除被诉风险。这一要求加重了网络内容生产者的负担，不利于网络言论自由的保障。第二，互联网传播迅速，信息一旦发出，发布者也难以控制其影响范围，无法预测其走向，因此，提前预测信息接收地从技术层面来看十分困难。第三，在存在多个信息发送地的情况下，根据最保守社区的标准进行规范是不公平的，对于一些开放地区而言可能影响人们的言论自由。互联网是一点对多点或多点对多点的信息传输，它将整个国家连在一起，若继续采用社区标准，对于司法而言是一个巨大的困难。

在网络条件下，是否继续适用米勒标准中的社区标准成了学界、业界普遍关心和讨论的话题，出现了应采取社区标准还是全国标准的争论。1998年《儿童在线保护法》出台并继续沿用米勒标准。对此，部分法官认为该法违背了宪法第一修正案所保障的言论自由。比如，桑德拉法官认为对于互联网淫秽材料的认定应当适用全国统一标准，后者更加稳定、均衡，而不是适用因地区不同而区别对待的社区标准，后者可能演变为最高限度的标准，要求人们遵守更严苛的道德准则。支持社区标准的法官则认为，他们认为信息发布者选择将材料传输至特定地区，就有义务依据该地区的社区标准进行自查，规避法律风险。另外，制定全国统一标准是一个重大的难题，美国的联邦制决定了各个州法律不同、文化不同，寻找适合全国使用的统一标准是法院难以解决的问题。不论是通过法官的共识确定全国统一标准，还是根据各州的标准进行平衡，都难以实现公平公正。各州的文化、法律多样性不应被磨灭。[①]

案 例

合众国诉贺利案

2004年3月，贺利（Dwight Whorley）在弗吉尼亚州就业委员会提供的公共电脑上从本人的雅虎邮箱里下载儿童色情动漫，引起工作人员的注意，并招致警方对其邮箱和背景的调查。结果，被告被指控犯有下列罪行：通过电脑故意接受20部日本动漫，这些卡通片描绘了进行性暴露活动的未成年人，违反了《美国法典》第18节1462条款；作为有接受儿童色情物品前科的人，故意接受20部儿童色情动漫，违反了《美国法典》第18节1466A（a）(1)条款；作为有接受儿童色情物品前科的人，故意接受14幅涉及儿童色情的数字图片，违反了《美国法典》第18节2252（a）(2)条款；故意发送或接受20封淫秽邮件，违反了《美国法典》第18节1462条款。以此为依据，联邦地区法院判处被告20年监禁。被告不服判决，上诉至美国联邦第四巡回法院。

---

① 高靖怡，孔洪刚. 淫秽物品与言论自由保障的平衡：米勒标准的历史缘起与当前命题[C]//第五届"东方传播法"工作坊论文集. 上海：华东政法大学，2021：136－153.

被告声称相关管制淫秽的法律违宪。在被告看来，禁止接收淫秽材料的1462条款违宪，因为接收材料是拥有材料的一种形式，而拥有淫秽材料在"斯坦利诉佐治亚案"被判定受宪法保护。被告还认为，1462条款不适用只包含文本的电子邮件，且该条款中所说的"接受"在计算机环境下是模糊的，这些都不符合宪法的规定。被告还主张，将1466A（a）（1）条款用于动漫资料，也不符合宪法规定，因为这些动漫并没有描述真实的未成年人。此外，被告还对诉讼程序及监禁期限提出了异议。

被告的上述主张均遭到巡回法院的驳斥。在法院看来，1462条款惩罚的是淫秽物品的交易，"接受"在此种环境下有其独特的含义。法院还认为，被告忽视了有关淫秽物品的传统定义，该定义并没有提到相关媒介的形式和性质。至于虚拟的未成年人色情，法院认为同描述真实的儿童色情一样构成犯罪。巡回法院因此支持初审判决，判被告有罪。

第三讲

数字传播与社会(下篇)

第一节　网络广告

新闻媒介是最重要的广告发布载体。我国新闻业自 1979 年初恢复刊登和播放商业广告以来，广告经营发展极为迅速，每年新闻媒介的广告营业额一直占整个广告业营业额的一半左右。新闻媒介不只是为广告提供一个载体，而且，由于它通过新闻传播活动造就了相对固定的受众网络和拥有较高的权威性和影响力，因而可以获得远远高于其他广告媒体的宣传效果，这样，广告就成了新闻单位的主要收入来源。随着媒介融合进程的推进，大量原本投放于传统媒体的广告转而投放至网络，形成了别具特色的网络广告。

按《广告法》的规定，国务院和县级以上地方市场监督管理部门分别主管全国或本行政区域的广告监督管理工作，这就是中央的国务院直属机构国家市场监督管理总局和地方的省、地、县三级政府所属的市场监督管理局。而国务院和各地有关部门在各自职责范围内负责广告管理相关工作。

新闻媒介的广告经营活动受所在地市场监督部门监督管理，同时也要接受业务主管部门的管理。《广告法》规定，广电报刊音像出版单位若有违法广告活动受到市场监督管理部门处罚，应当通报新闻出版广电主管部门，后者应当依法对负有责任的主管人员和直接责任人员给予处分，情节严重的，并可以暂停媒体的广告发布业务（第六十七条）。

一、广告活动主体

广告活动主体包括广告宣传者和广告传播者。

广告宣传者，就是为了推销商品或者提供服务，自行或者委托他人设计、制作、发布广告的自然人、法人或者其他组织。据此，自行设计、制作或自行发布，例如企业自印宣传册、自设宣传网站、官微等，其身份依然是广告主，而不是广告经营者、发布者。

《广告法》中广告传播者有三类：

一是广告经营者，是指受委托提供广告设计、制作、代理服务的自然人、法人或者其他组织，广告经营者的业务包括制作、设计广告和代理广告发布服务两个方面。广告公司是专门从事广告服务的企业法人，在广告经营者中居于主要地位。具有经营资格的非法人组织和自然人也可以成为进行广告设计、制作的广告经营者。

二是广告发布者，是指为广告主或者广告主委托的广告经营者发布广告的自然人、法人或者其他组织。广告发布者的业务就是发布广告。广告发布者多数是大众传媒单位，发布广告往往是大众传媒的兼营业务。自媒体也可以发布广告，所以自然人也可以成为广告发布者。

三是广告代言人，是指广告主以外的，在广告中以自己的名义或形象对商品、服务做推荐、证明的自然人、法人或者其他组织。广告代言不同于广告表演，代言人必须是可识别的，或者标明身份信息，或者由于有一定知名度看肖像就可以知道是谁，代言人以自己的社会公信力对商品、服务作出担保。如果广告中出现的人物没有标明身份、受众也难以识别其身份，那就只是广告表演。

按照报刊管理的有关规定，从事广告业务的报刊必须是经国家新闻出版部门批准、编入国内统一刊号的报刊。"内部资料"等未编入国内统一刊号系列和专门系列的出版物，不得兼营广告。

按照广播电视管理的有关规定，从事广告业务的电台、电视台必须是经国家广电部门批准设立的电台、电视台（教育电视台除外）。发射台、转播台等，不能兼营广告。

新闻单位的广告业务只能由专门从事广告业务的机构和广告企业办理，其他部门如编辑部门、办事处、记者站等，以及编辑、记者一律不能从事广告业务。国家工商总局、国家新闻出版署、广电总局等主管部门曾经多次就此发布规定，其主要内容有：新闻出版单位内部非广告经营部门，不得经营或代理广告业务；广播电台、电视台、报社、期刊社等非广告部门，不得直接向企业收取广告费，开展特约刊播、协办、祝贺等名义的广告活动；严禁新闻单位设立的记者站、办事处等机构承办广告业务，严禁新闻记者借采访名义招揽广告；记者站不得进行与新闻业务活动无关的其他活动，更不得利用其名义从事广告、赞助、开办经济实体或其他经营活动；电视转播台、教育电视台不得利用自有媒介发布广告的条件经营广告业务；等等。

▶▶ 二、广告审查

广告审查，包括行政管理部门依法对特种广告的审查和广告经营者、发布者对所承揽和发布的广告进行查验、核对。

（一）行政管理部门的审查

《广告法》第四十六条规定："发布医疗、药品、医疗器械、农药、兽药和保健食品广告，以及法律、行政法规规定应当进行审查的其他广告，应当在发布前由有关部门对广告内容进行审查；未经审查，不得发布。"这些广告分别由国家或省级卫生行政部门、食品药品监督管理部门、农业行政主管部门负责审查。凡申请发布特殊广告的需填写广告审查表，审查内容主要包括企业的经营资质、证明产品合法性和广告内容真实性等的相关文件。广告审查机关应当将审查批准文件抄送同级市场监督管理部门，并及时向社会公布批准的文件。

（二）广告经营者、发布者的查验和核对

《广告法》第三十四条要求广告经营者、广告发布者应当建立、健全广告业务的承接登记、审核、档案管理制度，"依据法律、行政法规查验有关证明文件，核对广告内容。对内容不符或者证明文件不全的广告，广告经营者不得提供设计、制作、代理服务，广告发布者不得发布"。

广告的查核不同于新闻的核实，主要手段是将广告的内容同证明文件进行印证，检验其是否相符。凡是法律、行政法规规定的证明文件，广告经营者、发布者都必须要求广告主提供，不得遗漏。广告经营者、发布者只负责查验证明文件的形式，也就是查验证明文件是不是真实的、合法的、有效的，至于证明文件内容是否正确，不负责查验，而由出证机关负责。

根据《广告法》和其他法律法规的规定，广告经营者、发布者应当查验的文件包括：广告主的主体资格证明，如营业执照以及其他生产、经营资格的证明文件，质量检验机构对广告中有关商品质量内容出具的证明文件，专利证书，商标注册证书，获奖证书或优质产品证书，等等。按《广告法》等规定应由行政主管部门先行审查的广告，须查验批准文件。在广告中使用他人名义、形象的，应当查验权利人或其监护人的授权书。

对于法律规定广告中不得出现的内容、用语等，广告经营者、发布者也有把关之责。

三、广告代言人规范

《广告法》第三十八条对广告代言人作出了规范。

一是对广告代言内容的规范：（1）"应当依据事实"，就是不能没有依据地进行夸大宣传，更不能代言虚假广告。（2）"符合本法和有关法律、行政法规规定"，如不得为医疗、药品、医疗器械、保健食品广告作推荐、证明以及《广告法》规定的其他各项情形。（3）"不得为其未使用过的商品或者未接受过的服务作推荐、证明"，代言人没有亲身体验，其代言就难免有夸大、虚假的成分。

二是对广告代言人的规范：（1）"不得利用不满十周岁的未成年人作为广告代言人"。这既是鉴于无行为能力人不具有对商品或服务作出负责任的判断和鉴别的能力，也是为了保护他们的健康成长。（2）在虚假广告中代言而受到行政处罚未满三年的，不得作为广告代言人。广告代言的基础是代言人的公信力，有过不良记录的人理应在一定时间内限制代言。此外，《广告法》第九条第（二）项规定不得使用或者变相使用国家机关、国家机关工作人员的名义或者形象，国家机关和国家机关工作人员当然不得担任广告代言人。

《广告法》第六十一条对代言人违法行为规定了罚则。

至于《广告法》规定在广告中使用他人名义和形象的，应当事先取得其书面同意（第三十三条），其范围要宽于广告代言，包括了广告表演等其他情形。而广告代言人既然成为广告活动的主体之一，理应同广告主或广告经营者签订书面合同，明确双方的权利和责任。

案例

李某代言女性内衣广告事件

当事人在其个人微博号发布了品牌女性内衣广告。内容含有"一个让女性轻松躺赢职场的装备""我说没有我带不了的货，你就说信不信吧"等内容，附带当事人推介该商品的视频。女性立足职场，靠的是能力和努力，上述广告将"职场"与"内衣"挂上关系，可以"躺赢职场"，是对女性在职场努力工作的一种歧视，是对女性的不尊重行为，文案内容低俗，有辱女性尊严。经调查，当事人发布上述广告没有收取单独的广告发布费。另，当事人作为公众人物在广告中利用自身的知名度为品牌女性内衣作推荐，属于广告代言行为，且并未使用过该商品。当事人上述广告发布行为，违反了《中华人民共和国广告法》第九条第（七）项规定，构成了发布违背社会良好风尚的违法广告的行为；同时，当事人的代言行为，违反了《中华人民共和国广告法》第三十八条第一款规定，构成了广告代言人为其未使用过的商品作推荐、证明的行为。综上，北京市海淀区市场监督管理局于2021年6月作出行政处罚：一是没收当事人违法所得225 573.77元；二是罚款651 147.54元。《广告法》第三条规定，"广告应当真实、合法，以健康的表现形式表达广告内容，符合社会主义精神文明建设和弘扬中华民族优秀传统文化的要求"。这是《广告法》总则中关于广告内容和形式的基本原则性规定。涉案广告不仅发布的广告内容低俗、不当，同时其广告代言行为也违反了《广告法》的有关规定。本案中当事人作为广告代言人，区别于其广告发布者的身份而独立存在，故本案对当事人的违法行为分别裁量，合并处罚，也为明星谨慎代言敲响了警钟。①

四、针对网络广告的特别规定

近年来，互联网已成为广告的强势载体。《广告法》规定："利用互联网从事广告活动，适用本法的各项规定。"（第四十四条）它在整体上将互联网广告纳入了广告法调整范围。《广告法》规定，从事广告活动需要向市场监督管理部门进行登记的限于广电报刊出版单位，互联网不在此列。现行《广告法》适用于网络广告的有如下特别

---

① 北京市海淀区市场监督管理局微信公众号. 海淀区违法广告典型案例（第二期）［EB/OL］.（2021-08-24）［2022-05-23］. https://mp.weixin.qq.com/s/3YQgpaUsqB6yjyWUKIUovw.

规定：

一是规定未经当事人同意或请求，不得向其发送广告，包括电子信息广告（第四十三条），这种电子广告往往发到人们的电子邮箱里，对当事人造成很大的困扰。《消费者权益保护法》就规定经营者未经消费者同意或者请求，或者消费者明确表示拒绝的，不得向其发送商业性信息（第二十九条）。全国人大常委会《关于加强网络信息保护的决定》也规定任何组织和个人未经电子信息接收者同意或者请求，或者后者明确表示拒绝的，不得向其固定电话、移动电话或者个人电子邮箱发送商业性电子信息（第七条）。而《广告法》还进一步规定电子信息广告"应当明示发送者的真实身份和联系方式，并提供拒绝继续接受的方式"。

二是根据网络传播互动性的特点，要求"利用互联网发布、发送广告，不得影响用户正常使用网络"（第四十四条）。最常见的影响就是广告遮盖了用户想要阅读的页面。所以本条进一步规定"在互联网页面以弹出等形式发布的广告，应当显著标明关闭标志，确保一键关闭"。

三是对于用户利用网络空间发布违法广告，规定了网络服务提供者的责任。即"明知或应知"广告违法的，应当予以制止（第四十五条）。网络服务提供者虽然不是广告发布者，但是对于提供发布的空间仍然具有控制能力，发现违法广告，应该采取删除、屏蔽、断开链接等措施，制止其损害后果进一步扩大。这同行政法规要求网络服务者对"明显属于"违法的内容采取措施，《侵权责任法》要求网络服务者对"知道"侵权内容采取措施在原则上是一致的。至于如何界定"明知或者应知"，则应该有细则规定。

《广告法》第六十三条、第六十四条对网络服务商违反上述规定的行为规定了罚则。

除《广告法》之外，国家市场监督管理总局在2023年发布了《互联网广告管理办法》，对弹出广告、开展广告、软文广告、竞价排名广告、算法推荐方式发布广告，利用互联网直播发布广告等社会关切问题作出积极回应。当然，我国针对互联网广告的管理还有不少问题有待解决。由于互联网的虚拟性、网络发布平台的中立性和网络发布者能力的有限性等原因，网络广告发布者责任构成与传统媒体广告发布者责任并不相同。

第一，网络虚拟性使得网络广告发布者没有能力做实质性审查。网络的虚拟性是网络社会最大的特点，主要表现在网络主体的虚拟性、网络信息的不可控性和网络受众的不确定性。从实践上看，网络广告发布者在广告发布前对广告主和广告经营者资质审核是通过电子信息进行的。在现有的技术条件下，网络广告发布者无法对提交得到相关资质文件扫描件或电子版作出行之有效的真实性判断。一方面，因为我国工商登记系统尚不完善，广告主的资质信息并不可能从官方网站上全部得到核实；另一方面，网络经济和电子商务并不要求所有经营者都需要具备工商资质证明或登记，比如网民自己开办的"网店"，仍有权进行网络宣传和广告，对这部分资质信息网络广告发布者不可能进行有效核实。网络信息的不可控性表现在网络广告做出后，可能会存在包括"盗用""病毒攻击""跳转域名""更改内容"等不可控风险。网络广告发布者对这些情形只能做到最大限度地防范，或者在接到异常通知后采取必要措施，而不能完全保证广告内容的品质。

第二，网络技术的中立性决定了网络广告发布者不能做到对广告内容的完全审核。网络技术的中立性是网络广告发布者责任特殊性的根源所在。网络服务提供者在性质上可以分成两类：一是传播者，即网络信息储存者和网络技术平台；二是发布者，即网络信息的直接生产者。对于后者来说，法律责任与传统信息传播并无区别，但是，对于前者来说，其在技术上具有中立性，对他人传播的信息缺乏事先审核的权力和能力，所以，法律将网络服务提供者作为传播者身份之时，给予"避风港"的责任豁免。这主要体现在我国《民法典》第一千一百九十五条第二款中，只有在网络服务提供者怠于对"通知"①采取必要措施时，才承担相关责任。网络广告发布有多种类型，其中涉及网络平台和技术中立的情况有很多，比如BBS中的广告发布，微博平台中的广告发布和即时通信工具、微信中的广告发布等。如果法律在所有形式的网络广告责任中都将网络广告发布者连带在内的话，就会在我国关于网络系列法律整体上造成混乱和矛盾，客观上造成网络经济和网络表达的阻力。举例说明，新浪微博拥有5亿用户，其中不乏拥有大量粉丝的知名商业账号。如果某商业账号在新浪微博发布的广告信息被证明为虚假广告，那么，在追究广告责任的时候新浪公司是否要承担责任呢？从《民法典》等现行法律来看，新浪公司作为信息发布平台承担责任的前提在于是否符合该法第一千一百九十五条的构成，只有新浪公司在得到"通知"后仍怠于采取必要措施，或者有证据表明它对虚假广告有"应知"情形的，新浪才会承担侵权责任。从本质上讲，在微博信息中新浪作为网络服务平台属于广义上的"网络广告信息发布者"范畴，如果以"无过错原则"承担所有微博虚假广告法律责任的话，那么，新浪微博社区将不复存在，因为它既没有权力去事先审核网民发布的信息，也没有能力去核准这些信息的真实性。所以，网络广告发布者责任必须遵循《民法典》第七编"侵权责任"对网络服务提供者责任构成的规定，适用过错规则。

第三，网络广告发布者能力限制是承担过错责任的直接原因。在网络经济时代，大多数产品和服务都拥有自己的网站，这些拥有独立ICP资质的网站控制权都在厂商，即广告主手中。网络广告发布之时，很多情况下会采取"链接"的形式进行推广或推荐。网络广告发布对广告发布的审核具有时限性，实践中存在一些不法厂商在发布审核结果后，又私自篡改链接内容的情况。在网络广告中，链接的指向是广告主提供的，由广告发布者审核后发布，但链接指向的网站内容瞬息万变，网络发布者不可能时刻"监视"

---

① "通知"，即"避风港原则"中的一部分，后者包括"通知"和"删除"，编者注。

和"核实"链接内容的变化。网络广告发布者既不是国家机关,又不是消费者权益保护组织,缺乏对内容进行监控的权利和义务。同时,在技术上网络广告发布者也没有能力对广告主身份进行"彻底"核实。虽然网络实名制在我国部分网络区域已经开始适用,但国家机关对实名认证系统的建设尚在完善中,实践过程中仍存在大量技术缺陷,网络广告发布者只能通过现有技术达到形式上的审核。所以,在我国网络实名制技术系统和网络市场信用等级制度完全建立前,网络广告发布者缺乏对广告主身份进行"彻底"核实的"技术性"能力。①

五、广告和新闻的严格区分

广告必须具有可识别性,是国际广告业公认的基本原则。《广告法》第十四条规定:"广告应当具有可识别性,能够使消费者辨明其为广告。大众传播媒介不得以新闻报道形式变相发布广告。通过大众传播媒介发布的广告应当显著标明'广告',与其他非广告信息相区别,不得使消费者产生误解。"

广告主发布商品和服务信息,目的是向社会介绍自己的商品、服务,寻求和拓展市场。知悉商品和服务的真实情况,是消费者的权利。但是,经营者所发布的商品和服务信息,首要目的是自身商业利益,并非消费者利益。两者利益既有重合,又有区别。消费者对于经营者提供的信息,必须了解其中含有商业利益成分,以便作出正确判断。

所以,广告和新闻性质不同:新闻的发布者是新闻媒介,广告的发布者是经营者或广告主;新闻的取舍处理取决于新闻事实本身固有的新闻价值,广告只要广告主付费即可发布(违反法律的除外);新闻的立足点是社会公共利益和需求,广告的立足点是广告主自身利益和需求;新闻必须客观公正,广告则是自我宣传;新闻以满足人们的多层次、多方面的信息需要为目的,广告以实现广告主推销自己产品或服务的需要为目的;新闻是从客观的新闻事实产生的,广告是按广告主的主观意图制作的;新闻是公益行为,广告是市场行为;等等。把广告混同于新闻,发布"新闻式广告"或"广告新闻",在受众看来,似乎是新闻,但其内容和价值取向则是广告,实质上就是把广告主的自我需求、自我宣传冒充为具有普遍新闻价值的信息,把市场行为冒充为公益行为,把广告主个体的局部的利益冒充为社会公共利益,把广告主期待的事实冒充为已经发生的事实,这显然会对受众造成误导和欺骗。

因此,所有新闻媒介发布的所有广告,都应当标明"广告""广告专版""广告专栏""广告节目"等字样。使用"企业之窗""为您服务""电视商场""经济信息"等用语来刊播广告,并不能起到广告标志的作用,都是不合法的。

报刊和工商管理部门已多次发布规范性文件区分广告和新闻,如:禁止报型广告,

---

① 朱巍. 论互联网的精神:创新、法治与反思[M]. 北京:中国政法大学出版社,2018:409-410.

即以报纸的形式印制的广告宣传品；禁止用新闻形式进行企业形象广告宣传，即以类似典型报道的形式介绍有关企业及其负责人的业绩、事迹等；禁止以调查采访形式发布广告，即在"市场调查或采访"的特定场景中，通过"记者"或"市场调查人员"向"消费者"进行调查采访，由"消费者"讲述自身体验与感受，介绍产品的优点、特点。

广电总局《广播电视广告播出管理办法》也规定禁止以新闻报道形式发布广告。时政新闻类节（栏）目不得以企业或者产品名称等冠名。有关人物专访、企业专题报道等节目中不得含有地址和联系方式等内容。投资咨询、金融理财和连锁加盟等具有投资性质的广告，应当含有"投资有风险"等警示内容。

至于经营者通过公关活动传递的信息，公开传播的主动权在于新闻媒介。新闻媒介主要是根据信息的新闻价值决定取舍，经营者的公关人员或者所委托的公关机构，要根据新闻规律、市场状况和受众心理等因素，提供适合信息，争取新闻媒介报道。这类信息虽然来自经营者，但经过媒介筛选提炼，具有新闻价值，是新闻而不是广告。但是在我国，企业对新闻媒介的许多公关活动，往往成为与传播者之间的金钱交易，如向记者付酬、新闻发布会的"红包"、向新闻单位缴费，以及与媒介合作策划营销事件等，而国际公关业的通行规则反而成为另类做法。这种畸变的公关活动，实际是商业贿赂行为，在我国俗称"有偿新闻"。"有偿新闻"是新闻形式掩盖下的广告，混淆了新闻和广告的区别，其社会危害不言而喻。尽管有关部门三令五申，禁止"有偿新闻"，但是屡禁不止，愈演愈烈，成为通行"潜规则"和顽症。

▶▶ 六、违法广告的法律责任

《广告法》第五章规定了广告活动中违法行为的法律责任，共18条33款33项。承担法律责任的形式包括民事责任、行政责任和刑事责任，行政责任包括停止发布广告、公开更正、没收广告费用、罚款、停止广告业务、处分有责任的主管人员和直接责任人员等。执行行政处罚的机关是各级市场监督管理部门。

（一）发布虚假广告的责任

《广告法》第五十五条规定了虚假广告的行政责任和刑事责任。

刑事责任即《刑法》第二百二十二条规定的虚假广告罪，属于扰乱市场秩序罪。本罪主观上必须出于故意，广告经营者、发布者构成本罪必须是与广告主通谋，成为共犯。《广告法》第五十六条规定，虚假广告对消费者造成损害的，由广告主依法承担民事责任。广告经营者和发布者承担民事责任有三种情况：

（1）广告经营者、发布者不能提供广告主的真实名称、地址和有效联系方式的，消费者可以要求他们先行赔偿。这是为保护消费者利益而作出的设计，而经营者、发布者找不到广告主，也确有明显过错。经营者、发布者在履行了赔偿责任后，对超出自己赔偿数额的部分可以向有责任的广告主进行追偿。

（2）关系消费者生命健康的商品或者服务的虚假广告，造成消费者损害的，其广告经营者、发布者、代言人应当与广告主承担连带责任。这是为了保护消费者生命健康而要求广告活动主体承担的无过错责任。其中，如何确定关系消费者生命健康的商品或服务，有待细则规定。

（3）广告经营者、发布者、代言人，明知或者应知广告虚假仍设计、制作、代理、发布或者作推荐、证明的，应当与广告主承担连带责任。这是属于承担共同侵权的民事责任。

（二）发布侵权广告的责任

按《广告法》第六十八条规定，广告侵权行为有多种表现："在广告中损害未成年人或者残疾人身心健康的"，构成侵害未成年人或残疾人人格尊严、名誉权、肖像权等行为；"假冒他人专利的"，构成侵犯专利权行为；"贬低其他生产经营者的商品、服务的"，构成侵害企业法人和其他经营者的名誉权、荣誉权以及商业信誉、商品声誉等行为；"在广告中未经权利人同意使用其名义、形象的"，构成侵害他人姓名权、肖像权、名誉权、隐私权和人格尊严及侵害法人名称权、商标权等行为；"其他侵犯他人合法权益的"，例如在广告中未经许可使用他人作品（包括文字、图像、音乐等），即构成侵犯商业秘密的行为。

（三）其他违反广告法行为的责任

包括广告中含有《广告法》第九条禁止的内容和第十条禁止损害未成年人和残疾人身心健康的内容以及其他各条禁止的内容；违反《广告法》规定发布医疗、药品、医疗器械、保健食品等各种特种商品和服务广告，或在广告中涉及疾病治疗功能以及使用医疗术语等；在广告中涉及商品的性能、产地、质量等时表述不清，使用的数据、统计资料表达有误，涉及专利有假，在广告中贬低他人产品和服务等；应经广告审查机关审查批准的广告未经审批即予发布；广告不具有可识别性或变相发布医疗、药品、医疗器械等广告；等等，市场监督管理部门都将予以行政处罚。①

案 例

奥迪"小满"广告事件

2022年5月21日，农历"小满"这一天，一汽奥迪发布了一则其聘请刘某某作为主角拍摄的短视频广告，引发众多网友围观。大家纷纷叹服该广告文案的文字之优美、

---

① 魏永征. 新闻传播法教程[M]. 5版. 北京：中国人民大学出版社，2016：275-281.

意境之高远，以及结合"小满"这一节气拍摄所带来的底色和意蕴。2022年5月22日上午，在微信朋友圈和其他社交网络上，网友们又一次刷屏式地围观了另一条短视频。这一次被围观的是网络达人"北大满哥"所发布的一条短视频。在这条短视频里，"北大满哥"将其于2021年5月21日发布的一条关于"小满"的短视频与奥迪"小满"广告进行了对比。让诸多网友大跌眼镜的是，奥迪广告中所用的文字竟然与"北大满哥"在短视频中所用的文字几乎完全相同。接下来一汽奥迪公开发文向"北大满哥"和刘某某致歉，并表示一汽奥迪重视知识产权，会给公众一个满意的答复。在当天，也就是在2022年5月22日的下午，又有网友曝出"北大满哥"所用的文字也可能是抄袭的。按照部分网友的说法，早在2017年就有其他人在网络上发表过类似"北大满哥"对"小满"节气的解读，而"北大满哥"在5月22日短视频中所称的其独创的关于"小满"的诗，也是对北宋一位文学家所写诗词的演绎。①

第一，关于此事件的担责问题。在该事件中，奥迪公司、广告公司及刘某某三方对于"北大满哥"应承担哪些责任？5月22日，有律师分析认为，奥迪公司作为广告主和广告发布者，是侵权广告的第一责任人，应该承担抄袭的全部法律责任。中国政法大学传播法研究中心副主任朱某表示，奥迪宣传短片在删除前点赞量已达500万，且视频性质为商业广告，因此侵权方或将承受巨额赔偿，但不排除最后双方和解。在奥迪发布的《声明》中提及，"该视频由创意代理公司M&C Saatchi提报并执行，本着不回避问题的原则，我们已责成其尽快就所涉文案侵权情况进行处理，给公众一个满意的答复。同时，在事实正式澄清之前，奥迪各官方渠道将全面下架该视频。"对于奥迪的《声明》，上海大邦律师事务所高级合伙人游某某指出，刘某某拍摄的相关短视频，是奥迪公司为了推广自己的品牌和产品所发布的一个商业广告，现在短视频文案涉及侵权，根据《广告法》规定，以下主体可能需承担相应法律责任：首先，作为广告主和广告发布者，奥迪是侵权广告的第一责任人。他们应该承担的是抄袭的全部法律责任，远不止监管和审核这么简单。其次，游某某指出，作为侵权广告的制作公司M&C Saatchi上思广告，奥迪称其提供了广告的方案并执行，M&C Saatchi上思广告法律上属于广告经营者，应当就侵权行为向"北大满哥"承担连带侵权责任。此外，他们还应当就提供侵权广告文案向委托方奥迪公司负违约责任。另外，游某某认为，刘某某及其团队作为广告代言人应做到事前体验产品、对代言的产品和企业进行调查、审查广告文案、发现问题后及时履行补救义务等合规程序。根据《民法典》《著作权法》《广告法》的规定，除非案件中的抄袭文案是代言人创作的，或者发现侵权后拒绝在自己的账户内删除侵权内容的，多数情况下，代言人无须对广告中的知识产权侵权承担责任。北京市京师（上海）律师事务所律师吴某某补充认为，对于刘某某而言，虽然其出演了广告并在广告中

---

① 宋旭东.奥迪"小满"广告翻车事件的著作权法评析[EB/OL].（2022 - 05 - 23）[2022 - 07 - 01］.https://mp.weixin.qq.com/s/RcSJCNA7 wa3q4ymsbMrdCA.

演绎了相关内容，但除非有证据能证明广告文案是由刘某某创作或提供的，或者明知广告存在侵权的情况而演出的，否则一般其不需要向原著作权人承担相应责任。当然，若刘某某因本次事件而导致名誉受损，其可根据与奥迪方的代言合同或其实际损失向奥迪方追究相应责任。

第二，关于有可能的赔偿问题。"北大满哥"在维权视频中表示，希望抄袭文案的相关方面"站出来做一个解释"，并未在维权视频中提及相关赔偿诉求。如果此事走上法庭，涉及的赔偿金额如何计算？北京市京师（上海）律师事务所律师吴某某表示，对于赔偿的计算而言，我国《著作权法》第五十四条对此有明确的规定，即侵犯著作权或者与著作权有关的权利的，侵权人应当按照权利人因此受到的实际损失或者侵权人的违法所得给予赔偿；权利人的实际损失或者侵权人的违法所得难以计算的，可以参照该权利使用费给予赔偿。对故意侵犯著作权或者与著作权有关的权利，情节严重的，可以按照上述方法确定数额的一倍以上五倍以下给予赔偿。权利人的实际损失、侵权人的违法所得、权利使用费难以计算的，由人民法院根据侵权行为的情节，判决给予五百元以上五百万元以下的赔偿。赔偿数额还应当包括权利人为制止侵权行为所支付的合理开支。朱某表示，目前的《著作权法》将法定赔偿的上限修改为 500 万元人民币。刘某某此次与奥迪合作的宣传短片在删除前点赞量已达 500 万，且视频性质为商业广告，因此侵权方或将承受巨额赔偿。朱某称："这个视频的传播力度很大，再加上刘某某是名人，奥迪在中国的口碑又很好，这个文案加工得也不错，所以赔偿金额可能非常大，但是不排除最后双方和解。"

第三，关于短视频、直播等作品的著作权法保护问题。有网友指出，"北大满哥"的视频文案也并非全部原创，早在 2017 年就有网友"yoli 尤琳"曾在社交媒体中发文写道，"二十四节气，有小暑就有大暑，有小雪就有大雪，有小寒就有大寒。只有一个例外，那就是只有小满而没有大满。"对此"yoli 尤琳"回复评论称，每个深入了解 24 节气的人都会有此发现，有关"凡事不能大满是老祖宗的智慧"，不算独创性思想。对于"北大满哥"视频的原创性问题，5 月 22 日，"北大满哥"视频作者未向澎湃新闻正面回应相关问题。华东政法大学陈某某教授分析指出，"北大满哥"视频中对于小满的台词与网友所写的台词表达意思一样，但具体问题的遣词造句不同，均为原创，各自享有版权。陈某某教授称："就视频中的古诗词部分，第一句不是'满哥'的原创，其他部分的确是他的原创，'满哥'享有后面原创部分的版权。借用的部分自然不享有版权，但非借用部分的确享有版权。"朱某表示，短视频、直播等作品属于视听作品范围，应受到著作权法保护。且短视频文案本身具有独创性，因此也在著作权法保护的范围内。对于目前网络上出现的一些同质化作品，朱某认为，这些作品之所以不涉及版权问题，是因为视频创作者了解著作权法保护的是作品而不是观点，他们将视频观点吸收，再用自己的语言表达出来，"著作权法并不保护这样的创意，不保护观点的普及和传播"。朱某提醒广大视频创作者,根据著作权保护法以及民法典等相关规定,作者一旦发现自己的作品被侵权,可向相关平台发出通知删除的函件,要求平台将相关侵权视频予以下架。权利人有权通知平台采取删除、屏蔽、断开链接等必要措施,平台接到通知后未及时采取必要措施的承担连带责任。①

第二节 网络犯罪

▶▶ 一、基本概念

数字传播技术的发展进步,既给人们带来了生活的便利,也催生了新型的犯罪形式,即网络犯罪。本节探讨关于网络犯罪的界定、成因、特点,分析我国当前约束网络犯罪的法律框架、法律实践。

网络犯罪是指针对和利用网络进行的犯罪,以危害网络及其信息的安全与秩序为本质特征。针对网络犯罪的界定中包括了广义、狭义两个层面。狭义的网络犯罪,主要是指针对计算机网络的犯罪,包括非法侵入、控制、破坏计算机系统等。广义的网络犯罪,既包括针对计算机网络的犯罪,也包括利用计算机网络实施的犯罪,比如网上诈骗、网上走私、网上洗钱、网上非法交易、网上色情服务、网上毁损商誉、在线侮辱诽谤、网上侵犯商业秘密;网上组织邪教组织;在线间谍;网上刺探、提供国家秘密的犯罪;等等。总体来看,广义的网络犯罪在内涵上过于宽泛,因为目前网络已经广泛地应用于社会生活的方方面面,《刑法》规定的各种犯罪类型都可能成为网络犯罪,比如网络谣言,网络侵犯名誉权、隐私权、著作权等——这些内容在本书的其他部分已有论述。因此,本节所探讨的网络犯罪,主要是狭义上的网络犯罪,即针对计算机网络的犯罪。

网络犯罪的形成,有多方面的原因。第一,网络"黑客文化"的影响。信奉黑客文化的人们拥有自己独特的道德准则,包括对于计算机的使用不应受到任何限制、所有信息都应当免费,以及保持对权威的怀疑等,在这些理念的引导下,"黑客"对于网络发展的现状容易产生不满情绪,热衷于通过其高超的计算机技术冲击、挑战关于网络的规范性要求。第二,网络技术本身存在的局限性,根本上说是"共享"与"独占"两种理念之间存在冲突。在网络发展早期,黑客行为并不被视为犯罪,因为它实际上有利

---

① 澎湃新闻. 奥迪小满广告抄袭事件,各方道歉后谁来担责[EB/OL]. (2022-05-22)[2022-05-23]. https://mp.weixin.qq.com/s/BCXPyp6S1CmuRyNbEaokNg.

于网络技术的进步；然而，随着计算机网络在社会上得到普及，社会各界对此的认识逐渐发生了变化，黑客行为对于电子信息的侵害就不再被容忍，黑客行为才被规定为犯罪。第三，法制建设的滞后。网络技术发展日新月异，而法制建设却并没有及时跟上，总是在"追赶远去的公车"，更缺乏明确的价值原则的引导，致使网络犯罪呈现出四处蔓延的趋势。第四，随着技术进步、知识更新的加快，当今社会已经进入"后喻时代"，青年群体（而非更成熟的中老年群体）掌握了更多的网络知识和技能，他们拥有更为强烈的自我表现和寻求身份认同的动机，加之缺乏必要的法律意识，使之更容易成为实施网络犯罪的主体。

与传统的犯罪相比，网络犯罪具有一些独有的特点：第一，成本低、传播迅速、传播范围广。以电子邮件（特别是内置了计算机病毒的垃圾邮件、钓鱼邮件）为例，相对于传统方式的寄信，尤其是寄往国外的邮件，其所花费的成本要少得多。敲击一下键盘，就能将包含计算机病毒的邮件一起发给大量的用户，理论上全球所有接入互联网的用户都是网络犯罪潜在的受害者。第二，互动性、隐蔽性高，取证困难。据调查，已经发现的利用计算机犯罪的仅占实施的计算机犯罪或计算机犯罪总数的5%~10%，而且往往很多犯罪行为的发现是出于偶然，如同伙的告发或计算机出了故障等。而且，网络犯罪通过数据、密码等方式秘密地进行，外界无从观察到犯罪行为的发生与结束。第三，社会危害性高。随着计算机信息技术的不断发展，从国防、电力到银行和电话系统都实现了数字化、网络化，一旦这些部门遭到不法入侵和破坏，将导致难以估量的损失。即便遭到侵害的是个人和企业组织，其后果也相当严重。第四，跨国性。网络冲破了地域限制，为犯罪分子跨地域、跨国界作案提供了可能。只需一台联网的终端机，就可以通过互联网在任何一个站点实施犯罪活动。

▶▶ 二、我国针对网络犯罪的惩治

我国针对网络犯罪的立法越来越规范、越来越专业和全面，企图钻法律空子，以身试法的行为是非常不理智的。惩治网络犯罪的法律框架可以归纳为以下三个层次：一是有关互联网安全和信息保护等方面的法律规范，包括《网络安全法》《关于维护互联网安全的决定》《关于加强网络信息保护的决定》，以及国务院制定的《互联网信息服务管理办法》，其中，《网络安全法》从"网络安全支持的促进""网络运行安全""网络信息安全""监测预警与应急处置""法律责任"等不同方面作了规定。《关于维护互联网安全的决定》第一条至第五条从不同层面规定了网络犯罪的刑法责任，规定了五类网络犯罪的刑事责任。《关于加强网络信息保护的决定》重点关注的是网络信息安全保护问题，如第一条规定不得窃取或以非法手段获取公民个人电子信息。《互联网信息服务管理办法》主要针对的是互联网信息服务提供者的信息服务规范问题。二是《刑法》中有关网络犯罪的专门性规定，比如第二百八十五条规定了"非法侵入计算机信息系统

罪""非法获取计算机信息系统数据、非法控制计算机信息系统罪""提供侵入、非法控制计算机信息系统程序、工具罪",第二百八十六条规定了"破坏计算机信息系统罪"。三是有关网络犯罪的司法解释和规范性文件,如《关于审理扰乱电信市场管理秩序案件具体应用法律若干问题的解释》(2000)、《关于办理危害计算机信息系统安全刑事案件应用法律若干问题的解释》(2011)等。本节将针对网络犯罪的法律框架概括为以下几个方面。

(一)非法侵入计算机系统罪

非法侵入计算机信息系统罪,是指行为人以破解计算机安全系统为手段非法进入自己无权进入的计算机系统的行为。我国《刑法》第二百八十五条规定:"违反国家规定,侵入国家事务、国防建设、尖端科学技术领域的计算机信息系统的,处三年以下有期徒刑或者拘役。"本罪侵犯的客体是国家重要领域和要害部门的计算机信息系统安全(涉及国家事务、国防建设、尖端科学技术领域),其中,计算机系统是指由计算机及其相关的和配套的设备、设施(含网络)构成的,按照一定的应用目标和规则对信息进行采集、加工、存储、传输、检索等处理的人机系统。只有非法侵入涉及国家事务、国防建设、尖端科学技术领域的计算机系统的行为才构成此罪,对非法侵入其他领域的计算机信息系统的不以此罪论处。本罪在客观方面表现为,行为人实施了违反国家规定侵入国家重要计算机信息系统的行为。所谓侵入,是指未取得有关部门的合法授权与批准,通过计算及终端访问国家事务、国防建设、尖端科学技术领域的计算机信息系统或者进行数据截收的行为。本罪的主体是一般主体,往往具有较高的计算机专业知识和娴熟的计算机操作技能。本罪的主观方面表现为故意,即行为人明知自己的行为违反国家规定会产生非法侵入国家重要计算机信息系统的危害结果,而希望这种结果发生。侵入行为是故意行为,过失进入国家重要的计算机信息系统的,不构成此罪。

案例

范某某、文某非法侵入计算机信息系统案

2010年3月至5月间,范某某伙同文某利用计算机上互联网,通过后门程序进入最高人民检察院反渎职侵权厅网站(服务器地点位于北京市朝阳区酒仙桥)后台,修改网页源代码(在网站源文件上植入"黑链代码"),对网站主页进行修改,以提高其他网站在搜索引擎的排名,从而达到非法获利的目的;2010年3月至5月间,范某某伙同文某利用计算机上互联网,通过后门程序侵入长沙质量技术监督局、青海质量监督总站、抚顺政务公开网、佛山市高明区档案局、句容市安全生产监督管理局、繁昌县文化广电新闻出版局(体育局)、邹平党建网、楚雄州人大常委会、接力出版社、读书人俱乐部、北京钨钼材料厂等网站后台,修改网页源代码,添加黑链代码,对上述网站的主

页进行修改，以提高其他网站在搜索引擎的排名，从而达到非法获利的目的。二人获利共计人民币6 000元。北京市朝阳区人民检察院以被告人范某某、文某犯非法侵入计算机信息系统罪、非法控制计算机系统罪，于2010年12月13日向朝阳法院提起公诉。朝阳法院经审理后认为，被告人范某某、文某法制观念淡薄，为谋取私利，违反国家规定，侵入国家事务领域的计算机信息系统，并多次利用后门程序非法控制国家事务、国防建设和尖端科学技术领域以外的计算机信息系统，情节严重，二被告人的行为均已构成非法侵入计算机信息系统罪和非法控制计算机信息系统罪，应依法数罪并罚。被告人范某某起意并组织实施犯罪，系主犯；被告人文某在范某某的安排下实施犯罪行为，系从犯。二被告人能如实供述起诉书指控的二起犯罪事实，且其家属帮助退缴大部分赃款，故对被告人范某某所犯罪行酌予从轻处罚，对被告人文某所犯罪行依法予以从轻处罚。朝阳法院于2011年2月18日作出判决：被告人范某某犯非法侵入计算机信息系统罪，判处有期徒刑1年，罚金人民币2 000元；决定执行有期徒刑1年6个月，罚金人民币2 000元。被告人文某犯非法侵入计算机信息系统罪，判处有期徒刑6个月；犯非法控制计算机信息系统罪，判处有期徒刑9个月，罚金人民币1 000元；决定执行有期徒刑1年，罚金人民币1 000元。同时继续追缴被告人范某某、文某犯罪所得人民币6 000元，予以没收。一审宣判后，被告人范某某、文某均服判未上诉，现已生效。

（二）非法获取计算机信息系统数据、非法控制计算机信息系统罪

非法获取计算机信息系统数据罪，是指违反国家规定，侵入国家事务、国防建设、尖端科学技术领域以外的计算机信息系统或者采用其他技术手段，获取该计算机信息系统中存储、处理或者传输的数据，情节严重的行为。非法控制计算机信息系统罪，是指对国家事务、国防建设、尖端科学技术领域以外的计算机信息系统实施非法控制，情节严重的行为。《刑法》第二百八十五条第二款明确规定，犯本罪的，情节严重的，处三年以下有期徒刑或者拘役，并处或者单处罚金；情节特别严重的，处三年以上七年以下有期徒刑，并处罚金。本罪的犯罪主体是一般主体，一般来说，犯本罪的行为人大多具有较高的电脑水平和网络技术，对计算机信息系统和计算机网络能熟练利用。本罪在犯罪主观方面表现为故意，即行为人明知是侵入计算机信息系统或以其他技术手段获取数据、非法控制计算机信息系统的行为，仍故意为之。本罪的犯罪客体是计算机信息系统的安全，犯罪对象仅限于使用中的计算机信息系统中存储、处理、传输的数据，脱离计算机信息系统存放得到计算机数据，如光盘、U盘中的计算机数据不是本罪的保护对象。这里的数据，不限于计算机系统数据和应用程序，还包括权利人存放在计算机信息系统中的各种个人信息。本罪在客观方面表现为行为人违反国家规定，实施侵入国家事务、国防建设、尖端科学技术领域以外的普通计算机信息系统，或者采用其他技术手段，从而获取这些计算机信息系统中存储、处理或者传输的数据的行为，并且情节严重。这意味着刑法保护的范围扩大，已涵盖教育、卫生、商业等各大行业，还包括个人所有的计算机信息系统。

案例

卫某某、龚某、薛某某非法获取计算机信息系统数据案

卫某某曾于 2012 年至 2014 年在北京某大型网络公司工作，龚某供职于该大型网络公司运营规划管理部，两人原系同事。被告人薛某某系卫某某商业合作伙伴。因工作需要，龚某拥有登录该大型网络公司内部管理开发系统的账号、密码、Token 令牌（计算机身份认证令牌），具有查看工作范围内相关数据信息的权限。但该大型网络公司禁止员工私自在内部管理开发系统查看、下载非工作范围内的电子数据信息。2016 年 6 月至 9 月，经事先合谋，龚某向卫某某提供了自己所掌握的该大型网络公司内部管理开发系统账号、密码、Token 令牌。卫某某利用龚某提供的账号、密码、Token 令牌，违反规定多次在异地登录该大型网络公司内部管理开发系统，查询、下载该计算机系统中储存的电子数据。后卫某某将非法获取的电子数据交由薛某某通过互联网出售牟利，违法所得共计 37 000 元。本案由北京市海淀区人民检察院于 2017 年 2 月 9 日以被告人卫某某、龚某、薛某某犯非法获取计算机信息系统数据罪，向北京市海淀区人民法院提起公诉。6 月 6 日，北京市海淀区人民法院作出判决，认定被告人卫某某、龚某、薛某某的行为构成非法获取计算机信息系统数据罪，情节特别严重。判处卫某某有期徒刑 4 年，并处罚金人民币 4 万元；判处龚旭有期徒刑 3 年 9 个月，并处罚金人民币 4 万元；判处薛某某有期徒刑 4 年，并处罚金人民币 4 万元。一审宣判后，三被告人未上诉，判决已生效。[①]

在以上案件中，超出授权范围使用账号、密码登录计算机信息系统，属于前述侵入计算机信息系统的行为。而侵入计算机信息系统后下载其储存的数据，则可以被认定为非法获取计算机信息系统数据。

（三）提供侵入、非法控制计算机信息系统程序、工具罪

提供侵入、非法控制计算机信息系统程序、工具罪，是指提供专门用于侵入、非法控制计算机信息系统的程序、工具，或者明知他人实施侵入、非法控制计算机信息系统的违法犯罪行为而为其提供程序、工具，情节严重的行为。根据《刑法》第二百八十五条的规定，情节严重的，处三年以下有期徒刑或者拘役，并处或者单处罚金；情节特别严重的，处三年以上七年以下有期徒刑，并处罚金。本罪的主体是一般主体，本罪的客体是国家信息网络的安全。本罪在客观方面表现为提供专门用于侵入、非法控制计算机信息系统的程序、工具，或者明知他人实施侵入、非法控制计算机信息系统的违法犯

[①] 北大法宝网．卫某某、龚某、薛某某非法获取计算机信息系统数据案［EB/OL］．（2017 - 10 - 12）［2022 - 10 - 14］．https://www.pkulaw.com/gac/f4b18d978bc0d1c7383887deaf53cf66c30118c49fa970b8bdfb.html.

罪行为而为其提供程序、工具，情节严重的行为。本罪在主观方面表现为故意，行为人是否为营利目的提供侵入、非法控制计算机信息系统的程序、工具，并不影响犯罪的成立。本罪中所说的程序、工具包括：具有避开或者突破计算机信息系统安全保护措施，未经授权或者超越授权获取计算机信息系统数据的功能的；具有避开或者突破计算机信息系统安全保护措施，未经授权或者超越授权对计算机信息系统实施控制的功能的；其他专门设计用于侵入、非法控制计算机信息系统，非法获取计算机信息系统数据的程序、工具的。本罪中所说的情节严重，可理解为提供了大量专门用于侵入、非法控制计算机信息系统的程序、工具的；出售专门用于侵入、非法控制计算机信息系统的程序、工具数额大的；由于被大量使用造成了严重危害的；等等。

案 例

徐某某、潘某等人提供侵入、非法控制计算机信息系统程序、工具案

2017年5月，徐某某开发了针对"饿了么"等电商平台使用的名为"小白改机"的软件，后招募潘某等人作为代理商，通过网络予以销售牟利。他人购买软件后，结合不同的手机号码等信息使用同一部手机反复下单，大量骗取"饿了么"首单优惠。经查，2017年5月至案发，徐某某共计销售8 000余人次，获利5万余元；潘某共计销售4 900余人次，获利2万余元。经鉴定，"小白改机"软件具有通过Hook系统API的调用结果实现修改Android系统中的手机串号、Android ID、设备品牌、型号、设备名等信息，篡改其他应用程序在获取系统信息处理过程中数据的功能，具有破坏性。上海市长宁区人民检察院以被告人徐某某、潘某破坏计算机信息系统罪向上海市长宁区人民法院提起公诉。2019年7月1日，上海市长宁区人民法院作出刑事判决，被告人徐某某及潘某犯提供侵入、非法控制计算机信息系统程序、工具罪，分别判处有期徒刑3年及1年7个月，并处罚金。判决后，被告人徐某某提出上诉，上海市长宁区人民检察院提出抗诉。上海市第一中级人民法院于2020年4月28日作出刑事裁定，维持原判。[1]

在以上案件中，专门针对"饿了么"等平台开发的"小白改机"软件，未得到"饿了么"等应用程序的授权，具有非正当性，也具有侵入计算机信息系统的特征，属于最高人民法院、最高人民检察院《关于办理危害计算机信息系统安全刑事案件应用法律若干问题的解释》第二条第三项所规定的其他专门设计用于侵入、非法控制计算机信息系统的程序、工具，情节严重的，构成侵入、非法控制计算机信息系统程序、工具罪。近年来，我国电子商务蓬勃发展，各类电商平台为了吸引新用户、扩大市场，经常

---

[1] 澎湃新闻. 长案释法：徐某、潘某等人提供侵入、非法控制计算机信息系统程序、工具案[EB/OL]. (2021–01–22) [2022–10–14]. https://www.thepaper.cn/newsDetail_forward_11166071.

推出"首单优惠"等让利活动。然而，这些让利也被大量职业"薅羊毛"者所利用，他们借助非法软件，形成网络黑灰产业，使用一部手机就实现了本来需要无数部手机才能完成的操作，大肆"刷单"骗取电商平台的优惠补贴款，给互联网企业造成了大量损失。①

（四）破坏计算机信息系统罪

破坏计算机信息系统罪是指违反国家规定，对计算机信息系统进行删除、修改、增加、干扰，造成计算机信息系统不能正常运行，对计算机信息系统中存储、处理或者传输的数据和应用程序进行删除、修改、增加的操作，或者故意制作、传播计算机病毒等破坏性程序，影响计算机系统的正常运行，后果严重的行为。《刑法》第二百八十六条规定，后果严重的，处五年以下有期徒刑或者拘役；后果特别严重的，处五年以上有期徒刑。本罪的主体是一般主体，即年满 16 周岁具有刑事责任能力的自然人均可构成本罪。实际能构成其罪的，通常是精通计算机技术、知识的专业人员，如计算机程序设计人员、计算机操作、管理维修人员等。本罪在主观方面必须出于故意，过失不能构成本罪。本罪所侵害的客体是计算机信息系统的安全，对象为各种计算机信息系统功能及计算机信息系统中存储、处理或者传输的数据和应用程序。本罪在客观方面表现为违反国家规定，破坏计算机信息系统中存储、处理、传输的数据和应用程序，后果严重的行为。根据本条规定，包括下列三种情况：（1）破坏计算机信息系统功能；（2）破坏计算机信息系统中存储、处理或者传输的数据和应用程序；（3）故意制作、传播计算机病毒等破坏性程序，影响计算机系统正常运行。本罪中，所谓"破坏性程序"是指隐藏在可执行程序或数据中的在计算及内部运行的一种干扰程序，其中典型的就是计算机病毒；所谓"计算机病毒"是指在计算机中编制的或者在计算机程序中插入的破坏计算机功能或者毁坏数据，影响计算机使用，并能自我复制的一组计算机指令或者程序代码；所谓"严重后果"的情形主要包括：（1）造成 10 台以上计算机系统的主要软件或者硬件不能正常运行的；（2）对 20 台以上计算机信息系统中存储、处理或者传输的数据进行删除、修改、增加操作的；（3）违法所得 5 000 元以上或者造成经济损失以万元以上的；（4）造成为 100 台以上计算机信息系统提供域名解析、身份认证、计费等基础服务或者为 1 万以上用户提供服务的计算机信息系统不能正常运行累计 1 小时以上的；（5）造成其他严重后果的。所谓"特别严重后果"的情形主要包括：（1）数量或者数额达到前款第（一）项至第（三）项规定标准 5 倍以上的；（2）造成为 500 台以上计算机信息系统提供域名解析、身份认证、计费等基础服务或者为 5 万以上用户提供服务的计算机信息系统不能正常运行累计 1 小时以上的；（3）破坏为国家机关或者金融、电

---

① 澎湃新闻. 长案释法：徐某、潘某等人提供侵入、非法控制计算机信息系统程序、工具案［EB/OL］.（2021 – 01 – 22）［2022 – 10 – 14］. https://www.thepaper.cn/newsDetail_forward_11166071.

信、交通、教育、医疗、能源等领域提供公共服务的计算机信息系统的功能、数据或者应用程序,致使生产、生活受到严重影响或者造成恶劣社会影响的;(4)造成其他特别严重后果的。

案 例

姚某某等11人破坏计算机信息系统案

2017年初,姚某某等人接受王某某(另案处理)雇佣,招募多名网络技术人员,在境外成立"暗夜小组"黑客组织。"暗夜小组"从丁某某等3人处购买大量服务器资源,再利用木马软件操控控制端服务器实施DDoS攻击(指黑客通过远程控制服务器或计算机等资源,对目标发动高频服务请求,使目标服务器因来不及处理海量请求而瘫痪)。攻击导致三家游戏公司的IP被封堵,出现游戏无法登录、用户频繁掉线、游戏无法正常运行等问题。2017年年初,某互联网公司网络安全团队在日常工作中监测到多起针对在该公司云服务器上运营的三家游戏公司的客户端IP的大流量高峰值DDoS攻击,该攻击导致三家游戏公司的IP被封堵,出现游戏无法登录、用户频繁掉线、游戏无法正常运行等问题,且攻击源IP地址来源不明,该公司随即报案。公安机关立案后,同步邀请广东省深圳市检察院介入侦查、引导取证。2017年6月至9月间,公安机关陆续将11名犯罪嫌疑人抓获。2018年6月8日,广东省深圳市南山区人民法院判决认定被告人姚晓杰等11人犯破坏计算机信息系统罪;鉴于各被告人均表示认罪悔罪,部分被告人具有自首等法定从轻、减轻处罚情节,对11名被告人分别判处有期徒刑1年至2年不等。宣判后,11名被告均未提出上诉,判决已生效。①

(五)新型网络犯罪

随着网络社会的发展,在传统网络犯罪的基础上衍生出了具有"积量构罪"构造的新型网络犯罪,表现为利用信息网络大量实施低危害性行为,累积的危害后果或者危险已达到应处刑罚的严重程度,这类网络犯罪与直接侵犯计算机信息系统安全或其他传统法益的传统网络犯罪不同,被称为新型网络犯罪。新型网络犯罪不直接引起前述法益侵害的后果或危险,却为传统网络犯罪提供了关键的环境条件和技术支持,使网络犯罪案件侦诉审难度更大,因此,遏制网络犯罪必须打击新型网络犯罪。为了全面、有效地惩治网络犯罪,《刑法修正案(九)》新增了第二百八十六条之一、第二百八十七条之一、第二百八十七条之二,规定了拒不履行信息网络安全管理义务罪、非法利用信息网

---

① 最高人民检察院网上发布厅. 最高人民检察院发布第十八批指导性案例[EB/OL]. (2020-04-08)[2022-10-14]. https://www.spp.gov.cn/spp/xwfbh/wsfbh/202004/t20200408_458230.shtml.

络罪和帮助信息网络犯罪活动罪三种新型网络犯罪。①

第一，拒不履行信息网络安全管理义务罪。根据《刑法》第二百八十六条之一："网络服务提供者不履行法律、行政法规规定的信息网络安全管理义务，经监管部门责令采取改正措施而拒不改正，有下列情形之一的，处三年以下有期徒刑、拘役或者管制，并处或者单处罚金：（1）致使违法信息大量传播的；（2）致使用户信息泄露，造成严重后果的；（3）致使刑事案件证据灭失，情节严重的；（4）有其他严重情节的。单位犯前款罪的，对单位判处罚金，并对其直接负责的主管人员和其他直接责任人员，依照前款的规定处罚。有前两款行为，同时构成其他犯罪的，依照处罚较重的规定定罪处罚。"从构成要件来看，本罪的犯罪主体为特殊主体，即网络服务提供者。单位可以构成本罪。② 本罪在主观方面表现为故意，过失不构成本罪。本罪侵犯的客体是正常的信息网络管理秩序，网络服务提供者不履行法律、行政法规规定的信息网络安全管理义务，会导致发生危害网络安全的事件，进而危害网络参与者的权益，必须加以规制。本罪在客观方面表现为不履行法律、行政法规规定的信息网络安全管理义务，经监管部门责令采取改正措施而拒不改正，情节严重的行为。③ 其中"经监管部门责令采取改正措施而拒不改正"是本罪的入罪前提，在认定过程中应当综合考虑监管部门责令改正是否具有法律、行政法规依据，改正措施及期限是否明确、合理，网络服务提供者是否具有按照要求采取改正措施的能力等因素。

案 例

全国首例拒不履行信息网络安全管理义务案

2018 年 6 月至 2020 年 4 月 15 日，孙某以宿迁某网络科技有限公司（无公司账户、无财务制度、无财产管理人员，收入归个人所有）为名，在未落实网络日志留存和租户真实身份信息认证的情况下，通过淘宝店铺和微信、支付宝等线上交易方式向不特定人出租其实际管理的 600 余台远程电脑。2019 年 9 月 24 日，沭阳县公安局约谈被告人孙某，核实其违法情况并表示将作出处罚。2020 年 1 月 2 日，沭阳县公安局再次约谈被告人孙某，核实其违法情况，被告人孙某表示正准备采取措施进行日志留存。2020 年 1

---

① 皮勇. 论新型网络犯罪立法及其适用[J]. 中国社会科学, 2018(10).
② 根据《办理信息网络犯罪刑事案件解释》第一条的规定，提供下列服务的单位和个人，应当认定为"网络服务提供者"：(1)网络接入、域名注册解析等信息网络接入、计算、存储、传输服务；(2)信息发布、搜索引擎、即时通讯、网络支付、网络预约、网络购物、网络游戏、网络直播、网站建设、安全防护、广告推广、应用商店等信息网络应用服务；(3)利用信息网络提供的电子政务、通信、能源、交通、水利、金融、教育、医疗等公共服务。
③ 本罪在客观方面主要表现为如下情形：(1)拒不履行信息网络安全管理义务，致使违法信息大量传播；(2)拒不履行信息网络安全管理义务，致使用户信息泄露，造成严重后果；(3)拒不履行信息网络安全管理义务，致使影响定罪量刑的刑事案件证据灭失，情节严重；(4)其他拒不履行信息网络安全管理义务的情形。

月10日,沭阳县公安局对宿迁某网络科技有限公司作出警告处罚,并送达限期责令整改通知书,责令该公司于2020年1月24日前必须全面整改到位,被告人孙某在责令整改通知书上签字。2020年4月15日,沭阳县公安局再次对宿迁某网络科技有限公司进行检查,发现该公司未按责令整改通知书要求做任何整改,并于2020年1月10日至2020年4月15日继续出租远程电脑,违法所得共计人民币126 543元。案发后,被告人孙某自动投案,主动退出违法所得人民币126 543元。2021年5月14日,沭阳县检察院提起公诉的孙某拒不履行信息网络安全管理义务案在当地法院公开开庭审理。经庭审,当地法院全部采纳检察机关指控及量刑建议,并当庭宣判,以拒不履行信息网络安全管理义务罪判处被告人孙某有期徒刑7个月,缓刑1年,并处罚金人民币3万元。被告人孙某当庭表示服从判决,不提出上诉。①

第二,非法利用信息网络罪。本节讨论的是狭义层面的网络犯罪,即针对计算机信息网络的犯罪,而不是广义层面上利用计算机信息网络的犯罪(如利用信息网络实施诈骗、制作或销售违禁物品等),因而本罪不在介绍范围之内。

第三,帮助信息网络犯罪活动罪。本罪是指自然人或者单位明知他人利用信息网络实施犯罪,而为其犯罪提供互联网接入、服务器托管、网络存储、通讯传输等技术支持,或者提供广告推广、支付结算等帮助,情节严重的行为。根据《刑法》第二百八十七条之二:"情节严重的,处三年以下有期徒刑或者拘役,并处或者单处罚金。单位犯前款罪的,对单位判处罚金,并对其直接负责的主管人员和其他直接责任人员,依照第一款的规定处罚。有前两款行为,同时构成其他犯罪的,依照处罚较重的规定定罪处罚。"本罪的犯罪主体为一般主体,包括年满16周岁,具有刑事责任能力的自然人,单位也可称为本罪的主体。本罪在主观方面表现为故意,即明知自己为他人实施的信息网络犯罪提供帮助的行为,会给国家的信息网络管理秩序造成损害,仍然希望或放任这种危害结果发生的心理态度。此外,本罪还要求行为人必须明知他人在利用信息网络实施犯罪,既包括行为人明确知道,也应包括行为人应当知道。本罪所侵犯的客体为国家对正常信息网络环境的管理秩序。为这些信息网络犯罪活动提供帮助的行为,同样破坏了国家对正常信息网络环境的管理秩序。本罪的客观方面表现为为信息网络犯罪提供互联网接入、服务器托管、网络存储、通讯传输等技术支持,或者提供广告推广、支付结算等帮助,情节严重的行为。

---

① 人民资讯. 全国首例拒不履行信息网络安全管理义务案宣判[EB/OL]. (2021-05-20)[2022-10-15]. https://baijiahao.baidu.com/s?id=1700223458351808967&wfr=spider&for=pc.

案例

赵某帮助信息网络犯罪活动案

被告人赵某经营的网络科技有限公司的主营业务为第三方支付公司网络支付接口代理。赵某在明知申请支付接口需要提供商户营业执照、法人身份证等五证信息和网络商城备案域名，且明知非法代理的网络支付接口可能被用于犯罪资金走账和洗钱的情况下，仍然通过事先购买的企业五证信息和假域名备案在第三方公司申请支付账号，以每个账号收取 2 000 元至 3 500 元不等的接口费将账号卖给他人，并收取该账号入账金额千分之三左右的分账利润。2016 年 11 月 17 日，被害人赵某被骗 600 万元。其中，被骗资金 50 万元经他人账户后转入在第三方某股份有限公司开户的某贸易有限公司商户账号内流转，该商户账号由赵某通过上述方式代理。浙江省义乌市人民法院判决认为：被告人赵某明知他人利用信息网络实施犯罪，而为其犯罪提供支付结算的帮助，其行为已构成帮助信息网络犯罪活动罪。被告人赵某到案后如实供述自己的罪行，依法可以从轻处罚。以帮助信息网络犯罪活动罪判处被告人赵某有期徒刑 7 个月，并处罚金人民币 3 000 元。该判决已发生法律效力。①

总体来看，以上三种新型网络犯罪在立法和司法上存在一定问题，包括危害行为的边界宽泛、情节要件弹性大、不便把握定罪量刑标准、司法使用率低等，没有很好地实现有效遏制新型网络犯罪的立法目的，有学者发现从《中华人民共和国刑法修正案（九）》生效至 2018 年 5 月 1 日，中国裁判文书网、无讼网、北大法宝网上公布的新型网络犯罪案件总数为 93 件，最终以新罪名判决的案件数极少。在此基础上，针对新型网络犯罪的立法、司法问题形成了一些必要的反思和探讨，限于篇幅本书不再一一展开。

【思考题】

1. 网络谣言是如何产生的？为何网络谣言屡禁不止？
2. 第三方事实核查实践对于追求真相而言有何意义？
3. 对于"米勒标准"的适用，在网络环境下受到哪些方面的挑战？

---

① 中华人民共和国最高人民法院网站. 非法利用信息网络罪、帮助信息网络犯罪活动罪典型案例［EB/OL］.（2019 - 10 - 25）［2022 - 10 - 15］. https://www.court.gov.cn/zixun - xiangqing - 193721.html.

【推荐阅读书目】

［1］［法］让-诺埃尔·卡普费雷. 谣言：世界上最古老的传媒［M］. 郑若麟，译. 上海：上海人民出版社，2008.

［2］［美］比尔·科瓦奇，汤姆·罗森斯蒂尔. 真相：信息超载时代如何知道该相信什么［M］. 陆佳怡，孙志刚，刘海龙，译. 北京：中国人民大学出版社，2014.

［3］［美］唐·R. 彭伯. 大众传媒法. 张金玺，赵刚，译. 13版. 北京：中国人民大学出版社，2005.

［4］魏永征，周丽娜. 新闻传播法教程［M］. 7版. 北京：中国人民大学出版社，2022.

［5］邵国松. 网络传播法导论［M］. 北京：中国人民大学出版社，2017.

第四讲
数字传播与名誉权保护(上篇)

第一节　基本概念

言论自由被公认为是人的一项基本权利，受到各国宪法的保护，但诽谤性的言论往往损害他人的名誉，因此常受到名誉权等权利的限制。所谓名誉，是指公众对待特定公民或法人社会形象的评价。所谓名誉权，是指公民或法人享有的维护自己获得公正的社会评价的权利。在当下的数字时代，利用网络侵害他人名誉权已成为近年来迅猛增长的新案件类型。但网络名誉权纠纷比较复杂，既涉及侵权人与受害人之间的利益关系，也涉及网站经营者和网络用户之间的责任和义务关系。目前，世界各国对网络名誉权纠纷的处理基本遵循传统的处理名誉权纠纷的法则，但同时注意到了互联网传播所带来的新问题，并制定了一些新的法律法规来解决这些问题。[1]

一、名誉权制度的形成

（一）名誉权制度在西方的形成

在西方文明历史中，涉及名誉权有记载的案例可追溯至公元前399年。是年，古希腊哲学家苏格拉底被雅典法庭以侮辱雅典神和腐蚀雅典青年思想之罪名判处死刑。尽管有机会逃亡，但苏格拉底在判决后仍从容饮下毒酒而死，理由是逃亡只会破坏雅典法律的权威，同时不符合他所宣扬的思想自由。公元前5世纪，古罗马时期的元老院制定了《十二铜表法》，这是古罗马第一部成文法典，其中包含涉及诽谤的条款，即第八表："如果某人念侮辱人或致人不名誉的歌谣，应处死刑。"罗马帝国消亡以后，罗马法的精神在大陆法系得以继承和扩大。法国、德国等大陆法系国家的刑法均包含有关诽谤罪的条款。1804年制定的《法国民法典》和1896年制定的《德国民法典》——大陆法系的核心标志——虽未包含名誉保护的具体规定，但两国的法院通过司法解释或判例的形式弥补了这一缺陷，为名誉侵权提供了民法救济的途径。

西方另一大法系——英美法系对名誉侵权的法律规制至少可追溯至1487年英国成立的星室法庭（Court of Star Chamber）。这是英国中世纪后期设立的旨在加强君主专制的"特权法院"，负责处理一切有关王国安危的刑事和准刑事案件，其前身是作为普通法法院审判之补充的御前会议。星室法庭宣称，诽谤是一种犯罪，因为它意在破坏和平。如果诽谤的是地方法官或公共官员，则罪加一等。犯诽谤罪者，通常将面临罚款、监禁等惩罚。资产阶级革命前夕的1641年，星室法庭被废除，诽谤诉讼由普通法院接

---

[1] 邵国松. 网络传播法导论[M]. 北京：中国人民大学出版社，2017：114.

手处理。英国的诽谤法体系（包括煽动诽谤罪）后传至其在北美的殖民地，并引发了轰动一时的曾格案。1798 年，美国国会通过《惩治煽动叛乱法》，规定出版任何针对美国政府及其官员的虚假、诽谤及恶意的言论均属犯罪。这个法案主要是美国政府应对战争或危机的产物，但颁布不久便遭到了宪法第一修正案起草者麦迪逊等人的反对，三年后宣告破产。但一直到 1964 年"《纽约时报》诉沙利文案"出现，联邦最高法院才明确规定煽动诽谤法和美国宪法第一修正案不兼容，由此也开启了民法主导的名誉权保护之路。纵观人类历史，一方面，诽谤诉讼的功效在于制造"寒蝉效应"，以压制不利于原告的批评。另一方面，传播技术的每一次革新，都促进了诽谤性言论的生长。尤其是随着互联网的快速发展，出于各种动机而发表的诽谤性言论，在网上呈急剧增长的态势。如何在名誉权保护和言论自由捍卫之间取得平衡，是互联网时代西方各国诽谤立法重新面临的挑战。①

案 例

曾格案

美国殖民地时期一个著名的诽谤案是曾格案。曾格是一名从德国移民到美国的出版商。他在 1733 年 11 月创办了《纽约周报》，并在上面刊登了不少批评殖民当局的文章，引起时任总督寇斯比的强烈不满。1734 年 11 月，曾格被以"煽动闹事"的罪名逮捕。费城著名大律师汉密尔顿主动为曾格辩护。按照当时英国和北美的惯例，凡是对政府进行批评的，不管内容是否真实，一律视为诽谤，若言论属实，其煽动作用更明显，所以事实是比谎言更大的诽谤。汉密尔顿首先承认原告对曾格的指控属实，即曾格的确在报上发表过抨击总督及殖民当局的言论。但他接着便指出，陈述无可非议的真相乃是每一个生来自由的人所享有的神圣权利，只要不违背事实，就不能算作诽谤，只有"虚假的、恶意的和煽动性的"谎言才构成诽谤，这样一来，便从根本上推翻了殖民地法庭对诽谤的解释，颠覆了"越是事实，就越是诽谤"的说法。汉密尔顿的辩护，赢得了全场喝彩。陪审团做出了无罪裁决，曾格重获自由。曾格案确立了一个原则，即对政府官员进行批评是新闻自由的要义，而事实真相可成为抗辩手段。自此以后，再未出现过殖民地法庭以煽动诽谤罪压制新闻自由的案例。②

（二）名誉制度在我国的形成

我国古代君主常将诽谤、侮辱作为犯罪行为对待，以达到维护其封建统治的目的。据《尚书·伊训》记载，商朝便有"三风十罪"的说法，这"三风"是巫风、淫风、

---

① 邵国松. 网络传播法导论[M]. 北京：中国人民大学出版社，2017：114－115.
② Finkelman, P. A Brief Narrative of the Case and Trial of John Peter Zenger. New York：Bedford, 2010.

乱风。① 秦朝对言论的限禁更是严厉，颁有"诽谤者族，偶语者弃市"的法令。汉朝的《九章律》则规定了欺谩、诬罔等罪名。在唐、宋、元、明、清历朝，由于触犯言禁，"诽谤朝政""妄言时政"而受到刑罚的例子，史不绝书。② 中华民国时期的《刑法》同样包含诽谤罪的条款，另有民法将名誉权作为侵权的客体加以保护，但在法律上并未明确名誉权的概念。1949 年中华人民共和国成立后，包括诽谤条款在内的民国时期的《六法全书》均被新政权废止。

　　直到改革开放前，我国的法律中几乎看不到名誉权这一概念。③ 在此期间发生的政治运动，使人们遭受了太多包括名誉权受损等所带来的痛苦。人们逐渐意识到，之所以出现人格权被践踏的悲剧，部分原因是人格权没有得到立法上的保障。1979 年中国颁布《刑法》，禁止"以暴力或者其他方法公然侮辱或者捏造事实诽谤他人"，这被认为是新中国成立以来有关诽谤的最早的法律条文。1986 年通过的《中华人民共和国民法通则》（简称《民法通则》）将名誉权定义为人格权的一种。这些被维护的名誉是指具有人格尊严的名声，是人格的重要内容，受到民法系统的保护。自此以后，中国的名誉权案件逐年增多。据披露，我国的名誉侵权案 1993 年为 3 183 件，2000 年激增至 6 665 件。④ 为此，最高人民法院在 1993 年发布《关于审理名誉权案件若干问题的解答》，1998 年发布《关于审理名誉权案件若干问题的解释》，为审理名誉权案件提供了更为详尽的司法指导。进入 21 世纪，面对逐渐增多的网络诽谤，全国人大常委会在 2000 年 12 月通过《关于维护互联网安全的决定》，规定利用互联网造谣、诽谤，构成犯罪的，依法追究刑事责任。2013 年 9 月，最高人民法院、最高人民检察院联合发布《关于办理利用信息网络实施诽谤等刑事案件适用法律若干问题的解释》，明确了"网络诽谤"的入罪标准，包括谣言被转发超 500 次可判刑等，明知诽谤仍提供帮助以共同犯罪论处。

二、名誉侵权的对象

　　1986 年颁布的《民法通则》第一百零一条规定："公民、法人享有名誉权，公民的人格尊严受法律保护，禁止用侮辱、诽谤等方式损害公民、法人的名誉。"2020 年通过的《民法典》第一千零二十四条对名誉权的规定更加全面、细致："民事主体享有名誉权。任何组织或者个人不得以侮辱、诽谤等方式侵害他人的名誉权。名誉是对民事主体的品德、声望、才能、信用等的社会评价。"

（一）自然人

　　名誉权是自然人与生俱来的一种权利。每个人从出生起到死亡止，不论性别、年

---

① 张新宝. 名誉权的法律保护[M]. 北京：中国政法大学出版社，1997.
② 方汉奇. 中国封建社会言论出版禁令考[J]. 新闻学论集，1989(9).
③ 杨立新. 从契约到身份的回归[M]. 北京：法律出版社，2007：111 - 120.
④ 魏永征. 新闻传播法教程[M]. 2 版. 北京：中国人民大学出版社，2006.

龄、种族、财产、职业、社会经历、社会地位等，所享有的人格权和名誉权都是平等的。① 按照法学理论，自然人指的是以自然规律出生而取得民事主体资格的人。它是相对于后来取得法律地位的团体即法人而言的。需要与自然人区分的另一个概念是公民。公民是个宪法概念，指的是具有一国国籍并按该国法律享有权利和承担义务的自然人。外国国籍的自然人显然不具有公民资格，但这并不妨碍其成为私法的主体。换句话说，外国公民在我国也享有名誉权保护，而不受其国籍限制。② 此外，依据我国《民法典》，年满18周岁的自然人为成年人，具有完全民事行为能力，可以独立实施民事法律行为，并独立对民事法律行为的法律后果负责；16周岁以上的未成年人，以自己的劳动收入为主要生活来源的，表明其已经具备成年人的辨识能力，可以独立实施民事法律行为，独立承担民事法律行为的后果，因此法律将其视为完全民事行为能力人——也就是说，18岁以下的自然人或16岁以上18岁以下但不以自己的劳动收入为主要生活来源的自然人（或称为未成年人），以及其他没有民事行为能力的人，须由法定代理人代理，方可参与包括名誉权保护在内的各种民事活动。

在网络空间，出于保护隐私的需要或服务其他的目的，不少网民喜欢使用假名来发表信息、表达观点。如果有人对此网民进行诽谤，那么该网名能获得民法救济吗？这实际上涉及虚拟主体的名誉权问题。有论者指出，虚拟人格单独是没有名誉权的，其之所以会产生名誉权纠纷，是由于侵害虚拟人格的名誉会导致其背后现实主体所获得和维持的社会评价降低。因此，判断虚拟人格是否享有名誉权应当从"在一定人群中，该虚拟人格能够与现实主体相联系"入手。从虚拟人格受害人的角度看，仍然存在举证难问题，包括难以确定被告、难以证明损害后果的产生等。③

案例

北大教授孔某某骂网友被判赔200元

2013年5月9日，《新京报》刊登了这样一则新闻："北京大学中文系教授孔某某在微博上发表了《立春过后是立夏》的博文，在文中孔某某写了一首七律。中国劳动关系学院在校生关某某对这篇博文提出了意见，称孔某某的七律'格律不对……好歹孤仄孤平不该犯'，孔某某直接回复关某某，称其'驴唇不对马嘴……你就是个狗汉奸……'关某某称，孔某某的回复很快就被多人转发并在网上传播。于是，关某某起诉孔某某，要求孔某某专门就此发布微博道歉，并请求法院判令被告赔偿精神损失250

---

① 魏永征. 新闻传播法教程[M]. 5版. 北京：中国人民大学出版社，2016：129.
② 邵国松. 网络传播法导论[M]. 北京：中国人民大学出版社，2017：117.
③ 唐韵. 虚拟人格名誉权纠纷若干实务问题探析[EB/OL]. (2015-01-28)[2022-06-22]. http://www.chinacourt.org/article/detail/2015/01/id/1542659.shtml.

元,承担因诉讼所造成的交通费、复印费等1 000余元。案件审理期间,孔某某的律师提出,关某某无法证明自己就是发博文的微博客,就算是,也无法证明就是他本人评论了孔某某的诗,而且由于在微博上用的都是网名,'任何人不知道该用户名背后是谁,由于没有相应的人格权,故无法对原告造成影响'。法院认为,孔某某的言辞明显含有侮辱性语言,且这种不当言论通过网络传播、转发、继续传播,造成了认识关某某的人会对他降低社会评价。但是,能将这些言论与原告关某某本人联系起来的知情人,只限于关系较为密切的同学、亲朋。因此,孔某某的行为属于侵权情节较轻。法院一审判决,孔某某在判决生效7日内,选择一家全国发行的报刊道歉,并赔偿精神抚慰金200元、给付公证费1 000元。"①

※ **讨论　元宇宙环境下虚拟人名誉侵权问题**

韩国的聊天AI——"luda lee"是一款可以模拟恋爱的人工智能型虚拟偶像,可以与用户实时聊天互动,但一段时间后,部分用户在与其聊天的过程中发现,luda lee会说出诸如"地铁孕妇座什么的简直令人反感""如果我是残疾人的话,那就只能去死了"等带有歧视性的话语,该平台通过调取相关数据发现,luda lee之所以无端说出粗鄙的语言,是由于某些用户恶意对虚拟人说污言秽语,蓄意"调教",即使工程师试图通过修改算法、屏蔽关键词等方式阻止事态恶化,也仍在海量用户数据输入前败下阵来。在此情境下,虚拟人具备了双重身份,一方面被辱骂,成了被侵犯者;一方面辱骂他人,又成为侵犯他人者,这两种身份遂需要分开讨论。前者,按照上文的论述,虚拟人可以对应到其开发的人或公司,那么侵犯虚拟人的行为,本质上并不是对开发工程师或公司人格的侮辱,而是对算法漏洞的攻击,轻则归为民事侵权纠纷,重则以破坏计算机信息系统罪惩处更为妥当。针对虚拟人侵犯他人的行为,纯粹虚拟世界不属于法律调整对象,遭受侵权的用户必须在现实世界中找到一个具备民事主体资格的特定对象,才能寻求法律保护。那么,将矛头指向运营商?恐怕不妥,因为人格权侵权主体必须主观上持故意心理,况且运营商已经尽到足够的注意义务;调转枪口指向那些恶意调教的用户?目前从技术上只能将虚拟人的辱骂行为归因于众多"调教"行为,却无法明确哪个或哪些用户的输入起到了决定性作用,即无法确定行为主体。因此,目前在实践中尚无行之有效的解决手段。②

(二) 法人

按照《民法典》的规定,法人类型包括营利法人、非营利法人、特别法人。法人作为拟制人,也依法享有名誉权。法人没有自然人所特有的精神活动,所以法人名誉权

---

① 北京晚报. 北大教授孔某某骂人"狗汉奸"被判公开道歉并赔200元[EB/OL]. (2013-05-09)[2022-06-22]. https://news.sciencenet.cn/htmlnews/2013/5/277621.shtm.

② 两高律师事务所微信公众号. 李伟: 元宇宙中虚拟人人格权有关法律问题的研究[EB/OL]. (2022-05-06)[2022-06-23]. https://mp.weixin.qq.com/s/EdGDqEE044lozwXbUYm6iw.

也不同于自然人纯粹的精神权利，在实质上是一种具有财产内容的权利。营利法人名誉是企业的重要无形资产，不仅受民法保护，而且受经济法保护。《反不正当竞争法》第十一条规定："经营者不得编造、传播虚假信息或者误导性信息，损害竞争对手的商业信誉、商品声誉。"商业信誉、商品声誉即商誉，与经营活动和经济效益有直接关系，当它遭受损害时会造成巨大经济损失。按照本条，实施损害商誉的不正当竞争行为的主体是存在同行竞争关系的经营者，并且必须出于故意。从法人人格权角度看，商誉也就是法人名誉。新闻媒介如果传播损害有关企业的商业信誉、商业声誉的内容，也有可能视情形同不正当竞争行为人一起承担相应的侵权责任。2014年《最高人民法院关于审理利用信息网络侵害人身权益民事纠纷案件适用法律若干问题的规定》第十一条规定："网络用户或者网络服务提供者采取诽谤、诋毁等手段，损害公众对经营主体的信赖，降低其产品或者服务的社会评价，经营主体请求网络用户或者网络服务提供者承担侵权责任的，人民法院应依法予以支持。"这就把在网络环境中损害商誉利益的民事责任主体扩大到了一般主体。①

非营利法人是为公益目的或者其他非营利目的成立的，不向出资人、设立人或者会员分配所取得利润的法人。非营利法人包括事业单位、社会团体、基金会、社会服务机构等。在西方，此类组织基本上被归入非营利性机构，普遍受到名誉权的保护。在我国，事业单位和社会团体常常由政府出资组建，但其本质也是非营利性机构，名誉也受到保护。

特别法人包括机关法人、农村集体经济组织法人、城镇农村的合作经济组织法人、基层群众性自治组织法人。一般认为，名誉权本质上是保护公民、法人的民事权益，政府机构作为公权组织不应受到保护。即使政府机构受到错误的指责，一般也不会给它履行法定职能带来严重的影响，不存在什么精神损失。再者，政府机构有能力、有条件回击不实的言论，也有机会通过自身的行动澄清人们的认识，而无须寻求民事上的名誉权保护。②

（三）非法人组织

非法人组织是不具有法人资格的，但是能够依法以自己的名义从事民事活动的组织，包括个人独资企业、合伙企业、不具有法人资格的专业服务机构等。它依照法定程序设立，有一定的组织结构，有一定的财产和经费，但与法人不同，没有独立的财产和经费，不能独立承担民事责任。另一方面，依据我国《民事诉讼法》等相关法律，非法人组织依然具有民事主体资格，可以作为民事诉讼主体参加包括名誉权保护在内的诉讼活动。近年来，互联网的发展催生了越来越多的网络虚拟组织，比如网店、微信公众

---

① 魏永征. 新闻传播法教程[M]. 5版. 北京：中国人民大学出版社，2016：129-130.
② 侯健. 舆论监督与名誉权问题研究[M]. 北京：北京大学出版社，2002.

号等。这些组织已成为大众创业的重要通道，也是时下互联网经济的关键环节。然而，此类组织的大多数并未进行工商登记注册，仅是通过了网络交易平台服务经营者的实名认证，因而目前在我国无法作为非法人组织而参加民事活动。①

案例

舒某诉海南天涯在线案

2010 年，舒某以网民在网络公司创办的社区论坛和博客上发表针对舒某淘宝网店"诽谤和诋毁"言论为由，诉请网络公司承担名誉侵权责任。

法院认为，首先，涉案网店并非法律规定的民事主体，依法不享有名誉权。所谓民事主体，是指根据法律规定，能参与民事法律关系，享有民事权利和承担民事义务的当事人。作为民事主体，不但须是适合于享有民事权利的社会存在，还须经国家法律认可。涉案网店是舒某基于销售商品目的，经相关网络服务提供者审查认可，在虚拟网络环境下设立的店铺。目前对于该类网店，我国法律尚未赋予其民事主体地位。其次，舒某作为民法上的自然人主体，有权为主张本人权利而提起诉讼，但舒某以本人名义起诉却主张网店民事权利，理由是该网店属于个体工商户性质，其作为店主有权为其网店主张权利。依《民法通则》第二十六条（现《民法典》第五十四条）规定："公民在法律允许的范围内，依法经核准登记，从事工商业经营的，为个体工商户。"而网店未经工商部门核准登记，依法不属于个体工商户范畴，故舒某无权以店主身份提起诉讼。裁定驳回舒某起诉。

由于我国法律尚未赋予网店民事主体地位，故网店依法不享有名誉权。网店店主作为自然人有权主张其个人名誉权，但无权主张其网店的名誉权。②

（四）死者

人格权始于出生，终于死亡，自然人死亡后不再享有名誉权。但是死者在世时的名誉还有现实影响，死者名誉受到非法损害，会直接影响他的亲属。《民法典》第九百九十四条规定："死者的姓名、肖像、名誉、荣誉、隐私、遗体等受到侵害的，其配偶、子女、父母有权依法请求行为人承担民事责任；死者没有配偶、子女且父母已经死亡的，其他近亲属有权依法请求行为人承担民事责任。"

---

① 邵国松. 网络传播法导论[M]. 北京：中国人民大学出版社，2017：119－120.
② 徐婷姿. 网店名誉权的民事主体资格[J]. 人民司法，2012(12).

案 例

徐某某与宋某某、刘某某侵害名誉权民事纠纷案

2008年10月18日凌晨1时许，著名导演谢某因心源性猝死，逝世于酒店客房内。2008年10月19日至同年12月，宋某某向其开设的新浪网博客、搜狐博客、腾讯网博客上分别上传了《千万别学谢某这样死!》《谢某和刘××在海外有个重度脑瘫的私生子谢××!》等多篇文章，称谢某因性猝死而亡、谢某与刘××在海外育有一个重度脑瘫的私生子等内容。2008年10月28日至2009年5月5日，刘某某向其开设的搜狐网博客、网易网博客分别上传了《刘某某愿出庭作证谢某嫖妓死，不良网站何故黑箱操作撤博文?》《刘某某：美×确是李××女儿，照片确是我所拍》《宋某某十五大预言件件应验!》《宋某某的22大精准预言!》等文章，称谢某事件是其亲眼目睹、其亲自到海外见到了"谢某的私生子"等内容。

2008年10月至11月间，齐鲁电视台、成都商报社、新京报社、华西都市报社、黑龙江日报报业集团生活报社、天府早报社的记者纷纷通过电话采访了宋某某。宋某某称前述文章有其确凿证据，齐鲁电视台及各报社纷纷予以报道。成都商报社记者在追问宋某某得知消息来源于刘某某后，还通过电话采访了刘某某。刘某某对记者称系自己告诉了宋某某，并作出了同其博客文章内容一致的描述。徐某某以宋某某、刘某某侵害谢某名誉为由起诉，请求停止侵害、撤销博客文章、在相关媒体上公开赔礼道歉并赔偿经济损失10万元和精神损害抚慰金40万元。

上海市静安区人民法院一审认为，博客注册使用人对博客文章的真实性负有法律责任，有避免使他人遭受不法侵害的义务。宋某某、刘某某各自上传诽谤文章在先，且宋某某称消息来源于刘某某的"亲耳所闻、亲眼所见"，而刘某某则通过向博客上传文章和向求证媒体叙述的方式，公然宣称其亲耳听见了事件过程并告诉了宋某某。两人不仅各自实施了侵权行为，而且对于侵犯谢某的名誉有意识联络，构成共同侵权。诽谤文章在谢某逝世的次日即公开发表，在此后报刊等媒体的求证过程中继续诋毁谢某名誉，主观过错十分明显。宋某某、刘某某利用互联网公开发表不实言论，使谢某的名誉在更大范围内遭到不法侵害，两被告的主观过错十分严重，侵权手段十分恶劣，使谢某遗孀徐某某身心遭受重大打击。综上，判决宋某某、刘某某承担停止侵害、在多家平面和网络媒体醒目位置刊登向徐某某公开赔礼道歉的声明，消除影响；并赔偿徐某某经济损失89 951.62元、精神损害抚慰金人民币200 000元。宋某某、刘某某不服上诉，上海市第二中级人民法院维持原判，驳回上诉。

最高人民法院民一庭副庭长姚辉介绍说，本案是一起利用博客侵害他人名誉权的案件。正如一、二审判决所言，在公开博客这样的自媒体中表达，与通过广播、电视、报

刊等方式表达一样，都应当遵守国家的法律法规，不得侵犯他人的合法权益。博客开设者应当对博客内容承担法律责任。本案两被告利用互联网和其他媒体侵犯谢某名誉，法院根据其行为的主观过错、侵权手段的恶劣程度、侵权结果等因素，判处较高数额的精神损害抚慰金，体现了侵权责任法的理念和精神。①

第二节　数字传播中名誉侵权的方式

国际社会公认名誉权是一项基本人权，绝大多数国家都予以法律保护。英美法系国家把侵害他人名誉的行为统称为诽谤（defamation），进一步分为书面诽谤（libel）和口头诽谤（slander）。书面诽谤属于永久性损害，口头诽谤属于非永久性损害。书面诽谤不限于印刷品，广播、电视、互联网内容都属于书面诽谤。大陆法系国家通常把损害名誉行为分为诽谤和侮辱。

一、诽谤

诽谤是指捏造并散布某些虚假事实破坏他人名誉的行为。新闻诽谤包括以下几个层次：一是陈述虚假事实，二是有关虚假事项涉及特定人的社会评价，三是严重失实或基本内容失实。

第一，陈述虚假事实。诽谤的表现形式，是对事实的虚假陈述。在传播过程中仅仅是表达某种意见、情感或者情绪而不涉及任何事实的，如果造成损害他人，那也不是诽谤，而可能是侮辱。陈述事实的主要方式是语言、文字。根据陈述的意思与实际事实对照，一般可以判断什么是真实的、什么是虚假的。图像，包括静态的照片和动态的录像，也可以表现事实，多数情况下图像表现事实要有语言、文字的配合。对于同一个事件，截取的场面、景观，采取的角度和剪辑不同，表示的意思也会不同，有时甚至会有很大的出入。判断图像性新闻的真实性，除了那些拼接、摆布的图像外，也应当看图像所说明的意思是否真实。如果图像是真的，但它所说明的意思却不符合实际情况，那么这样的图像所反映的事实也是虚假的。

---

① 人民网. 最高法公布8起利用信息网络侵害人身权益典型案例[EB/OL]. (2014 – 10 – 09)[2022 – 06 – 23]. http://www.cac.gov.cn/2014 – 10/09/c_1112751156.htm.

> **案例**

李某某等诉叶集公安分局、安徽电视台等侵犯名誉权、肖像权纠纷案

有初中学生李某某等人，应当地公安分局的要求，参加与一名年纪相仿的犯罪嫌疑人列队接受受害人指认，过程被录像。安徽电视台前来采访取走录像制成新闻节目播出，出现李某某等手持号牌被辨认的图像，面部没有任何技术遮盖，时间约2秒。李等被人以"嫌疑犯""几号强奸犯"相呼。遂诉至法院。法院认为，安徽电视台本应注意保护他人合法权益，但对李某某等的画面没有做任何技术处理，也没有对他们是协助混合指认加以特别说明，致使社会上产生误解，其社会评价被严重降低。公安分局提供录像时没有特别提醒，也有过失。判决两被告承担侵害名誉权责任，公开赔礼道歉，共同赔偿六原告精神抚慰金各6 000元。①

第二，有关虚假事项涉及特定人的社会评价。名誉是社会评价，也就是对有关特定人在社会活动中或者与社会生活相关的活动中的表现的评价。对于自然人来说，主要是涉及其品德、思想、才能、信誉等方面的评价。对于法人来说，主要是对法人行为的评价，包括对法人工作人员职务行为的评价。对于企业法人来说，主要是对它的资产实力、商务信用、生产能力、产品和服务质量、经营状况等方面的评价。至于个人与社会生活无关、纯属个人生活中的表现，如衣着打扮、饮食起居习惯、业余兴趣爱好等，如果发生出入，一般与诽谤无关。

> **案例**

个人拍摄评价短视频被诉侵权，法院称虚构事实拍摄视频侵犯企业名誉权

2021年，北京市互联网法院依法审理了一起抖音用户发布虚假视频评价潘家园古玩市场的案件，依法认定抖音用户构成侵权，判决该抖音用户在其账号赔礼道歉并赔偿经济损失和合理费用共计26 408元。原告诉称，2020年8月，某抖音账号在抖音APP发布多个潘家园市场交易视频并配有解说词"潘家园逛一逛，每天跟我上一当""潘家园逛一逛，每天咱都不上当"。而上述视频系被告在潘家园市场内以红包诱导个别商户，虚构交易场景，故意夸大成交差价，博人眼球。视频内容显示，商品成交价大约是商户要价的万分之一，原告认为，该抖音账号作为拥有众多粉丝的账号管理者，在抖音平台散布虚假不实信息，严重损害了公众对原告的信赖，降低了原告的社会评价，故诉至法

---

① 人民法院办公厅. 中华人民共和国最高人民法院公报2007年卷[M]. 北京：人民法院出版社，2008.

院，要求被告删除不实视频、赔礼道歉并赔偿经济损失及维权合理支出 50 余万元。被告辩称，涉案视频是对潘家园旧货市场内部分商户真实交易情况的记录，仅仅向公众展示该市场中部分商品可砍价空间很大，主观上不存在侵害原告名誉权的故意，客观上也仅仅是陈述事实，不存在侮辱、诽谤、诋毁的行为，视频并未提及原告公司名称，且视频观看人数不多，客观上没有造成原告社会评价的降低，并未侵犯原告的名誉权。本案争议焦点在于，被告拍摄视频的行为是否侵犯原告名誉权。

本案裁判要旨有两点：一是何为法人名誉权？法人系拟制人格，不存在自然人的生理机能和精神感受，其名誉权是指社会对法人的商业信誉、商品声誉、产品质量、服务态度等方面的综合社会评价，其中，商誉是法人名誉权中的核心利益。二是如何认定侵犯法人名誉权？侵权的表现形式多为捏造、散布虚假事实，在公开媒体上发表不实内容或者进行有失公允的评论。判断是否侵犯法人名誉权，核心在于是否降低了公众对受害法人的社会评价，主要是对商誉的评价。在进行侵权判断时，既要考虑法人的社会影响力和知名度，也要就公众的价值取向、业内标准、行业惯例、交易习惯等多种因素综合进行认定。本案中，根据已查明的事实，被告为了吸引粉丝，增加点击量和关注度，以红包诱导部分商户按准备好的台词虚构交易场景，以成交价和商户要价反差巨大的方式假装成交，并将该视频上传到抖音平台，发布时还将每个视频配上了"潘家园逛一逛，天天都上当""潘家园逛一逛，每天跟我上一当""潘家园，每天都上当，当当不一样""潘家园逛一逛，每天咱都不上当"等解说词。该视频发布后在网上广泛传播，让观众以为该市场内经营管理混乱、上当受骗几率很高，从而损害了原告的商业信誉，降低了原告的社会评价。因此，被告的行为侵犯了原告的名誉权。①

第三，严重失实或基本内容失实。有关司法解释对构成侵害名誉权的虚假陈述的程度作了进一步界定：把非法侵权的界限划在新闻和批评文章严重失实和基本内容失实上，而把局部的、轻微的失实划入法律可以宽容的范围内。② 传媒界人士早就提出，新闻采访不同于国家机关的调查活动，手段有局限，而且新闻报道又有时效性，要求新闻一点差错也不许出，这等于取消新闻报道和新闻批评。他们主张"微罪不举"。可以认为这条司法解释是采纳了新闻界的正确意见。③ 要求法律再对严重失实或基本内容失实作量化界定也许是难以做到的。在学理上可以认为，严重失实和基本内容失实不是量的

---

① 北京互联网法院. 个人拍摄评价短视频被诉侵权, 法院: 虚构事实拍摄视频侵犯企业名誉权[EB/OL]. (2021 - 05 - 13)[2022 - 09 - 11]. https://mp.weixin.qq.com/s/We - RwvC8LCO3ndMu8Qe2Dg.

② 详见《最高人民法院关于审理名誉权案件若干问题的解释》(已于 2021 年 1 月 1 日废止)和《最高人民法院关于审理名誉权案件若干问题的解答》(简称《解答》,已失效),其中《解释》第七条规定:"因新闻报道严重失实,致使他人名誉受到损害的,应按照侵害他人名誉权处理";第八条针对撰写、发表批评文章引起名誉权纠纷的情形区分了三种不同的情况,分别是"文章反映的问题基本真实,没有侮辱他人人格的内容""文章反映的问题虽基本真实,但有侮辱他人人格的内容,使他人名誉受到侵害的"和"文章的基本内容失实,使他人名誉受到损害的"。

③ 魏永征. 新闻传播法教程. 5 版. 北京：中国人民大学出版社, 2016：132.

概念（主要不是看篇幅、文字的比例），而是质的概念，是指新闻和其他文章中失实的内容是以使人对有关问题的性质产生不正确的贬损性认识这样一类失实。每一个问题都是由具体事实构成的，有的具体事实的出入会影响问题的性质，有的则不会。有关陈述中某些事实的出入并不会影响对有关问题的认识，这就是轻微的、局部的失实；而如果这种出入使问题的性质发生了变化，原来没有问题变成有问题，作风问题变成违法问题，纪律问题变成犯罪问题，那就是严重失实、基本内容失实。相对人的社会评价因此发生明显贬低，也就是他的名誉权遭到了非法侵害。

二、侮辱

侮辱（insult）是指用语言、文字、行动等方式，公然损害他人人格、毁坏他人名誉的行为，在法律中，通常表现为对他人的能力、德性、身份、身体状况等相关方面予以轻蔑的价值判断的表示，以达到对他人人格或名誉的损害。即使行为人所表示的内容是公知的事实，但只要该内容是毁损他人名誉的事实，就属于侮辱。这里也体现了侮辱和诽谤的侵害客体不同，诽谤是贬低他人某一方面或若干方面的社会评价，造成名誉贬损。侮辱则是贬损他人的整体人格和人格尊严。1993年《最高人民法院关于审理名誉权案件若干问题的解答》中有"侮辱他人人格"的说法，表明侮辱行为的侵害客体有别于维护自己公正评价不受非法贬低意义上的名誉权，而是一般的人格尊严。维护人格尊严也是国际社会的共识。人格尊严或人的尊严不同于通常所说的尊严，不同人的尊严或有不同（师长、官员、父母等尊严都有其特定含义），人格尊严则是相同的：人人生而平等，不受歧视，这是人权的基石，也是人格权的核心。我国《宪法》第三十八条规定："公民的人格尊严不受侵犯"；《民法典》第一百零九条规定："自然人的人身自由、人格尊严受法律保护"。侮辱或侵害人格尊严的言辞，是以低于常人所能接受的歧视性的词语或形象贬损相对人，使之丧失一个普通人应有的尊严，处于"人所不齿"的境地。

侮辱的表现形式通常有四种：一是言语侮辱，表现为使用言辞对被害人进行诋毁、谩骂，这也是比较常见的侮辱形式，比如粗鄙、下流的脏话，骂人是"猪狗""畜生""狗娘养的"等词语，完全不存在事实成分；另一些词语带有比喻性质，比如以"蛀虫"称呼贪官，以"禽兽不如"形容重刑犯……当使用这类词语时，如果与实际事实相符，就不是侮辱；如果毫无根据地使用此类词语指责他人，也是侮辱。二是书面侮辱，表现为以文字或图画侮辱，即书写、张贴有损他人名誉的大字报、小字报、漫画、标语等。通过夸张和歪曲的文字或图像手段，把相对人描写得可憎、可恶、可鄙，其中，对图像（主要是肖像）的歪曲表现就是一种比较常见的丑化，而在摄影录像中，由于拍摄角度、用光以及剪裁不当等，也可能造成丑化的效果。三是动作侮辱，常见的表现是用手势（如竖中指）或者不雅动作。四是暴力侮辱。这里的暴力不是指杀人、伤害，而是使用暴力败坏他人的名誉。如扒光男子的衣裤，当众羞辱；使用强力逼迫他人做难堪的动作；强行将粪便塞入他人口中；等等。

案例

因邻里纠纷引发的名誉权纠纷案

徐某与潘某系楼上楼下的邻居，双方因排水问题产生纠纷。2020年6月至7月期间，潘某发表了多篇反映双方之间矛盾的微博，并公开了徐某的真实姓名、工作单位及职务。潘某在微博中使用"德不配位""官僚主义膨胀""无法理解作为一名人民教师和党员干部，损人利己、自私自利的行为如何为人师表，以身作则""为什么这样素质的人也能成为省直机关领导""南昌霸道女子"等具有侮辱性质的词语，并获得了较多的阅读量和评论。徐某认为潘某的行为已经严重侵犯了她的合法权益，遂诉至法院请求对方停止侵害并赔礼道歉。法院审理后认为，自然人的人身自由、自然尊严受法律保护。公民的名誉权受到侵害的，有权要求停止侵害，恢复名誉，消除影响，赔礼道歉，并可以要求赔偿损失。本案中潘某在微博上公开了徐某的真实姓名、工作单位及职务，潘某在微博中使用了较为明显的人身侮辱性质的用语，有失妥当，相关微博阅读量及转发量较大，会导致徐某在一定范围内的公众对其社会评价降低，构成侵害名誉权，应承担相应的侵权责任。法院判决潘某删除其相关微博，并在微博上刊登道歉声明向徐某赔礼道歉，消除影响，恢复徐某名誉，持续时间为连续10日。[①]

此外，针对法人的言辞性侮辱或称"诋毁"，指使用贬损性的词语来鼓动人们对特定企业等法人的蔑视和憎恶，损害公众对它的信赖。

案例

某商贸公司诉李某侵犯名誉权纠纷案

买家李某在某购物网络平台商家处购买了儿童秋梨膏，收货后，李某在与该店铺的客服沟通时发生冲突，言辞激烈并带有侮辱性词汇，同时在其编辑的差评中追加照片、视频等，公开评论该商家卖假货。该商家认为，李某通过互联网评价展示页面，公开诋毁并侮辱其商业信誉，误导其他不特定网页浏览者，造成了商业信誉严重受损，影响营业额并造成一定经济损失。李某辩称其在收货后对比该产品与其之前购买产品后发现，

---

① 高度新闻. 网络辱骂他人！南昌一市民被判立即停止名誉侵害[EB/OL]. (2020-10-19)[2022-09-11]. https://baijiahao.baidu.com/s?id=1680963887089501687&wfr=spider&for=pc.

该产品颜色较浅、浓稠度较稀,且购于2018年12月5日的生产日期竟是2019年10月22日。在与卖家沟通过程中,客服人员敷衍解释,片面强调自身产品属于正品,并拒绝退货退款申请。在长时间沟通无果后,才在评论中给予差评,并上传和客服的聊天记录以及产品对比照片。李某作为买家,信誉度良好,给差评主要是基于该产品事关儿童食品安全、客服初期态度消极、差评后客服处理方式生硬等原因,无主观恶意,并非侵犯名誉权。被告同意删除评论及相关附件,但不同意赔礼道歉、赔偿损失。该评论机制是某购物网络平台建立的一种信用机制,是消费者对产品质量或者服务质量行使评论、批评权利的平台。在厘清消费者正确表达诉求与侵犯法人名誉权边界的过程中,应充分考量特定场景下行为人的过错程度和行为的违法程度,以及实施的行为是否符合社会公认的价值观。根据本案查明的事实,目前没有充分的证据表明涉案产品存在质量问题。但是,产品包装盒的生产日期极易给消费者造成混淆和误解。在此种情况下,该商家并未积极地给李某提供合理的解决方案,而是推辞。据此判定,李某添加差评并非为了故意贬损卖家的名誉,不存在主观过错,对卖家不构成诽谤、诋毁。但是,李某在与客服沟通过程中使用的言辞确有不当,加剧了双方矛盾的升级,并不可取。和客服的聊天记录并不直接侵犯法人名誉权,在对商品进行评论的过程中也未直接使用侮辱性言论,但是将与客服聊天内容中的过激言论放置在评论中使之公之于众,将存在侵权风险。鉴于目前该评论处于屏蔽状态无法显示,李某也同意删除全部内容,故李某不承担侵权责任,法院判决驳回卖家的全部诉讼请求。①

对该案可作两点反思:第一,言论自由与名誉权在网购平台评论机制中存在边界。该评论机制是网购平台建立的一种信用机制,是消费者对产品质量或者服务质量行使评论、批评权利的平台。在厘清消费者正确表达诉求与侵犯法人名誉权边界的过程中,应充分考量特定场景下行为人的过错程度和行为的违法程度,以及实施的行为是否符合社会公认的价值观。第二,经营者与消费者应在网购平台评论机制下找到正确定位。对于经营者来说,当产品纠纷产生时应先以完善自身产品质量、提升服务水平为根本出发点,对消费者的批评与评论给予一定的宽容度;对于消费者来说,评论机制不是发泄个人情绪的工具。虽然对产品质量或者服务质量进行批评、评论是消费者的法定权利,但是消费者应注意分清诉求表达与侵权的界限,避免人身攻击或者不文明用语出现在网络环境中,理性行使权利、化解纠纷。②

---

① 赵岩,张博,王婵. 淘宝买家给差评被诉侵犯卖家名誉权 北京互联网法院一审认定未侵权[N]. 人民法院报,2019-09-12.
② 赵岩,张博,王婵. 淘宝买家给差评被诉侵犯卖家名誉权 北京互联网法院一审认定未侵权[N]. 人民法院报,2019-09-12.

第三节 数字传播中名誉侵权的认定

一、行为人客观上存在损害他人名誉的事实，并为第三人知悉

侵权人实施了侮辱、诽谤等行为。所谓侮辱，是指以语言或行为公然损害他人人格，毁坏他人名誉的行为。侮辱既可以以口头方式进行，也可以以行为方式进行。其表现形式是将现有的缺陷或其他有损于人的社会评价的事实扩散、传播出去，以诋毁他人的名誉，让其蒙受耻辱，可以称之为"以事生非"。比如，说某人"是个小偷"，或"是个傻子"等。所谓诽谤，是指捏造和散布某些虚假事实、破坏他人名誉的行为。诽谤的方式有口头和文字两种。其内容包括捏造和散布一切有损于他人名誉的虚假事实，如诬蔑他人犯罪、品行不端、素质能力不高，或企业形象不佳等。其特征可以称之为无中生有，"无事生非"。只有在行为人所实施的侮辱（体现为以不当的言辞评价、贬低和毁损相对人的人格，不涉及"事实"的真实性问题）、诽谤（体现为披露、散布虚假事实）、披露其隐私（体现为披露、散布法律所保护的他人私生活信息）等行为影响到社会公众对受害人的评价时，才能构成对名誉权的侵害。作为认定毁损名誉的依据，侵权人仅仅只针对被侵权人，而未传播给第三人，并不构成法律上的公开，行为只有公开进行，向第三人散布，才能表明侵权人的行为已经产生社会影响，被侵权人的名誉受到了损害。

二、行为人主观上有过错

从法理上讲，对于公众人物提起的名誉侵权之诉，在主观过错方面的考察，应当以行为人是否具有实际恶意为标准，没有实际恶意的行为，即使确实损害了公众人物的名誉，也不应认定为侵权。这种过错包括故意和过失。故意是指明知自己的行为会造成他人名誉的损害，仍然积极追求这种结果的发生。情节严重的，将会构成侮辱罪或诽谤罪。过失是指应当预见自己的行为可能造成他人名誉的损害，但由于疏忽大意或过于自信等而使损害后果发生。比如，医院未经患者同意，无意中公布了患者患有淋病、梅毒、麻风病或艾滋病等病情信息，使患者名誉受到损害。无论故意或过失，只要侵权人在主观上有过错，并在客观上造成了他人的社会评价降低，即属于侵犯他人的名誉权。

三、被侵害的对象是特定的人

所谓特定的人，是指某个具体的自然人或法人。如果没有特定的人，则在法律上就不存在所谓的受害人了。但是，如果在描写中对特定的人进行了侮辱或诽谤，虽然使用的是代号或假名，但读者一看便可知晓其所指的对象是谁，这显然不能因其使用代号或假名而否定作者侵权。因此，如果所指定的对象是特定环境、特定条件下的具体人，即使没有指名道姓，同样可以构成对他人名誉权的侵害。比如，许多引起明星互联网名誉权侵权的案件中，侵权人（如其他明星的粉丝、娱乐营销号等）在实施诽谤、侮辱行为时，往往使用首字母缩写、谣言故事梗、影片角色名、外号等方式指代相关明星，对于涉案侵权言论中指代性词语的具体指向需要原告大量举证并结合具体文章、评论、配图予以综合说明。①

四、违法行为与损害后果之间具有因果关系

法院在认定违法行为与损害后果之间的因果关系时，拥有较大的自由裁量权，有时还采取"推定证明"的方式。法院经常通过使用"势必""应当""足以"等词汇以说明其认为违法行为与损害后果之间存在因果关系。

---

① 赵刚,王叶子. 从明星互联网名誉维权看"饭圈"如何建立有序生态(上)[EB/OL]. (2021-08-18)[2022-09-14]. https://www.sohu.com/a/484082850_121123759.

第五讲

数字传播与名誉权保护（下篇）

第一节　数字传播中名誉侵权的抗辩

以新闻侵权法规范新闻媒体的新闻行为具有重要意义。同样，研究新闻侵权的抗辩，则从另一个角度规范新闻行为，保护新闻媒体的新闻自由权利，使之更好地发挥媒体的舆论监督职能。① 抗辩是指被告针对原告提出免除或减轻责任的某些合法事由，在法律上成为免责事由。原《侵权责任法》第三章"不承担责任和减轻责任的情形"，列举有被侵权人过错、受害人故意、不可抗力、正当防卫、紧急避险等项；在侵权法理论上又分为正当理由和外来原因两类（表5-1）。

表5-1　侵权法理论中关于抗辩事由的类别

正当理由	外来原因
依法执行职务	不可抗力
正当防卫	受害人过错
紧急避险	第三人过错
受害人同意	意外事件
自助权利／私力救济	

侵害名誉权行为与一般侵权行为相比有其特殊性，在诉讼实践中形成了许多抗辩理由，有的抗辩理由有司法解释作为依据，有的则缺乏系统归纳，只是基于实际提出的说法。比如，民法学者杨立新提出的"新闻侵权抗辩22个关键词"，包括：事实基本真实、权威消息来源、连续报道、报道特许发言、公众评论、满足公众知情权、公众人物、批评公权力机关、公共利益目的、新闻性、受害人承诺、为原告本人或者第三人利益、原告根据报道"对号入座"、报道批评对象不特定、图文无关、已尽审查义务、已经更正道歉、如实报道、转载、报道系推测事实和传闻、读者来信来电和直播、文责自负②。传媒法学者魏永征将关于新闻媒体名誉侵权行为的抗辩事由归纳为三个方面：一是言辞真实，二是言辞并未涉及事实真伪，三是言辞所涉乃无需核实的事实。这三项与英、美、法的诽谤法中"真实"（truth）、"诚实意见"（honest opinion）、"特许权"（privilege）三大免责事由相吻合，可见这三项实为百年来诽谤案件诉辩的科学总结，可以借此构建名誉侵权抗辩体系。③

在吸收、借鉴上述专家观点、意见的基础上，本章结合数字传播的具体环境，以及

---

① 杨立新. 新闻侵权抗辩22词[J]. 青年记者，2009(19).
② 杨立新. 新闻侵权抗辩22词[J]. 青年记者，2009(19).
③ 魏永征. 新闻传播法教程[M]. 北京：中国人民大学出版社，2016：138.

《民法典》中的相关规定，将网络名誉权侵权抗辩事由概括为以下方面，包括内容真实原则、公正评论原则、合理核实义务等。

一、内容真实原则

真实原则，也称"基本事实"抗辩，简单来说，是指只要被告能够证明其所做的新闻报道的内容真实，该新闻报道就不构成诽谤或损害他人名誉权的行为。真实原则早在1993年就已被最高人民法院《关于审理名誉权案件若干问题的解答》（以下简称《名誉权解答》）所采纳："因撰写、发表批评文章引起的名誉权纠纷……文章反映的问题基本真实，没有侮辱他人人格的内容的，不应认定为侵害他人名誉权。"至1998年，最高人民法院在回答有关"对产品质量、服务质量进行批评、评论引起的名誉权纠纷，如何认定是否构成侵权"的问题时，进一步指出："新闻单位对生产者、经营者、销售者的产品质量或者服务质量进行批评、评论，内容基本属实，没有侮辱内容的，不应当认定为侵害名誉权；其报道失实，或者前述文书和职权行为已公开纠正而拒绝更正报道，致使他人名誉受到损害的，应当认定为侵害他人名誉权。"此外值得注意的是，在司法实践中，真实原则抗辩只适用于"事实"陈述，而不适用于"意见表达"或"评论"，这与新闻学中针对"真实性"所要求的"事实与观点分开"之间具有一致性。

案例

叶某与田某某等名誉权纠纷

在叶某与田某某等名誉权纠纷中，法院认为，公民言论的内容可分为"事实陈述"及"意见表达"两种情形，公民陈述的事实应当基本或大致真实，或有权威的信息来源渠道，或有基本的证据支持，不应传播虚假或虚构的事实。表达意见时应大致客观公正，不应进行不当评论或使用侮辱性言辞攻击他人，否则可能构成对他人人格或人身的侮辱。本案中，叶某为帮助田某某母亲治疗重疾，无息出借给田某某款项，此后田某某将借款用于购买了160万的豪华车辆，与其借款时声称给母亲治病买车的理由不同，故叶某关于田某某"借款后生活奢靡，利用借款吃喝玩乐""骗子""骗款"等的意见表达，系由于其个人遭遇从而带有一定的义愤情绪，并没有虚构或捏造相关事实，其言语中虽带有对田某某的贬损性评论，但尚未超出公民言论自由的合理边界，有关意见表达亦不应认定为侵犯田某某名誉权。[①]

[①] 叶某与田某某等名誉权纠纷二审民事判决书.北京市第一中级人民法院民事判决书(2016)京01民终4081号.

▶▶ 二、公正评论原则

新闻评论是报道者结合新闻事实，针对普遍关注的问题发表的论说性的意见。事实是客观的，评论则一定带有主观性。根据公正评论原则，对同一件事的看法可以见仁见智，这种表达观点的意见理应受到法律的保护，只要这种评论是出于公心，评论是善意的，所依据的评论语言又没有诽谤、侮辱的内容，就可以成为抗辩事由。这一原则也可以从经典作家的论述中找到呼应，比如1845年，恩格斯与赫斯合写的《致〈社会明镜〉杂志的读者和撰稿人》公开信中就明确提到："杂志将完全立足于事实，只引用事实和直接以事实为根据的判断，由这样的判断进一步得出的结论本身仍然是明显的事实。"[①]

1991年12月，北京两位女青年在中国国际贸易中心所属惠康超级市场购物时受到非法搜身。作家吴祖光就此撰写文章批评国贸中心工作人员"恬不知耻"，"居然说出这样的混账话"，斥责国贸业务女总监"流露出扎根深远的洋奴意识"，国贸中心在向两位女青年道歉后起诉吴文侵害名誉权，法院判决驳回国贸中心的诉求。

有学者评论指出吴文虽有偏激之处，但主旨是对国贸中心侵权行为这一事实发表的意见，法律从保障宪法上公民的言论自由和由此派生的舆论监督出发，予以宽容，这符合英美诽谤法的"公正评论"原则。[②] 这是我国名誉权案研究首次引述"公正评论"抗辩，从此为业界所习用。

案例

汪某状告卓某名誉权纠纷

2015年4月20日，卓某在其微博上分享"全民星探"发布的名为"[独家]章某某汪某领证蜜月会友妇唱夫随"的文章，并标题为"赌坛先锋我无罪，影坛后妈君有情"。原告汪某认为，卓某未经调查、核实，随意在其个人微博上以"赌坛先锋"对自己进行侮辱诽谤，公然损害自己的人格和形象，误导社会公众对汪某的评价，已经严重侵犯了名誉权，因此要求卓某删除涉诉微博，发表致歉声明，并赔偿精神损害抚慰金200万元人民币。2015年12月24日，该案一审判决认定名誉侵权缺乏事实及法律依

[①] 郑保卫,王青.论恩格斯新闻思想的理论内涵及其实践基础——纪念恩格斯诞辰200周年[J].新闻大学,2020(11).

[②] 张西明.吴祖光终于打赢了官司:启示与意义[J].新闻记者,1995(7).

据，对汪某诉讼请求均不予支持。① 一审判决后汪某不服，仍持原诉理由上诉至北京市三中院，要求撤销原判，改判支持自己的全部诉讼请求。2016年5月11日，北京市三中院对此案作出终审判决，认定卓某不构成对汪某的侮辱及诽谤，驳回汪某上诉。

在上述案件中，法院认为民事主体依法享有获得客观社会评价的权利，法律亦保护媒体正当舆论监督和言论评价的权利。就名誉侵权的认定而言，公正评论是一项重要的抗辩事由，其主要内容是，如果行为人对公共利益问题或者社会公众关心的问题表达的观点、意见或者看法是公平的，没有侮辱、诽谤性的言辞，且评论所基于的事实为公开传播的事实，则行为人无须承担侵权责任。同时，公众人物具有吸引舆论的特质，对社会评论具有更大的容忍义务。

三、合理核实义务

《民法典》第一千零二十五条首次将新闻侵权的抗辩事由正式写入法律，确立了"合理核实义务"抗辩。将新闻侵权的抗辩事由写入法典，成为一条法定的抗辩事由，这是新闻侵权规则体系化的重要一步，势必有利于更好地平衡新闻自由、舆论监督与人格权保护三者的关系。② 根据《民法典》第一千零二十五条、一千零二十六条规定③，针对为公共利益实施的新闻报道或舆论监督，只要行为人没有捏造、歪曲事实和使用侮辱性言辞，且对他人提供的内容尽到了合理核实义务，则可以免于被追究侵害他人名誉权的法律责任。上述规定确立了新闻报道行为不同于普通的发表言论的行为的特殊性质，在历史上首次将"合理核实义务"作为新闻侵权的抗辩事由，为扩大舆论监督预留了司法空间。同时第一千零二十五条、一千零二十六条所针对的主体不再局限于"新闻机构"和"职业记者"，而是适用于所有"实施新闻报道的行为人"，表明立法者能够顺应数字传播条件下"人人都有麦克风"的变化，注意到当下每一位网络用户都有可能成为新闻信息的生产者、传播者、接受者的现实，"实施新闻报道的行为人"这一概念的引入使新闻侵权诉讼的相关规则与现在、未来的新闻业态无缝衔接。

---

① 最高人民法院. 不满央视"霸铺"报道，男子起诉赔偿！法院：驳回[EB/OL].（2020-01-08）[2022-09-14］. https://mp.weixin.qq.com/s/RDBhYwmyN6tLafCs7ZVsrQ.
② 周俊武.《民法典》与新闻侵权的抗辩事由[EB/OL].（2020-07-13）[2022-09-14]. https://zhuanlan.zhihu.com/p/159017751.
③ 《民法典》第一千零二十五条规定："行为人为公共利益实施新闻报道、舆论监督等行为，影响他人名誉的，不承担民事责任，但是有下列情形之一的除外：（一）捏造、歪曲事实；（二）对他人提供的严重失实内容未尽到合理核实义务；（三）使用侮辱性言辞等贬损他人名誉。"第一千零二十六条规定："认定行为人是否尽到前条第二项规定的合理核实义务，应当考虑下列因素：（一）内容来源的可信度；（二）对明显可能引发争议的内容是否进行了必要的调查；（三）内容的时限性；（四）内容与公序良俗的关联性；（五）受害人名誉受贬损的可能性；（六）核实能力和核实成本。"

案例

罗某诉电视台侵犯名誉权纠纷案

2018年12月，罗某乘坐Z25次列车，到票面终点后未下车，并且拒绝了乘务员对其补票、出示身份证的要求，最终罗某被处以拘留5日的行政处罚，多家新闻媒体对此事进行了报道。被新闻报道曝光的罗某以电视台对其"霸铺"的报道侵害其名誉权为由，将电视台诉至法院。电视台的报道内容客观、属实，其评论内容是在履行国家媒体舆论监督职责下进行的阐述，符合评论行为需遵守的正当性、合理性原则。此外，电视台在报道中对罗某进行隐名，尽到了审慎保护义务。虽然在电视台播放涉案视频后，罗某的个人声誉、评价在社会上有一定程度的降低，但降低的根源是其在列车上的违法行为。电视台在遵循报道真实、客观，评论合理、妥当的前提下，对违法行为进行批评，是在依法履行舆论监督职责，引导公民遵纪守法、遵守公共秩序。因此，在电视台违法行为并不存在的大前提下，罗某提出名誉权侵权的主张尚不能成立。①

正如以上案例所揭示的，新闻报道和舆论监督行为具有正当性，一般情况下不构成名誉侵权。法律鼓励和保护为维护社会公共利益所进行的报道和舆论监督，每个人都有权利，也有义务和责任为整个社会的风清气正而建言献策。新闻媒体和社会大众是现实社会的记录者，曝光侵害社会公共利益、影响社会风气的不良现象，能够针砭时弊，以助更好地解决问题，营造积极向上的社会风气。新闻报道的自由是一项法定的权利，正当的新闻报道和舆论监督等行为，具有社会正当性，在实施新闻报道、舆论监督等行为揭露社会不良现象时，不可避免地会对相应民事主体的名誉造成一定程度的损害。但是，没有对具体事件的揭露，没有对社会隐疾的刺痛，没有翔实的新闻报道，舆论监督作用也就无法充分发挥。因此，《民法典》对新闻报道、舆论监督影响他人名誉规定了免责条款，新闻报道和舆论监督若不存在捏造、歪曲事实的情形，而是为了维护市场经济秩序和人民群众的利益，就不构成名誉权侵害，也不承担民事责任。②

---

① 京法网事. 不满央视"霸铺"报道 起诉赔偿被驳回[EB/OL]. (2020-01-08)[2022-09-14]. https://mp.weixin.qq.com/s/K4MQuq0lK0EOD QydV6cBzg.

② 澎湃新闻. 以案释法：新闻报道是否侵犯名誉权？网购能随意给差评吗？[EB/OL]. (2022-09-01)[2022-09-18]. https://m.thepaper.cn/baijiahao_19721604.

案 例

耿某某诉饶某名誉侵权案

2021年12月，上海市浦东新区人民法院依法公开对中国科学院上海药物研究所耿某某研究员诉首都医科大学饶某教授名誉权纠纷一案作出一审判决，驳回原告耿某某提出"被告饶某在个人微信朋友圈、《中国科学报》、《科技日报》及《文汇报》显著位置发布道歉声明，每日发布一次，时间持续十五日，向原告赔礼道歉，消除影响，恢复名誉"的诉讼请求。

法院审理认为，双方争议的主要焦点有二：一是被告在微信群中针对原告论文发布的言论在性质上是侵害他人名誉权的行为，还是属于学术批评行为；二是被告的上述行为是否造成原告名誉的损害。就争议焦点一，法院认为，对于阿尔茨海默症治疗的研究是一个不断进展的过程，需要医学界做出共同的努力，因此，从医学发展的角度应当允许正当的学术争议和批评，法律不应当加以限制和干涉。由此，被告作为行业专家有权对原告的研究成果作出评价。其一，被告的行为并未超出学术评论的合理界限。被告在发布该文件之后公布了相应依据，学者根据自己掌握的知识和经验对另一位学者的研究成果作出评论，即便有不当言辞，也并非是对原告名誉的恶意侵犯。而从原、被告之后在专业刊物上进行的相互回应的事实看，这种观点的交锋应属于学术讨论范畴。其二，被告不存在损害原告名誉的主观故意。被告将涉案文件发在微信群是为督促同行以及相关部门对其认为有造假嫌疑的论文进行监督和调查，其主观目的具有一定的公益性。其三，科技部的调查报告结论，也从侧面证明了被告对涉案论文的科学性提出质疑给予否定性评价并非毫无根据。其四，就促进学术争鸣以及净化学术风气角度而言，司法应为学术批评设定较为宽松的环境，学术上的争议可通过当事人之间的辩论、公布原始数据、进行重复试验等方式予以澄清，鼓励真理越辩越明。关于争议焦点二，法院认为，首先，被告没有针对原告个人道德和行为品质做出负面评价，也没有证据表明其声望、信用等社会评价因此降低。因此，法院难以认定被告行为对原告名誉造成了损害。其次，从原、被告双方事后随即在相关学术期刊和载体上发表学术争议看，已表明双方关于是否造假的争议，实质上是医学研究上的学术争议，而非原告论文是否存在研究手段故意造假的争议。原告诉请被告构成名誉侵权本院难以支持。需要指出的是，被告行为虽未造成侵权后果，但确实存在言辞过激、方式方法不当等问题，应给予批评。

本案属于两位学者的学术争议引起的名誉权纠纷案，也是在《民法典》即将施行前发生的法律事实引发纠纷而适用当时的法律及其司法解释的案件。法院综合考虑双方争议过程，认为被告对原告有关老年痴呆症药物疗效的论文的质疑属于正当学术批评，不构成侵权。此案对类似纠纷具有参考价值，也为进一步完善《民法典》有关名誉权纠纷的具体细则提供了重要启示。①

第二节　数字传播中侵害名誉权的犯罪

　　侵害名誉权的行为如果其社会危害性达到一定严重性就可能构成犯罪，这就是侮辱罪和诽谤罪。根据《刑法》第二百四十六条："以暴力或者其他方法公然侮辱他人或者捏造事实诽谤他人，情节严重的，处三年以下有期徒刑、拘役、管制或者剥夺政治权利。"其中规定："前款罪，告诉的才处理，但是严重危害社会秩序和国家利益的除外。"《刑法》修正案（九）针对侮辱罪、诽谤罪增列了一款："通过信息网络实施第一款规定的行为，被害人向人民法院告诉，但提供证据确有困难的，人民法院可以要求公安机关提供协助。"相关司法解释对于利用信息网络实施诽谤的"捏造事实诽谤他人""情节严重""严重危害社会秩序和国家利益"，以及"一年内多次实施利用信息网络诽谤他人行为未经处理，诽谤信息实际被点击、浏览、转发次数累计计算构成犯罪"等情形分别进行了界定。

　　区分诽谤罪与非罪时，应注意诽谤罪与治安违法行为、民事侵权行为之间的界限。构成诽谤罪的诽谤行为，必须是情节严重的，而违反治安行政法规的诽谤行为，必须局限于尚不够刑事处罚的；民事性质的名誉侵权行为，不仅在违法程度上轻于诽谤犯罪行为以及违反治安性质法规的诽谤行为，而且还具有以下不同：第一，诽谤罪散布的必须是捏造的虚假事实。如果散布的是客观存在的事实，虽然有损于他人人格、名誉，但不构成诽谤罪。而名誉侵权行为，即使所述的内容是真实的，但只要是法律禁止公开宣扬的，公开了将有损于他人人格、名誉的，也可以构成名誉侵权，甚至叙述的事实越真实，越会加重侵权的程度。比如为了毁损他人名誉而揭人隐私，越揭露得逼真，其侵权性质越恶劣。第二，法人、团体、组织不能成为诽谤罪的犯罪对象。但是，在名誉权侵权行为中，法人、团体、组织可以成为受害者。比如，散布虚假消息，说某工厂的产品质量如何低劣等，其目的是以不正当的竞争手段搞垮对方，这种行为即使造成了严重后果，也只能构成损害商业信誉、商品声誉罪，而不构成诽谤罪。第三，主观过错要求不同。诽谤犯罪行为的主观方面必须是直接故意，而名誉侵权的主观过错包括过失行为。此外，即使善意的检举、揭发、批评中有不实成分的，也不应以诽谤罪论处。

　　区分侮辱罪与诽谤罪时，应注意侮辱罪不一定使用捏造的方式，但诽谤罪必须有捏造事实的行为；侮辱罪包含暴力侮辱行为，诽谤罪一般不使用暴力手段；实践中，侮辱

---

① 魏永征. 学术争议引发名誉权案与《民法典》规定具体化[EB/OL]. (2022-02-08)[2022-10-08]. https://opinion.caixin.com/2022-02-08/101838851.html.

通常在被害人在场的情况下进行，诽谤罪犯罪行为的实施不一定有被害人在场。

案例

"秦火火"诽谤、寻衅滋事案

"秦火火诽谤、寻衅滋事"一案于2014年4月17日上午在北京市朝阳区人民法院一审宣判。法院以秦某某犯诽谤罪判处其有期徒刑2年，以秦某某犯寻衅滋事罪判处其有期徒刑1年6个月，数罪并罚决定执行有期徒刑3年。2012年11月至2013年8月间，秦某某分别使用"淮上秦火火""东土秦火火""江淮秦火火""炎黄秦火火"的微博账户，或捏造事实，或篡改不实信息，或明知系捏造的事实而在网络上散布，引发大量网民对杨某等人的负面评价。相关信息累计被转发达4 100余次。法院还查明，在"7·23"甬温线动车事故善后处理期间，秦某某为了利用热点事件进行自我炒作，提高网络关注度，于2011年8月20日使用"中国秦火火_f92"的微博账户编造并散布虚假信息，称原铁道部向"7·23"甬温线动车事故中的外籍遇难旅客支付了3 000万欧元高额赔偿金。该微博被转发11 000次，评论3 300余次，引发了大量网民对国家机关公信力的质疑，原铁道部被迫于当夜辟谣。秦某某的行为对事故善后工作的开展造成了不良影响。法院认为，秦某某无视国法，在网络上捏造事实，诽谤他人，情节严重，且系诽谤多人，造成恶劣社会影响，其行为已构成诽谤罪；秦某某在重大突发事件期间，在网络上编造、散布对国家机关产生不良影响的虚假信息，起哄闹事，造成公共秩序严重混乱，其行为已构成寻衅滋事罪，依法应予以惩处并实行数罪并罚。法院表示，秦某某在较长时间段内在网络上多次肆意实施违法犯罪行为，根据其所犯诽谤罪、寻衅滋事罪的事实、性质、情节及社会危害程度，本应对其酌情予以从重处罚。但鉴于秦某某归案后能如实供述所犯罪行，认罪悔罪态度较好，故对其所犯诽谤罪、寻衅滋事罪均依法予以从轻处罚。据此，作出上述判决。据悉，宣判后，秦某某当庭表示不上诉。①

在上述案件中，秦某某利用信息网络，分别诽谤杨某等多名公民，其中针对三人的诽谤信息被转发次数均达到500次以上，应认定为"情节严重"；关于张某某的诽谤信息被转发次数虽未达到500次，但根据该司法解释第四条的规定，秦某某系在一年内分别诽谤杨某等多人，应对上述诽谤信息的被转发次数累计计算。据此，秦某某诽谤杨某等人的行为构成诽谤罪，且系诽谤多人并造成了恶劣的社会影响，应当适用公诉程序追究秦某某所犯诽谤罪的刑事责任。

---

① 公安部网站. 网络红人"秦火火"一审获刑3年[EB/OL]. (2014-04-17)[2022-06-21]. https://www.mps.gov.cn/n2253534/n2253535/c4767386/content.html.

案 例

岳某侮辱妇女案

岳某与被害人张某系同村村民，自 2014 年开始交往。交往期间，岳某多次拍摄张某裸露身体的照片和视频。2020 年 2 月，张某与岳某断绝交往。岳某为报复张某及其家人，在自己的微信朋友圈、快手 App 散布二人交往期间拍摄的张某裸体照片、视频，并发送给张某的家人。后岳某的该快手账号因张某举报被封号。5 月，岳某再次申请快手账号，继续散布张某的上述视频及写有侮辱文字的张某照片，该快手账号散布的视频、照片的浏览量达到 600 余次。上述侮辱信息在当地迅速扩散、发酵，造成恶劣社会影响。同时，岳某还多次通过电话、微信骚扰、挑衅张某的丈夫。导致张某备受舆论压力，最终不堪受辱服毒身亡。2020 年 7 月 7 日，被害人张某的丈夫到公安机关举报岳某强奸张某。公安机关同日立案侦查。7 月 13 日，公安机关提请批准逮捕岳某。7 月 20 日，检察机关审查认为，现有证据不能证实岳某涉嫌强奸罪，但其在网络上散布他人裸体视频、图片的行为涉嫌侮辱罪，对岳某批准逮捕。9 月 18 日，由公安机关移送审查起诉。检察机关审查后，于 10 月 9 日以岳某涉嫌侮辱罪提起公诉。12 月 3 日，法院以侮辱罪判处岳某有期徒刑 2 年 8 个月。判决宣告后，岳某未提出上诉，判决已生效。①

上述案件有必要厘清的三个问题：其一，岳某的行为到底构成侮辱罪还是强制侮辱罪？其二，侮辱罪中的"情节严重"的入罪标准是什么？其三，如何把握"严重危害社会秩序和国家利益"的公诉标准？对行为人与被害人交往期间，获得了被害人的裸照、视频等，无论其获取行为是否合法，是否得到被害人授权，恶意对外散布，均应承担相应法律责任，情节严重，构成犯罪的，要依法追究刑事责任。强制侮辱罪是以暴力、胁迫或者其他方式，对妇女进行身体或者精神强制，使之不能反抗或者不敢反抗，进而实施侮辱的行为，主要出于寻求精神刺激等动机。如果行为人以破坏特定人名誉、贬低特定人人格为目的，故意在网络上对特定对象实施侮辱行为，情节严重的，应认定为侮辱罪。一方面，侮辱罪的"情节严重"，包括行为恶劣、后果严重等情形，如当众撕光妇女衣服的，当众向被害人泼洒粪便、污物的，造成被害人或者其近亲属精神失常、自残、自杀的，两年内曾因侮辱受过行政处罚又侮辱他人的，在网络上散布被害人隐私导致被广泛传播的，以及具有其他情节严重情形的。另一方面，对侮辱罪"严重危害社会秩序和国家利益"的认定，可结合行为方式、社会影响等综合认定。根据《网络诽谤的解释》的相关规定，行为人在网络上散布被害人裸照、视频等严重侵犯他人隐

---

① 陈国庆:利用信息网络侵犯公民人格权行为的刑法规制:最高人民检察院第 34 批指导性案例述评[J].中国刑法杂志，2022(2).

私的信息，造成恶劣社会影响的，或者在网络上散布他人的信息，导致他人出现大量负面社会评价，造成恶劣社会影响的，不仅侵害被害人人格权，而且扰乱社会秩序，可以认定为"其他严重危害社会秩序和国家利益的情形"，按照公诉程序依法追诉。①

【思考题】

1. 如何看待"粉丝"（特别是"黑粉"）针对娱乐明星的名誉侵权问题？
2. 网上一度流行的"人肉搜索"，在何种情形下可能会构成针对他人的侮辱、诽谤？
3. 诽谤行为与侮辱行为之间的共性、区别是什么？

【推荐阅读书目】

[1] 魏永征. 被告席上的记者——新闻侵权论［M］. 上海：上海人民出版社，1994.

[2] 王利明、杨立新. 人格权与新闻侵权［M］. 北京：中国方正出版社，2000.

[3] 于海涌. 新闻媒体侵权问题研究——新闻媒体侵权的判定抗辩与救济［M］. 北京：北京大学出版社，2013.

[4] 中国文联权益保护部. 捍卫名誉：文艺界名誉权典型案例评析［M］. 北京：中国文联出版社，2015.

[5] 北京互联网法院. 网络侵权纠纷典型案例解析［M］. 北京：中国法制出版社，2022.

---

① 陈国庆:利用信息网络侵犯公民人格权行为的刑法规制:最高人民检察院第34批指导性案例述评[J]. 中国刑法杂志，2022(2).

第六讲

数字传播与隐私权保护(上篇)

第一节 基本概念

一、隐私权

1890年，美国的沃伦和布兰戴斯在《哈佛法学评论》发表的《论隐私权》中最早明确提出了"隐私权"概念，认为隐私权是一种"独处的不受外界干扰的权力"，隐私权的目的是在"私人的"和"公共的"两种领域间做出明显的区隔。所谓"私人领域"是指隐私权的权力边界；而"公共领域"则指私人领域以外，是隐私权范围之外的部分。

一个多世纪以来，隐私权的概念已经被世界大多数国家引进，成了公认的一项基本人权。1984年的《世界人权宣言》被认为是隐私权最重要的人权法，其第十二条规定："对任何人的私生活、家庭、住宅和通信不得任意干涉，对其荣誉和名誉不得加以攻击。人们的隐私有权享受法律的保护，以免受到干涉和攻击。"1966年的《公民权利和政治权力国际公约》也对保护个人隐私权做了有关规定。1974年，美国通过了《隐私权法》，规定隐私权是受到国家保护的基本人权。

国内学者们对于隐私权的定义与上述研究达成了一定的共识。杨立新教授认为，隐私是无关于公共利益、不愿被外人所知、外人也不方便获知的个人情况。[1]张新宝教授认为，隐私权是指公民享有的私人生活安宁与私人信息依法受到保护，不被他人非法侵扰、知悉、收集、利用和公开的一种人格权。[2]王利明教授认为隐私权是自然人享有的对其个人的与公共利益无关的个人信息、私人生活和私有领域进行支配的一种人格权，其具体内容应该包含隐私信息、私人生活和个人领域。[3] 我国在2009年出台的《中华人民共和国侵权责任法》也确立了隐私权是独立于名誉权并且是真正意义上的个人权利的法律地位。

参考上述学者们关于隐私权的研究，本书将隐私权界定为个人的生活领域、不愿被他人知晓的私密信息和生活安宁不被他人不合理地入侵、公开、歪曲、影响的权利。

二、数字时代的隐私

作为人格权的重要内容，中国公民一贯重视名誉权保护，但对隐私权的保护则相对

---

[1] 王利明,杨立新. 人格权与新闻侵权[M]. 北京：中国方正出版社，2000:121.
[2] 张新宝. 隐私权的法律保护[M]. 北京：群众出版社，2004:10.
[3] 王利明. 人格权法研究[M]. 北京：中国人民大学出版社，2005:36.

比较忽视。在相当长的时间里,人们经常把知晓对方隐私多少作为衡量彼此之间关系亲疏的一个非常重要的判断依据。人们不重视隐私,也许和"隐私"这个词中的"私"字有着密切的关系。在汉语中,它经常作为一个贬义词使用,且暗含"见不得人""见不得阳光",所以完全不应该被"隐"。随着社会的发展和公民个人自我意识的不断觉醒,中国人才渐渐意识到,隐私其实是一种非常重要的人格权利,它与社会的文明程度和人的尊严是紧紧联系在一起的。与此相对应,在法律对隐私权保护长期缺席后,2010年我国制定的《侵权责任法》中,有了明确的隐私权保护条款。随着中国社会经济的快速发展和文明程度的快速提升,中国公民的隐私权保护意识也得到了很大的强化。人们开始采取多种方式来保护自己的隐私,同时,关于隐私的内涵也在不断丰富。但是,随着网络传播技术的飞速发展和大数据时代的到来,公民的隐私正面临巨大的挑战。

网络时代的到来,是现代公民突然收到的一份巨大的生存礼物。无处不在的网络和流动的海量信息,为人们的生存提供了极大的便捷。与此同时,公民的隐私保护也面临最为严峻的挑战。大数据时代,公民的所有言行都被数字化,人们真正进入了一个"数字化生存的时代",而在这样的场景中,公民的隐私极易受到前所未有的伤害:人们的上网痕迹、朋友圈点赞、网购行为、外卖习惯等,都可以通过快捷有效的大数据挖掘技术而整合成传统媒体时代未曾出现过的数字化隐私。更为令人担忧的是,被整合而成的数字化隐私还具有"无感伤害"的特征,即公民的隐私数据被他人非法使用时,往往无法及时感知这种伤害的存在,但没有感知并不意味着这种伤害不存在,而是其具有隐蔽性和滞后性,导致伤害程度加剧。网络时代,公民的隐私无处安放,每个人正在成为"透明人",甚至,我们可能会面临一个"赤裸裸的未来"。这样一种局面的出现,是和传播技术的快速发展与全体公民对网络认知的不足、隐私保护意识不强有着非常密切的关系的。随着新媒体、自媒体的快速发展,公民可以非常便捷地在网络上获取和分享信息。通过分享,丰富生命的厚度与宽度,引发他人的共鸣,可以提升自己的生命体验。同时,分享信息也是与他人沟通连接的一种方式,这种情况在社交媒体中体现得更为明显。例如,在微信朋友圈中的点赞、跟帖留言,可以有效增加彼此之间的感情黏度。当然,也有一些人通过分享相关的信息来提升流量,赢得经济收益。但是,许多公民并没有意识到他们是在一个公共平台上分享信息,且分享的信息还包含有隐私的内容。与此相对应,相应的电商企业或者网络平台,也在公民使用网络时,通过大数据技术和人工智能的方法进行数据的深度挖掘。在这个过程中,那些曾经非常简单的数据,通过整合,变成了一种有隐私价值的信息。而所有这一切就如美国学者帕特里克·塔克所言:预言中的信息时代已经来临,隐私幻觉已经公之于众,我们自然地将我们的生活、我们所爱的人的生活暴露给全世界,大众认为这一切无关紧要,于是,自我暴露实际上成了一种奇怪的强迫症。而隐私,也正是在这个过程中被大量泄露。

关于中国公民的隐私意识问题,百度CEO李彦宏曾经讲过这样一段话:中国人历来不重视隐私。他们对隐私不敏感。他们愿意用隐私换取便捷、优惠……这段曾经引起过轩然大波的话，一定程度上恰恰反映的是中国公民所面临的客观现实。首先，中国公民确实没有重视隐私的传统，只是在近年来，随着人们自主意识的不断增强，隐私意识才逐渐在全社会得到重视。所以说中国人不重视隐私，对隐私不敏感，这是一种客观的描述表达。同时，随着网购平台和外卖平台的不断发展，中国人也非常愿意通过网络这种手段来采购衣物、食品。这个过程会获得相应的便捷和优惠，当然，同时也会在网络上留下大量的个人隐私信息。我们必须承认，网络时代给人们的生活带来了极大的便利，也从根本上改变了人们的生存方式。但是，所有的改变都不能以牺牲公民的隐私权为代价。

要实现对公民隐私权的有效保护，首先需要提升公民的媒介素养和隐私意识。事实上，许多公民对新媒体、自媒体的大众传播媒体性质并没有正确的认知。他们并没有意识到，在新媒体上传播分享的信息，可以为更多的人所知晓，并且可以快速得以传播。与此同时，许多公民没有良好的隐私保护意识。因为他们并不是很清楚哪些信息是应该被保护的非常重要的个人隐私信息。这些信息一旦被非法利用，可能对自己的人身造成伤害。提升公民的媒介素养和隐私意识，这是一个老生常谈的话题，但是，之所以我们还需要反复强调，正是因为这个问题没有解决好，所以应该多管齐下解决好这个问题，以便有效地保护中国公民的隐私权。与此同时，隐私保护技术也应有所作为。中国公民面临的隐私不保的困境，与网络技术的快速发展关系密切，因此，应该确立这样一种理念：技术导致的问题应该努力寻求技术解决的途径。网络平台和电商企业等应该采取有效的匿名、加密、数据扰动以及人们普遍关注的"删除"技术，以保护公民的隐私权。而政府主管部门政策法规的及时出台，当然是大数据时代公民隐私权有效保护的最后底线。①

三、个人信息保护

随着传播科技的发展，个人信息保护成为一个越来越突出的问题。个人信息保护的核心是权利人对自身信息有效控制的权利，不只是不受非法公开，还包括不受非法获取、利用、歪曲、毁损，以及对自身信息的存在状态享有知情权。个人信息与个人隐私在外延上存在交叉，在学界就有保护个人信息究竟是隐私权的一部分还是独立于隐私权的另一项权利的不同意见。

2012年年底全国人大常委会通过了《关于加强网络信息保护的决定》（以下简称《决定》），在确立网站接入、固定和移动电话入网、用户上网实行实名制的同时，宣布

---

① 环球网. 顾理平：大数据时代中国公民的隐私困境[EB/OL]. (2019-05-07)[2022-10-08]. https://www.sohu.com/a/312234222_162522.

"国家保护能够识别公民个人身份和涉及公民个人隐私的电子信息。任何组织和个人不得窃取或者以其他非法方式获取公民个人电子信息，不得出售或者非法向他人提供公民个人电子信息"，从此个人信息保护制度有了初步框架。首先，《决定》规定了收集、使用个人电子信息所承担的义务和责任，主要是：网络服务提供者和其他企业、事业单位，"在业务活动中收集、使用公民个人电子信息，应当遵循合法、正当、必要的原则，明示收集、使用信息的目的、方式和范围，并经被收集者同意，不得违反法律、法规的规定和双方的约定收集、使用信息"，"对在业务活动中收集的公民个人电子信息必须严格保密，不得泄露、篡改、毁损，不得出售或者非法向他人提供"，以及应当采取必要措施，确保信息安全，防止在业务活动中收集的公民个人电子信息泄露、毁损、丢失。国家机关及其工作人员，也"对在履行职责中知悉的公民个人电子信息应当予以保密，不得泄露、篡改、毁损，不得出售或者非法向他人提供"。其次，《决定》规定了公民相关的监督和举报、控告的权利。如发现泄露个人身份、散布个人隐私等侵权信息，或者受到商业性电子信息侵扰的，有权要求网络服务者采取删除等措施。此外，《决定》规定了国家机关的管理职责。有关主管部门应当在各自职权范围内采取技术措施和其他必要措施，防范、制止和查处有关侵犯个人电子信息及其他违法犯罪行为，网络服务者应该予以配合，提供技术支持。

2013年，我国首部个人信息保护的国家标准《信息安全技术公共及商用服务信息系统个人信息保护指南》出台，规定一般信息的处理可以建立在默许同意的基础上，对于个人敏感信息，在收集和利用之前，必须获得个人信息主体明确授权，其中还提出了处理个人信息的八项基本原则：目的明确、最少够用、公开告知、个人同意、质量保证、安全保障、诚信履行和责任明确。工业和信息化部还发布了部门规章《电信和互联网用户个人信息保护规定》，对电信业务经营者、互联网服务提供者在业务中收集和使用用户个人信息的原则、规范、义务、安全保障措施和法律责任作了规定。2013年修订的《消费者权益保护法》，关于经营者收集、使用消费者个人信息，重申了2012年人大常委会《决定》中关于网络服务者应该遵循的各项原则（第二十九条）。

此前，2009年《刑法修正案（七）》以二百五十三条之一增列了出售、非法提供公民个人信息罪和非法获取公民个人信息罪。将国家机关或者金融、电信、交通、教育、医疗等单位的工作人员，在履行职责或者提供服务过程中获得的公民个人信息，出售或者非法提供给他人，情节严重的行为，以及窃取或者以其他方法非法获取上述信息，情节严重的行为，列为犯罪，并规定了单位犯罪。2015年《刑法修正案（九）》修改并合并了侵犯公民个人信息罪，将原先的特殊主体改为一般主体，而对通过职务行为侵犯个人信息的犯罪从重处罚。

2021年8月20日通过了《中华人民共和国个人信息保护法》（以下简称《个人信息保护法》）。该法是一部保护个人信息的法律条款，涉及法律名称的确立、立法模式问题、立法的意义和重要性、立法现状及立法依据、法律的适用范围、法律的使用适用例外及其规定方式、个人信息处理的基本原则、与政府信息公开条例的关系、对政府机关与其他个人信息处理者的不同规制方式及其效果、协调个人信息保护与促进信息自由流动的关系、个人信息保护法在特定行业的适用问题、关于敏感个人信息问题、法律的执行机构、行业自律机制、信息主体权利、跨境信息交流问题、刑事责任问题。该法的出台，对于个人及行业有着很大的作用。

第一，该法确立了个人信息处理的核心原则。《个人信息保护法》总则部分确立了多项处理个人信息的基本原则，主要涉及的是个人信息处理的基本准则，特别是在云环境、平台经济的背景下，很多新型和疑难的个人信息保护案件很难精准地适用具体相应的法律条款，但是，个人信息处理的基本原则具有协调、漏洞补充和缓和规则不公正的作用，对新型个人信息保护案件的适用将发挥重要作用。该法主要确立了以下五项重要原则：一是遵循合法、正当、必要和诚信原则；二是采取对个人权益影响最小的方式，限于实现处理目的的最小范围原则；三是处理个人信息应当遵循公开、透明原则；四是处理个人信息应当保证个人信息质量原则；五是采取必要措施确保个人信息安全原则。

第二，该法构建了以"告知—知情—同意"为核心的个人信息处理规则。"告知—同意"这一个人信息处理规则，在《关于加强网络信息保护的决定》《网络安全法》《消费者权益保护法》以及《民法典》等法律中均有规定。《个人信息保护法》在此基础上构建了以"告知—知情—同意"为核心的个人信息处理规则体系。应当指出，个人信息处理者"告知"的目的是确保被告知者的充分"知情"，只有被告知者在充分知情的前提下才能自愿、明确地作出决定。为此，《个人信息保护法》第十四条明确规定："基于个人同意处理个人信息的，该同意应当由个人在充分知情的前提下自愿、明确作出。法律、行政法规规定处理个人信息应当取得个人单独同意或者书面同意的，从其规定。"

第三，该法关于敏感个人信息的认定与保护规则。《民法典》第一千零三十四条第三款规定："个人信息中的私密信息，适用有关隐私权的规定；没有规定的，适用有关个人信息保护的规定。"因此，《个人信息保护法》没有对自然人的隐私信息作出专门规定，而是将个人信息分为敏感信息和非敏感信息，并以专节设置了"敏感个人信息的处理规则"。《个人信息保护法》第二十八条给出了"敏感个人信息"的定义，即："敏感个人信息是一旦泄露或者非法使用，容易导致自然人的人格尊严受到侵害或者人身、财产安全受到危害的个人信息，包括生物识别、宗教信仰、特定身份、医疗健康、金融账户、行踪轨迹等信息，以及不满十四周岁未成年人的个人信息。"该定义采用了"个人信息被泄露或者非法使用＋危害后果＋列举重要敏感个人信息"的立法技术，同时将不满十四周岁未成年人的个人信息也纳入了"敏感个人信息"给予重点保护。《个人信息保护法》对处理敏感个人信息作出了严格的限制性规定，即在履行"告知—知情—

同意"原则的基础上，只有在具有特定的目的和充分的必要性，并采取严格保护措施的情形下，个人信息处理者方可处理敏感个人信息。特别是处理敏感个人信息应当取得个人的单独同意，如果法律、行政法规规定处理敏感个人信息应当取得书面同意的，应当从其规定。①

第二节 个人隐私的安全风险与应对

▶▶ 一、个人隐私的安全隐患

在万物互联网中，智能终端平台、云服务平台和应用平台控制着个人数据的采集、存储、共享和开放过程。智能终端是感知和采集个人数据的基本工具；云服务平台是个人数据的存储和管理平台；应用平台是个人数据加工、处理、再生和适用平台。如：用户首先登录某社交平台提交了个人数据，社交平台开放接口给第三方企业，如第三方游戏、音乐等应用提供商，从而使用户个人数据流向各个第三方企业，第三方企业的广告商将获得用户数据，并向用户推送广告。上述过程中，个人数据的拥有者几乎失去了对其个人数据的控制权，个人数据传播的每个环节都存在诸多泄露和滥用的安全隐患，主要包括个人数据在智能终端的泄露隐患，个人数据在云服务平台的泄露隐患，个人数据在应用平台中的滥用隐患。

第一，个人数据在万物互联终端的泄露隐患。万物互联网络的终端设备处于万物互联网络的感知层，既包括各类计算机、服务器和智能手机等具有丰富资源的互联网和移动互联网终端，也包括仅具有有限资源的监控摄像机、传感器（或无线传感器网络节点）、射频卡等物联网终端。互联网和移动互联网终端也有明显的安全隐患。但相对来说，万物互联环境下，仅具有有限资源（计算资源和存储资源）的事物将成为个人数据泄露的更大风险源，物联网设备可能具有非物联网设备中不存在的漏洞。一是这些仅具有有限资源的事物，难以部署较为高级的安全保障机制（如复杂的加密算法），不仅可以被所有者连接，还可能被攻击者拦截。在这种情况下，这些事物极易被入侵者进行"重新编程"，以便让它将数据发送到入侵者的数据库服务器。攻击者可获得对计算设备的访问和控制，可能会操纵或提取数据、控制或中断服务。二是这些事物一般都存在

---

① 王春晖. 贯彻《个人信息保护法》，十大要点需注意[EB/OL]. (2021-10-31)[2022-09-09]. https://mp.weixin.qq.com/s/eZ2ZmlM4TM5 dxHOxQz7UQA.

于开放的、不可信的、不受监控的物理环境中，如交通控制摄像头、环境传感器等都是暴露在外面的，这种情况下，事物本身可能被人为损毁。如人们常常看到"共享单车"被随意丢弃到路边，并没有放置到指定的停放位置。三是物联网终端设备的所有者一般主要依靠无线网络对其进行远程控制，一旦信号受到干扰，将会"失联"或"失控"。

在万物互联时代，与个人紧密相关的家庭数据被全面采集，如海尔的智能家居系统中，智能用水、智能空调和智慧安防服务，能借助智能终端实现对家庭中水、电、气的远程控制；其他一些智能家居产品，如"Belkin"和"WeMo"能使得用户远程控制电灯，开关门窗和百叶窗等设施。个人数据在终端与终端之间，终端与云端之间传递的过程中，也常常受到攻击。例如，目前市场上的许多传感器都可以跟踪患者的重要信息，然后将数据直接传送到云端（网络）或某移动设备，这样医疗保健专业人员可以实时观察患者的健康状况并提供适当的治疗。但在此传送过程中，攻击者可以进行拦截、捕获和修改个人数据。

第二，个人数据在万物互联云端的泄露隐患。个人数据经过终端设备中传感器等系统的采集，再经过复杂的网络传送，最终会集中存放到物联网服务提供商的服务器或专业云服务提供商的服务器中。虽然，云端的安全基础设施一般较为完备，但云平台泄露个人数据的事件也常有发生。一是云平台被攻击导致个人数据泄露。例如，用于评估健康状况（如睡眠障碍、异常心律等）的可穿戴设备服务提供商"Fitbit"的数据库在2018年1月遭到黑客入侵，超过2 500万用户的个人隐私被暴露无遗；2018年1月，专注于自行车运动的美国健身追踪软件"Strava"意外泄露美国军方机密，包括遍布世界各地的美国军事基地以及间谍前哨的位置与人员配置信息。二是云平台将个人数据向第三方开放，也易导致个人数据泄露。例如"CloudPets"是一家生产智能玩具的企业，其借助智能终端收集了用户的大量个人数据，又在没有采取任何安全措施的情况下将个人数据外包给了另外一家公司，最终导致了超过200万名儿童的语音信息，以及超过80万电子邮件的账号和密码遭泄露。

第三，个人数据在万物互联应用中的滥用隐患。依据上述分析，各类感应器获得的个人数据，能详细描述用户的私人生活。目前，基于这些海量的个人数据，已经涌现出了各式各样的智能新媒体应用，正在进一步共享、使用和挖掘这些个人数据。智能新媒体应用根据这些个人数据，可以全面了解一个人的健康状况和财务状况，可以挖掘用户的行为习惯；还可以检测和揭示人们例行程序的变化以及异常行为的显示。如脸书会根据从用户和第三方收集的数据，用户在其平台中的互动情况，以及与用户建立联系的其他用户等，来分析和建立用户的关系网络、偏好、兴趣和活动，以此为用户定制其在"Facebook"和"Instagram"中的使用体验。一旦用户的身份被盗用，侵入者可能会控制与个人身份关联的各类终端设备，将对个人带来难以预测的严重后果。

具体而言，个人数据在万物互联应用中的滥用隐患主要有三个方面。

一是应用平台滥用其采集的个人数据。超级应用平台能聚集海量个人数据，特别是在万物互联时代，超级应用平台也常常违背承诺，未能严格按照个人用户的许可和授权使用其获取的个人数据，滥用个人数据的事件时有发生，已经对个人数据的安全产生直接威胁。尽管多数应用平台声称其不会在未经用户同意的情况下，将平台收集的个人数据用于商业目的。例如，基于面部识别的身份认证服务平台能为用户提供面部表情服务（通过使客户能够使用其面部身份为商品或服务付款来缩短排队时间）、年龄和身份证明服务（告知客户每次进入场馆或购买有年龄限制的产品时都显示其ID）和店内取货服务（通过将面部识别添加为身份验证的主要形式或次要形式来防止身份欺诈），能实现在信息亭、自动取款机、在线应用程序中更快、更安全的交易。但这一过程极其复杂，用户个人本身难以知晓应用平台将如何使用其采集的个人数据。目前，基于大数据分析的商业广告推送模式被证明是最有效的方式，也在实践中被大量使用，如脸书允许十几家公司在未经同意的情况下广泛访问其22亿用户的个人数据，包括私人信息、姓名和朋友的联系信息。

二是应用平台向第三方开放的个人数据被滥用。在万物互联网中，应用平台服务商借助开放平台向第三方开放个人数据已经成为应用平台保持发展优势和盈利的重要模式。应用平台服务商能为第三方提供丰富的接口，任何注册、申请并通过审核的第三方开发者都能通过开放平台实现自身产品或服务的相关功能，而在此过程中，第三方也能在用户授权基础上获得用户的部分个人数据，比如获得公开信息（昵称、性别、头像、国家、省份、城市等）、地理位置、寻找共同使用该应用的好友等，而这些个人数据将如何被第三方使用甚至继续流动，除了明示的规范要求外，平台服务商并没有实施有力的监管措施。一方面，开放平台将许多应用连接在了一起，任何一级的传播都可能导致用户个人数据泄露；另一方面，开放平台为平台服务商聚合了更多的用户个人数据，从而形成了几大平台寡头数据垄断、割据的格局，任何一个平台寡头的个人数据被窃取或泄露，都将带来巨大的灾难。目前，大型平台如脸书、微信等聚集了大量用户数据，而用户根本不知道他们的数据被平台开放给了谁、被用来做什么，这种极其不平等的数据权力地位造成了结构性风险。如剑桥大学的一位讲师创造了一个名为"这就是你的数字生活"的应用，该应用表面上能为用户提供个性预测，也能为心理学家提供研究工具，但该应用要求用户使用其脸书账户登录；作为登录过程的一部分，它要求访问用户的脸书个人资料、位置，他们在该服务上喜欢的东西，尤其是他们朋友的数据；这款应用未经用户许可，将用户数据发送给了剑桥分析公司，该公司利用这些资料构建了一个强大的软件程序，来预测和影响选民的投票。

三是个人数据流向非法的"黑色"交易市场。无论从何种途径泄露的个人数据，最终都会汇集到非法的"黑色"交易市场，可能会对个人的隐私安全构成极大的威胁。目前，非法的"黑色"交易市场主要包括"暗网"平台和"社工库"平台。当前，致力于保护身份信息使其免遭破坏的人员和组织的"4iQ"平台，在2018年发现了12 499条真实的违规行为，在地下社区平台上散布了149亿条原始身份记录；平台团队在对数据进行标准化和清理之后，发现其中36亿条身份记录是新的和真实的。①

▶▶ 二、个人隐私的保护机制

在万物互联时代，个人数据被各类设备提供商、平台提供商和应用服务商大规模地进行存储、共享、开放和使用，存在较大的泄露隐患和滥用隐患。但用户自身却失去了对其个人数据的控制权，难以自主控制其传播过程：哪些个人数据可以被收集？谁可以共享和开放其个人数据？谁可以使用其个人数据？在一定程度上，这将严重威胁个人的隐私安全。另外，已经拥有部分个人数据的主体可能将这些数据再次共享或开放给第三方，第三方将如何利用这些个人数据，个人数据的拥有者更加难以知晓。因此，个人数据的隐私保护机制需要从两方面着手。一方面，要尽可能地让个人数据的控制权由个人掌控，需要建立基于边缘计算的个人数据控制机制；另一方面，要尽可能地让个人自身管理其数据的流向，建立云端个人数据开放和使用的监管机制。

基于边缘计算的个人数据的所有者控制机制。基于云计算的万物互联架构，将万事万物生成的海量数据上传到云端，形成了若干超级的数据平台。云计算中心一般都具有强大的安全基础设施和可靠的安全防护机制，但这种模式能让各类数字平台完全掌握个人数据，使得用户失去了其个人数据的控制权。因此，如何将控制权还给用户是建立隐私保护机制的关键。边缘计算是建立隐私保护机制的重要方法之一。边缘计算是指在网络边缘执行计算的一种新型计算模型：边缘计算中边缘的下行数据表示云服务，上行数据表示万物互联服务；边缘计算的边缘是指从数据源到云计算中心路径之间的任意计算和网络资源。这种情况下，终端数字设备不仅负责与云端的双向数据传输，还可以完成部分紧急的计算任务。

未来，"数字个人"的边缘计算或雾计算架构是万物互联时代个人数据保护的有效机制。"数字个人"的雾计算主要包括设备层、雾层和云层：设备层是由包括传感器和智能设备在内的多种设备组成的，负责感知物理对象并将个人数据发送到上层进行处理和存储；雾层位于网络边缘，包含路由器、网关、接入点和基站等雾节点，负责执行诸如调度、存储和管理分布式计算之类的任务；云层负责数据的永久存储和广泛的计算分析。在这种架构中，无须将全部个人数据实时上传至云端，这在一定程度上能让用户自主掌控自己的个人数据，在源头上减少个人数据泄露和滥用的风险。

建立云端个人数据开放和使用的监管机制。尽管我们倡导将个人数据尽可能地在本

---

① 李卫东. 万物互联网中个人数据云传播的隐私安全[EB/OL]. (2022-09-02) [2022-09-09]. https://mp.weixin.qq.com/s/0JT0E_WAm2azMEnbZIitDQ.

地或边缘端存储，但在实际中各类数字平台在经个人用户许可或未经个人用户许可的情况下，都会争相采集、存储和使用大规模的个人数据。若完全禁止数字平台将个人数据上传到云端，也会使得数字平台难以为用户提供更好的个性化、智能化的服务。因此，最关键的是建构云端个人数据开放和使用的监管机制。这个监管机制主要包括面向个人的数据开放和使用的授权与透明机制、云端个人数据开放和使用的第三方监管机制与云端个人数据开放和使用的政府监管机制三个层面。

第七讲
数字传播与隐私权保护（下篇）

第一节　数字时代保护个人隐私的新主张——被遗忘权

▶▶ 一、被遗忘权的界定

数字传播技术的迅速发展一方面解放了普通大众的传播权利，另一方面又带来了许多新的问题，个人隐私权的保护就面临严重的挑战，如今对隐私权的保护已经深入人心，许多人认为过分刺探他人的生活并非善举。由此，一种新型的权利被提出并加以主张，这就是著名的"被遗忘权"。"被遗忘权"也称为"删除的权利"，是隐私权在互联网时代延伸出来的一种新的权利类型。最早关注到这一方面问题的是著名记者、隐私权专家帕卡德，1967年1月他在《纽约时报》发表的文章《不能告诉计算机》中写道："当政府把我们每一个人的信息和日常生活的细节都放置于某个中央级的数据银行时，我们便会受控于坐在电脑机器前面的那个人和他的按钮。这令人不安，这是一种危险。"

将被遗忘权作中国本土化界定，以下几点值得注意：

其一，被遗忘权仅适用于网络信息领域，即任何出现在纸质媒体上的与信息主体有关的个人信息，都不能通过该权利予以删除。同时，通过行使被遗忘权进行删除的信息必须为已在网络上发布、公开存在并为公众可见的信息。对于将要发布但尚未发布的网络信息，或已经发布在网络上但仅为特定人可见的信息，则无适用该权利予以保护的可能。

其二，被遗忘权仅针对已发布在网络上的特定信息。网络上的信息浩若烟海，但这些信息并非都能通过适用被遗忘权而进行删除。如欧盟法院在判例中所明确的，仅那些已经被发布在网络上并可通过搜索引擎检索到的不好的、不相关的、过分的信息可通过被遗忘权的行使而予以删除。而且，即便是这些负面信息，也并非都有被遗忘权适用的空间，典型的如有关犯罪记录是否可以删除的问题。美国对有性侵前科的人建立了人人都可检索的数据库，性犯罪者无论迁往何处，都必须在当地社区登记报备自己的行踪、住址、体貌特征等。警方会将这些性犯罪者的相关个人信息上传至互联网上以供公众查阅，对于这些信息按照美国法律规定是须伴随性犯罪者终生的，没有适用被遗忘权请求删除的机会。

其三，被遗忘权的权利、义务主体是特定的。对于被遗忘权的权利、义务主体，应界定为信息主体与信息控制者。

综合以上几点，应当将被遗忘权的概念定义为：被遗忘权是指信息主体对已被发布在网络上的、有关自身的、不恰当的、过时的继续保留会导致其社会评价降低的信息，要求信息控制者予以删除的权利。

二、被遗忘权在中国的法律基础

互联网技术的迅猛发展，使得保护网络个人数据安全的呼声日益强烈。截至目前，我国有近40部法律、30余部法规以及近200部规章涉及个人信息保护，其中不乏类似被遗忘权的条文。2009年《侵权责任法》第三十六条关于被侵权人有权通知网络服务提供者采取删除、屏蔽、断开连接等必要措施的规定，就有被遗忘权的影子。2012年12月全国人民代表大会常务委员会《关于加强网络信息保护的决定》第八条规定，公民发现其网络信息受到侵害时，有权要求网络服务提供者采取删除等必要措施予以制止，也同样与被遗忘权有所关联。2013年2月1日，工业和信息化部颁布的《信息安全技术、公共及商用服务信息系统个人信息保护指南》开始实施，将个人信息的处理过程分为收集、加工、转移、删除4个主要环节。其中，在删除阶段，主体有权要求删除其个人信息，情形包括具有正当理由、收集目的不再、期限届满、数据控制者破产或解散时无法履行个人信息处理目的等，并规定若删除措施会影响执法机构调查取证时，可采取适当的存储和屏蔽措施，这与欧盟被遗忘权已然十分相似。此外，被遗忘权根植于现有的隐私概念，而我国对隐私权的保护已经较为成熟，被遗忘权有其存在的土壤。

三、被遗忘权的法律性质和地位

第一，被遗忘权属于人格权的范畴。毫无疑问，被遗忘权是一个民事权利。但是，被遗忘权究竟是财产权还是人格权，必须界定准确。不可否认，被遗忘权的客体所涉及的个人信息中的确可能会具有财产的因素，个人信息资料中因或多或少会包含一定的价值才会在网络环境下被贮存、利用。但是，被遗忘权的主要特征并非其财产属性，而应当是其人格属性。本土化的被遗忘权，其性质应当是人格性的权利，是人格权的范畴。

第二，被遗忘权是一项既有权利的权利内容。一般认为，具体人格权是法律就人的具体人格利益分别进行保护而设置的权利，具体人格权概括的是生命权、健康权、身体权、名誉权等具体的、单独的人格权。就被遗忘权而言，在人格利益的保护上，就是对可以识别人格特征的部分个人信息予以删除的权利。这样的权利所保护的人格利益，不具有相对的独立性，不能成为一个具体的、具有类型化的人格利益，而只是某一种具有独立性的人格利益的组成部分。对于这样的人格利益，显然不能作为一个具体人格权来保护。

第三，被遗忘权属于隐私权还是属于个人信息权存在争议。受美国法影响，我国目前对被遗忘权进行研究的学者大多认为该权利应当归入隐私权的范畴，但也有人主张该权利属于个人信息权的内容。对此，界定被遗忘权的性质，应当分为两个不同的方面：

一方面，被遗忘权确实与隐私权存在密切关联，被遗忘权所针对的不恰当的、过时的、会导致信息主体社会评价降低的信息，可能确有一定程度上的私密性，如由第三方发布在网络上的有关信息主体的各种性感照片、个人因求职或征友而发布在求职网站或婚恋网站上的个人信息等，确与隐私权的内容有部分重合。

另一方面，将被遗忘权划归隐私权的范畴仍然存在一定的问题。原因在于如下方面：其一，权利客体不同。隐私权的客体是私密性信息，该私密性信息强调非公开性，即该信息如已被公开则不属于隐私的范畴，或者对其保护就会受到一定的限制。而被遗忘权的客体为网络上目前已经存在的、有关信息主体的、不恰当的、过时的、会导致信息主体社会评价降低的信息。该信息有一显著特性，即其必须是已经被公开的，并可为任何人所查看、查询的。其二，权利内容不同。有关隐私权的内容，目前我国学界比较流行的观点是其包括私人生活安宁与私人生活秘密，而将个人信息独立出来作为个人信息权的客体。相较于隐私权，被遗忘权主要体现了对相关信息是否进行删除的决定权。即从内容上看，隐私权制度的重心在于防范个人的生活秘密被披露，而被遗忘权则着重强调对已经被公开、披露的个人信息进行后续补救。其三，权能不同。隐私权作为一项具体的人格权，具有主动性权能的一面，如决定是否利用自己的隐私谋取利益等，但更多的则表现为一种被动的防御性权利，即通常只有在遭受侵害时，才能由权利人主张。而被遗忘权则是一项主动性的权利，其权利主体可自主决定是否行使该项权利对网络上已经被公开的有关个人信息进行删除。

案例

欧洲"被遗忘权"第一案——冈萨雷斯诉谷歌公司案

案情回顾

2010年，西班牙籍律师冈萨雷斯向西班牙数据保护监管局（AEPD）提交了一份针对西班牙《先锋报》、谷歌西班牙分部以及谷歌公司的投诉。冈萨雷斯称当用户在谷歌上搜索"科斯特加·冈萨雷斯"的时候，会获得关于1998年《先锋报》出版的两页新闻的链接，内容是为了清偿冈萨雷斯欠下的社会保险债务而要强制拍卖他的财产的公告。冈萨雷斯认为这一强制拍卖措施多年以前就已经结束并且这些信息也已经失效，于是请求西班牙数据保护监管局命令《先锋报》移除或者修改这些页面，从而确保他的这些个人数据不能通过搜索引擎获取到。此外，他还请求西班牙数据保护监管局命令谷歌西班牙分部和谷歌公司删除有关他个人数据的这些链接。

西班牙数据保护监管局驳回了针对《先锋报》的投诉，认为《先锋报》出版这些信息是拥有法律依据的，那就是西班牙劳动与社会事务部为了尽可能地通知竞拍者而授权其广泛宣传。但同时也支持了针对谷歌西班牙分部和谷歌公司的投诉，要求它们删除这些链接。

随后，谷歌西班牙分部和谷歌公司分别向西班牙国立高等法院提起了诉讼，法院认为本案的争议焦点涉及对1995年《数据保护指令》的解释，于是将两案合并后提交给了欧盟法院。

案件审判

欧盟法院将本案的案件争议焦点归纳为以下四点：

1. 1995年《数据保护指令》的适用范围。

首先，搜索引擎的控制经营者能不能被视为《数据保护指令》第二条中的"控制者"，以及搜索引擎提供用户各类由第三方发布或出版的自动索引的内容能不能被视为《数据保护指令》第二条中的"个人数据处理"，因为只有满足这两者，才能适用数据保护的各项规则。在这里，法院认为搜索引擎挖掘检索和存储的数据，以及其向用户提供的能够识别到具体自然人的数据无可争辩地属于《数据保护指令》第二条中界定的"个人数据"，因此搜索引擎有关这些数据的活动也应当被认定为《数据保护指令》第二条中的"数据处理"。至于搜索引擎能否被界定为"控制者"，谷歌公司辩称其并不知晓涉案的数据，也没有对这些数据行使一种控制，因而并不适合，法院驳回了这一理由并且重申了《数据保护指令》中对于"控制者"的定义，认为既然搜索引擎的控制经营者决定了处理个人数据的目的和手段，自然就应当被视为"控制者"。

2. 1995年《数据保护指令》的适用地域。

法院随后考虑到本案能否适用西班牙国内根据《数据保护指令》具体化的法律，谷歌公司辩称实践中的"个人数据处理"都是由谷歌公司独自进行的，而谷歌公司作为一家设置在美国的公司对搜索引擎的管理和操作都是在美国境内，谷歌西班牙分部作为子公司仅仅负责提供设备和网络广告产品。法院认定谷歌西班牙分部满足《数据保护指令》第四条中规定的分支机构，该条并没有要求对涉案的数据处理要由分支机构自身完成。

3. 搜索引擎的经营管理者在1995年《数据保护指令》下的责任范围。

第三个问题是《数据保护指令》的第十二条（访问权）和第十四条（拒绝权）能否解释为搜索引擎的控制经营者有义务移除由第三方提供的包含具体个人的搜索结果列表，并且这些结果所存在的网页甚至是合法的。法院认为《数据保护指令》第十二条中规定的"处理"必须符合《数据保护指令》第六条和第七条的质量原则和合法化标准，谷歌公司的数据处理行为很容易符合第七条（f）项的合法利益标准，但是这一标准却会被数据主体的基本权利和自由所覆盖，法院强调了搜索引擎的活动很容易影响到隐私和个人数据保护等基础权利，这些权利的冲突影响相较于互联网和搜索引擎在现在社会中的作用要更加重要一些，并且这些冲突也不能仅仅因为搜索引擎所能带来的经济效益而正当化，因此要寻求一种相对公平的平衡点，法院最终认为确实这些条款所保护的数据主体的权利在某些情况下也会被推翻，但总体来说，如何平衡用户的利益在具体的案件中应当取决于涉诉信息的性质、对于数据主体私生活的敏感度以及公众获取这一信息的好处,除非是当数据主体在社会公众生活中扮演一定的角色时,对于他基础权利的干扰会因为压倒性的公共利益而变得正当。

4. 1995年《数据保护指令》确认的数据主体的权利范围。

法院最终要考虑到的问题就是"被遗忘权",核心问题便是《数据保护指令》的第十二条（b）项和第十四条（a）项能否解读为数据主体有权要求搜索引擎的控制经营者删除搜索结果中有关其个人数据的链接,考虑到这些信息对其可能有不利的影响或者经过了一段时间他希望这一信息被"遗忘"。对于第十二条（b）项规定的内容,法院认为这应当与第六条第一款的（c）到（e）项相对应,也即最初处理该精准数据是合法的,但是随着时间的推移,基于当初收集和处理时的目的已经变得不必要了,便与《数据保护指令》发生了冲突,这种冲突的结果便是应当删除相关的搜索链接。如果是数据主体根据《数据保护指令》的第七条（f）项主张行使第十四条（a）项的拒绝权,法院则指出在任何情况下,控制者处理数据的行为都要按照第七条获得授权。

最终法院综合以上四点因素判决谷歌公司败诉,删除搜索结果列表中的链接。

案件评析

"被遗忘权"诞生于刑事法律,指被定罪量刑的罪犯出狱后可以反对公开其罪行以及监禁情况的权利；但是随着数字信息以及全球网络的进步,似乎往事就像刺青一样刻在我们的数字皮肤上,然而,人非圣贤,这样的结果就只能是导致人们因为一个无法遗忘的过去,而得不到一个宽恕的未来,因为对于人类,遗忘才是常态,我们在遗忘中忽略掉细枝末节,总结经验,进而重新开始。社会也正是在遗忘的机制中才能不断进步。

在本案中,对于公民数十年前的不利于其自身社会评价的信息是否应当永远存续,这涉及"被遗忘权"的创设目的及必要性。首先,在大数据时代,在网络上发布的信息的持久性和易接触性无疑会对隐私和个人声誉造成严重的威胁；其次,这一对隐私和个人声誉的损害也具有不确定性,不仅是在损害结果上不确定,并且发生的时空也不确定,它可能立即发生,也可能永远不会发生。基于此两点,用户在发布信息时就承担了太多的风险,这终究不利于数据的流通与应用,为了解决这一顾虑,就必须要赋予用户一种积极性的权利,能够在一定的条件下删除这些信息,以确保个人的权利得到保护。这也是本案判决所表现的立场,数据的流通不应以牺牲个人权利为代价。

案例

我国"被遗忘权"第一案——任某某诉百度案

案情回顾

任某某系管理学领域的从业人员,其于 2014 年 7 月 1 日起在无锡陶氏生物科技有限公司从事相关的教育工作,至 2014 年 11 月 26 日解除劳动关系。2015 年,任某某向北京海淀区人民法院提起诉讼称:从 2015 年 2 月初开始,原告陆续在百度网站上发现"陶氏教育任某某""无锡陶氏教育任某某"等字样的内容及链接,由于陶氏教育在外界颇受争议,"陶氏教育任某某""无锡陶氏教育任某某"等侵权信息给原告名誉造成了极大侵害。原告曾多次发邮件给被告要求删除相关内容,但是被告没有删除或采取任何停止侵权的措施。原告并提交了两份湖南省怀化市天桥公证处分别于 2015 年 4 月 8 日和 2015 年 5 月 21 日做出的就百度网页上"任某某"相关显示内容的公证书。起诉请求:(1) 百度公司立即停止对任某某姓名权、名誉权以及一般人格权中的"被遗忘权"实施的一切侵权行为,并赔礼道歉、消除影响。其中,在百度搜索界面中输入"任某某"进行搜索,搜索结果中不得出现"陶氏任某某""陶氏超能学习法""超能急速学习法""超能学习法""陶氏教育任某某"和"无锡陶氏教育任某某"等六个关键词。(2) 百度公司支付任某某精神损害抚慰金 2 万元。(3) 自 2015 年 3 月 12 日至百度公司停止一切侵权行为期间(删除上述关键词以及赔礼道歉完毕之日),百度公司向任某某每月支付经济赔偿金 5 万元。(4) 百度公司支付任某某为维权支付的合理费用,包括公证费 700 元、500 元,住宿费 2 270 元,交通费、差旅费 965.50 元。被告百度公司向法院提交了 2014 年 6 月 26 日、2015 年 5 月 18 日、2015 年 5 月 19 日北京市方正公证处出具的就百度网页输入"任某某"这一关键词进行的检索显示情况公证书。根据该组证据和原告提交的公证书,以及一审法院利用原被告当事人及其委托人手机进行的当庭搜索查验,在百度公司搜索页面的搜索框中输入"任某某"这一检索词,在"相关搜索"中会显示出不同排序及内容的词条,而且任某某主张的六个侵权检索词也呈现出时有时无的动态及不规律的显示状态。就此,百度公司辩称:(1) 在本案事实中,百度公司只提供了互联网搜索引擎服务,"关键词相关搜索"就是搜索引擎自动统计一段时间内互联网上所有网民输入的搜索关键词的频率,抓取该关键词相关联的搜索频率最高的关键词进行显示,随着所有网民输入关键词的内容和频率的变化,相关搜索中的关键词也会自动进行更新,在服务过程中百度公司未做任何人为的调整和干预,具有技术中立性和正当合理性。(2) 本案中客观上不存在任某某姓名权和名誉权受侵犯的情形。任某某之前确实与陶氏教育有过现实的业务合作与媒体宣传,这些客观信息反映在互联网上,根据搜索引擎的机器算法法则,涉案的搜索关键词会进行自动显示,不属于侵犯任某某姓名权的行为。另外，无论是"任某某"关键词搜索，还是相关搜索，搜索词以及链接信息均不存在对任某某侮辱或诽谤的文字内容，不构成对任某某的侮辱或诽谤，不属于侵犯任某某名誉权的行为。(3)任某某主张的"被遗忘权"没有明确的法律依据，被遗忘权主要指的是一些人生污点，本案并不适用。任某某并没有举证陶氏教育的负面影响有多大、社会评价有多低、对任某某的客观影响在哪里。(4)关于任某某主张的经济赔偿金和精神损害抚慰金，理由不成立。没有证据证明任某某存在精神损害和经济损失，以及与本案中百度提供的搜索引擎服务存在任何因果关系。

裁判结果

北京市海淀区人民法院于2015年7月21日作出（2015）海民初字第17417号民事判决书，以本案涉诉相关搜索显示词条并未受到百度公司人为干预且不存在侵犯原告姓名权、名誉权以及一般人格权中的"被遗忘权"民事利益为由，判决驳回原告任某某的全部诉讼请求。任某某不服，向北京市第一中级人民法院提起上诉。该院于2015年12月9日作出（2015）一中民终字第09558号民事判决，任某某的上诉请求与理由无法律及事实依据，本院不予支持。原审判决认定事实清楚，适用法律正确，应予维持。

争议焦点及主要裁判理由

一审和二审判决认为，本案的争议焦点在任某某关于姓名权、名誉权（这两点此处暂不展开）和被遗忘权的请求与理由有无法律与事实依据上。

关于"被遗忘权"。被遗忘权是欧盟法院通过判决正式确立的概念，我国现行法律中并无对"被遗忘权"的法律规定，亦无"被遗忘权"的权利类型。任某某依据一般人格权主张其被遗忘权应属一种人格利益，该人格利益若想获得保护，任某某必须证明其在本案中的正当性和应予保护的必要性。任某某主张删除的直接理由是"陶氏教育"在业界口碑不好，网络用户搜索其姓名"任某某"时，相关搜索推荐的词条出现其与"陶氏教育"及相关各类名称的"学习法"发生关联的各种个人信息于其不利，实际上这一理由中蕴含了两项具体的诉求：其一是正向或反向确认其曾经合作过的"陶氏教育"不具有良好商誉；其二是试图向后续的学生及教育合作客户至少在网络上隐瞒其曾经的工作经历。就前者而言，企业的商誉受法律保护，法律禁止任何人诋毁或不正当利用合法企业的商誉。况且，不同个人对企业商誉的评价往往是一种主观判断，而企业客观上的商誉也会随着经营状况的好坏而发生动态变化，因此不宜抽象地评价商誉好坏及商誉产生后果的因果联系，何况任某某目前与陶氏教育相关企业之间仍具有同业或相近行业的潜在竞争关系。就后者而言，涉诉工作经历信息是任某某最近发生的情况，其目前仍在企业管理教育行业工作，该信息正是其行业经历的组成部分，与其目前的个人行业资信具有直接的相关性及时效性；任某某希望通过自己良好的业界声誉在今后吸引客户或招收学生，但是包括任某某工作经历在内的个人资历信息正是客户或学生借以判断的重要信息依据,也是作为教师诚实信用的体现,这些信息的保留对于包括任某某所谓潜在客户或学生在内的公众知悉任某某的相关情况具有客观的必要性。任某某在与陶氏相关企业从事教育业务合作时并非未成年人或限制行为能力人、无行为能力人,其并不存在法律上对特殊人群予以特殊保护的法理基础。因此,任某某在本案中主张的应"被遗忘"(删除)信息的利益不具有正当性和受法律保护的必要性,不应成为侵权法保护的正当法益,其主张该利益受到一般人格权中所谓"被遗忘权"保护的诉讼主张,不予支持。

第二节 通信隐私

通信隐私指公民有权运用各种通信手段与外界进行正当交往,任何组织和个人不得非法干涉、开拆或窃听。从早期的信函到后来的电报、电话、电传、电子邮件等,新技术的发展为人们的社会交往提供了越来越多的便利,但也带来日趋复杂的隐私侵权问题。保护通信隐私的法律在不断发展,以应对新的通信手段所带来的新问题。在这个调整过程当中,有些规则遭到遗弃,有些则历久弥新。在分析通信隐私在网络空间里的保护之前,不妨先讨论互联网诞生之前新技术对隐私保护的影响,尤其是考察美国最高法院是如何灵活运用宪法第四修正案为隐私权提供保护的。实际上,美国法院先前确定的判例原则影响了当下对网络通信隐私的保护。

▶▶ 一、新技术与隐私

新技术对隐私权的侵犯由来已久,但如何对此问题进行法律规制,一直存在争议。从20世纪初的"奥姆斯特德诉合众国案",到20世纪中期的"卡兹诉合众国案",再到21世纪初的"基洛诉合众国案",美国最高法院做出的三个有关新技术和隐私的典型判例,基本上都是围绕宪法第四修正案而展开的。第四修正案规定:任何公民的人身、住宅、文件和财产不受无理搜查和查封,没有合理事实依据,不能签发搜查令和逮捕令,搜查令必须清楚描述要搜查的地点、需要搜查和查封的具体文件和物品,逮捕令必须清楚描述要逮捕的人。该修正案旨在限制政府,防止政府在搜查/逮捕公民时滥用权力,但对其诠释是不断发展变化的。在1928年的"奥姆斯特德诉合众国案"中,警察仅在原告屋外安装窃听器材,不被认为是对公民住宅的"物理性入侵",因而不属于第四修正案的限制范畴。但这个判决在1968年性质类似的"卡兹诉合众国案"中被推翻。法院认为,第四修正案保护的是人而不是地方。在任何空间(包括公共电话亭等公共场所),只要当事人对隐私有合理的期待,便可享受第四修正案的保护。在2002年的

"基洛诉合众国案"中,法官面对新技术确立了以结果为导向的判别标准。法院裁定,无论采取什么样的侦查技术,只要该技术未被公众普遍使用,就应关注该技术使用的结果。因此,通过该技术所收集的信息,属于非经物理性侵入当事人住宅不能获得信息,那么这样的行为就构成第四修正案规定的"搜查"行为,应严加限制。

案例

奥姆斯特德诉合众国案

当事人奥姆斯特德(Roy Olmstead)连同他的70多名同伙因非法贩卖白酒而被控有罪。联邦执法人员通过窃听而获得的证据显示:当事人在贩卖白酒过程中存在大规模的共谋;涉案白酒是通过海上船只运输的;当事人在西雅图有个储藏白酒的地下场所;此外还有一个较大规模的办公室。执法人员是在奥姆斯特德的住宅及办公室外面安装了窃听装置而获得这些证据的。本案的关键在于:通过窃听手段获得的电话录音证据,是否违反了宪法第四修正案。法院多数意见为:电话窃听不构成宪法第四修正案意义上的搜查和扣押,而且联邦官员的窃听行为系在当事人财产以外的电话线上装设分机,并没有物理上侵入当事人的住所。国会可通过专门立法来禁止此类窃听行为,但不应对第四修正案进行扩大化解释。合理的解释是:在住所安装电话的人旨在将其声音传到外面,电话线只要超过其住所范畴,其所传递的信息便不再处于第四修正案的保护之下。布兰迪斯法官对此表达了异议。在他看来,制定第四修正案的时候,强行或暴力入侵公民住所是立法者唯一能想到的入罪方式;但随着技术的不断发展,政府有能力通过更微妙的方式对公民隐私进行侵犯,因此不应认为第四修正案对此类行为没有限制。在布兰迪斯看来,私人通话和信函没有什么区别,而且对他人通话隐私之侵犯比拆看他人信函更加令人不齿……政府官员必须和普通公民一样遵守相同的法律规则。政府如果知法犯法,则会导致人们对法律的鄙视,也会威胁到政府本身的生存。然而,奥姆斯特德最后败诉,并在监狱里待了四年。出狱之后,他从事宗教布道活动,直至1966年去世。死后两年,美国最高法院在"卡兹诉合众国案"中推翻了此案的判决原则。①

案例

卡兹诉合众国案

在该案中,侦查人员在没有获得法院授权的情况下在公用电话亭外搭线窃听,获取了当事人卡兹(Katz)将赌博信息通过电话传送给其他州的委托人的相关情况。当事人

---

① Olmstead v. United States,277 U.S. 438(1928).

因此关键证据而被判有罪。上诉人认为联邦调查局的监听行为违反了宪法第四修正案，构成了对其隐私权的侵犯。监听获得的证据应当予以排除。该案的关键问题如下：公用电话亭是否属于第四修正案保护的领域？在电话亭顶部设置电子监听录音设备获取证据，是否侵犯了电话亭使用者的隐私权？此外，第四修正案的保护领域是否仅限于对有形财产的搜查和扣押？此案发生前，法院普遍认为第四修正案保护的是人身、住所、文件和财产，是有形存在的东西。执法人员在没有得到搜查令的情况下对这些东西进行搜查，是违宪的。然而，卡兹案改变了对搜查的界定。在本案中，法院多数人的意见认为，第四修正案保护的主体是人而不是地方，所以在任何空间（包括公共场所），只要当事人合理认为其享有隐私权，那么该空间便受第四修正案的保护。法院裁定，侦查人员没有取得搜查令，就对卡兹在公共电话亭的通话进行窃听，是对后者隐私权的侵犯，窃听来的录音是非法证据。布莱克法官提出了不同意见，他认为窃听自古以来就存在。立宪者在制定第四修正案的时候肯定是意识到窃听存在的。如果想对其进行限制，肯定会在条文中有所包含，但他们并没有那样做。哈兰法官在异议书中为此类隐私保护提供了两步测试的标准：首先，当事人必须显示对隐私有实际的期待；其次，该期待必须为当时的社会所认可，是合理的隐私期待。卡兹案由此确立了一项原则：只要搜查的对象是人，对隐私有合理的期待，那么从物理侵入到电子监听，都要受第四修正案的制约。放在目前的信息时代，那意味着如果没有合理的事实依据，没有得到法院的搜查令，就不应对民众进行监听，否则就构成违宪行为。①

案 例

基洛诉合众国案

因怀疑当事人基洛（Danny Lee Kyllo）在家里种植大麻，一位联邦探员未经法院授权便使用红外线热影像器对其住宅内部之热能散发进行探测，结果发现当事人的住宅要比其他附近住处热一些。这位探员据此获得一份搜查批准书。相关人员搜查这个宅地后，发现里面确实种植有大麻，从而将当事人逮捕归案。本案的关键问题是：使用红外线热影像器是否违反第四修正案，从而构成对当事人隐私权的侵犯？政府认为，红外线热影像器只是从住宅外得到粗略的影像，看不到住宅内的人物及其活动，因而它并没有揭示住宅内的私密生活细节，因此并不具备客观的合理隐私期待；同时也因为当事人主观上并没有设法防止热量从屋内散发出去，因而也不具有主观的隐私期待。但最高法院并不同意这一点。最高法院多数人的意见认为，住宅之内的个人权利必须得到保护。对于居家之内的任何细节，每个人都具有社会所认可的客观的合理隐私期待权。使用红外

---

① Katz v. United States, 389 U. S. 347 (1967).

线热影像器探测从屋内散发出来的热能,如同使用超级麦克风窃听屋内的声音,如同使用具有透视功能的卫星从数英里以外扫视屋内的亮光。如果不是通过这项技术,而是通过其他方式,比如察看屋顶的融雪或雨水的蒸发,则根本无法明确获知屋内热能的散发情形。换句话说,由于运用诸如红外线热影像器等可提升感官能力的技术设备,收集住宅内部的信息,而这些信息是属于在通常情况下非经物理性侵入住宅不能获取的信息,因而构成对个人住宅隐私权的侵犯。最高法院通过这样的判决,在新兴技术面前确立了以结果为标准的隐私判断模式。无论采用什么样的用以提升感官或者替代感官的技术,只要并未被公众普遍使用,就必须关注该技术所带来的结果。在本案中,执法人员所获取的信息,是属于个人住宅之内非经物理性侵入不可获取的信息,因而应当属于宪法第四修正案所保护的范畴,必须严格加以限制。[①]

除了判例法,美国国会还通过了《1934 年通信法》(Communication Act of 1934),对窃听严加限制。该法第六百零五条规定:未经发送者授权,任何人不得对通信进行窃听,不得将窃听的存在、内容、物体、主旨、结果和意义向任何人泄露或发布。到了 1968 年,美国国会通过了一项综合管制几乎所有进行电子通信监控形式的联邦法案——《综合防治犯罪与街道安全法》(Omnibus Crime Control and Safe Street Act of 1968)。该法的第三章,又称《有线窃听法》(The Wiretap Act),涵盖了联邦、州以及私人对话的监听行为,在此领域统一了全国的各种相关立法。根据该法案,如果没有获得法院授权,截获通过听觉或线路进行传播的通信将构成刑事犯罪。该法律在 1968 年和 1994 年两次得到修改,以应对包括网络传播在内的新技术所带来的挑战。

我国《宪法》第四十条明确保护公民的通信自由和通信秘密,但同时对其进行限制,限制的理由有两个,即保护国家安全的需要或追查刑事犯罪的需要。为了将此限制性条款落实,我国 1993 年通过了《国家安全法》,其中第十条规定:国家安全机关因侦查危害国家安全行为的需要,根据国家有关规定,经过严格的批准手续,可以采取技术侦查措施。同样,1995 年通过的《人民警察法》第十六条规定:公安机关因侦查犯罪的需要,根据国家有关规定,经过严格的批准程序,可以采用技术侦查措施。换句话说,通过技术措施秘密监听公民通信在我国是为法律所认可的。但是,由于限制通信自由和通信秘密是严重侵犯公民隐私权的行为,即便是出于保护国家安全或追查刑事犯罪的需要,对采取这一措施也必须十分慎重,应严格遵守相关的法律程序。在美国等国家,侦查单位必须提出监听申请,必须经过法院批准方可执行,以减少对公民隐私权的任意侵犯。我国的相关法律尽管规定了限制通信自由和通信秘密的条件(保护国家安全或追查刑事犯罪)和主体(国家安全机关、公安机关、检察机关等),但对具体的限制程序却没有规定,大都由侦查单位自行决定、自行执行,缺乏法院的中介和授权,这影

---

① Kyllo v. United States,533 U.S. 27(2001).

响了我国公民隐私权的保护。

▶▶▶ 二、针对网络通信的监控

网络通信指的是通过有线或无线网络协议进行的各类数据传输，包括电子邮件、短信、语音通信、视频通信等应用手段。随着互联网时代的到来，侵害公民网络通信自由和通信秘密的情况显得更加复杂。比如个人未经授权截获或复制他人正在传递的电子信息。这类"侵权者"可能是黑客，他们利用各种技术手段窃取和篡改网络用户的私人信息，被侵权者几乎无法发现或知道黑客的身份。网络服务提供商也可能直接故意或间接故意地侵害公民的通信自由，比如将其客户的邮件转移或关闭，造成客户邮件丢失。更有甚者，个人或组织会通过网络中心监视或窃听局域网内的电脑，监控网内人员的电子邮件。这些行为都严重地侵犯了网络用户的隐私权。不少国家已意识到保护网络通信隐私的重要性，但先前的法律常常落后于时代的发展，无法为电子通信隐私提供有效的保护。有鉴于此，人们开始新的立法，以应对互联网给通信隐私保护所带来的问题，其中最值得一提的是美国国会通过的《电子通信隐私法》（*Electronic Communication Privacy Act*，ECPA）、《外国情报监视法》（*Foreign Intelligence Surveillance Act*，FISA）等。这些法律旨在防止个人或组织对公民的电子通信进行非法监听，以便在保护民众隐私和公共利益之间取得平衡。我国也建立了保护电子通信隐私的法律体系，但在防止非法电子监控方面还缺乏必要的力度，被监控者的权利尚未得到有效保障。

（一）《电子通信隐私法》

美国电子监控领域中，以国会制定的一系列成文法规为核心，要求政府机构在进行监控前应当申请获取某种许可，如传票、法院命令等。《电子通信隐私法》和《外国情报监视法》共同构成了美国电子监控法律体系的基石。1986年美国国会制定了《电子通信隐私法》，旨在延伸原先在电话有线监听方面的规制（包括通过计算机的电子数据传输）。《电子通信隐私法》修正了1968年《综合防治犯罪与街道安全法》第三章《有线窃听法》，其主要目的是防止政府未经授权监控私人电子通信。《电子通信隐私法》详细规定了执法机关访问电子通信和相关数据的标准，不仅针对动态传输的有线、口头与电子通信保护作出了具体规定，还规范了对静态存储的电子通信的安全保障要求，并力求协调国家安全与个人隐私、通信秘密保障之间的冲突。随后，美国国会陆续通过了《通信协助执法案》（*Communications Assistance for Law Enforcement Act*，CALEA，1994）、《美国爱国者法案》（*USA PATRIOT Act*，2001）、《美国爱国者再授权法案》（*the USA PATRIOT Reauthorization Acts*，2006）以及《外国情报监视法案修正案》（*FISA Amendments Act*，2008），《电子通信隐私法》在上述法案中被修正。

《电子通信隐私法》为无线和互联网新兴技术的使用者们提供了重要的隐私保护措施，具有一定的前瞻性。自1986年颁布以来，科学技术突飞猛进，尤其是互联网时代移动设备无处不在，云计算正成为未来网络的重要支柱，越来越多的数据都存储在远程服务器而非个人电脑等设备。电子通信隐私的范畴已经远远超出该法案颁布时的预期。在电子通信隐私保护倡导者以及数字行业联盟的推动下，2016 年 4 月 27 日美国众议院通过了《电子邮件隐私法案》(The Email Privacy Act of 2016)，该法案修正了《电子通信隐私法》，提高了执法机关获取个人电子通信数据的标准，强化了对公民网络隐私权的保护。《电子邮件隐私法案》扩充了针对储存超过 180 天之通信信息的批准要求；禁止远程计算服务商或者公共电子通信服务商向政府机构故意透露由服务商保存或存储在电子设备中的任何通信内容；不论通信信息经由电子通信服务在电子存储器中存储的时间长短，也不论信息是通过电子通信服务还是通过远程计算服务获取，政府在要求服务商公开通信信息时均需要获得法院批准。要求执法机关在获得消费者通信信息内容的 10 天内，或者政府机构在获得消费者通信信息内容的 3 天内，须向信息被服务商披露的消费者告知情况并提供政府获取该信息的许可令，但政府机构也可以申请延期告知。①

《电子通信隐私法》由三个制定法构成，即《有线窃听法》(the Wiretap Act)，将截取"通信"的范围扩大到电子通信；《储存通信法》(Stored Communication Act)，为第三人储存的非内容通信信息提供新的保护；《笔式记录器和定位跟踪器法》(Pen Register and Trap & Trace Devices Act)，对笔式记录器与定位跟踪器的使用进行了规定。前两个制定法与网络传播密切相关，可作进一步梳理。

《有线窃听法》明确规定，除了法定的例外，禁止非参与通信的第三方（包括政府、个人或商业机构）对"口头通信""有线通信""电子邮件"进行故意的截取、使用或披露。与通信相关的法定例外主要包括以下几种情形：(1) 法庭授权的窃听或截取。在涉及调查 12 种重大犯罪的时候，执法人员在穷尽其他常规侦查手段而不得的情况下，可依据相关严格的法律程序向法院申请对涉案人员进行信息监听或截取。监听或截取时间最长为 30 天。(2) 服务商例外。电信服务提供商和操作员在正常的工作流程中可以拦截、披露或使用用户的通话内容，前提是这些行为对保护服务提供商的权利和财产来说是不可避免的。此外，电信服务提供商及其工作人员也有权为侦查人员窃听私人通话提供信息、设备和技术帮助，只要这些人员依据《外国情报监视法》获得了相应的电子监听授权。(3) 同意例外。参与通话的人可以窃听本人和他人的通话，或参与通话的其中一人事先同意其通话被第三方窃听，那么该第三方的窃听行为也是不违法的。但如果窃听的目的是实施违反美国联邦或州宪法的犯罪或侵权行为，那么上述窃听行为都是被禁止的。(4) 公众可得例外。如果电子通信可随时为公众所接触，那么对其的截取也是不违法的。

---

① 徐海宁. 电子通信隐私法[J]. 詹伟杰译，许多奇译校. 互联网金融法律评论, 2016(2).

《储存通信法》为电子形式存储的有线和电子通信的内容提供了不同程度的隐私权保护。如果电子邮件或其他电子通信的存储时间不超过 180 日，那么执法人员必须依据《联邦刑事诉讼规则》取得搜查令。这意味着执法人员须向法官证明，存在着合理根据表明通信内容的获得可发现犯罪的证据。如果电子通信的存储时间超过 180 日，那么用户所受的隐私保护会降低。执法人员可以不用取得搜查令，只需申请一个法院命令，便可要求服务提供商提供通信内容。在申请法院命令的时候，执法人员只需提供"具体的、可明确描述的事实"，表明有合理的理由相信所寻求的有线或电子通信、记录或其他信息，与正在进行的犯罪侦查活动是相关的且具有实质性。这个标准明显低于用于获得搜查令的"合理根据"的标准。如果执法人员不想申请法院命令，那么他们还可以通过法庭传票、大陪审团传票或行政传票，来强制服务提供商提交储存时间超过 180 天的通信内容，而传票通常只需执法人员证明所寻求的信息与正在进行的刑事侦查有关。如果寻求的是法院命令或者上述传票，则执法人员应当对用户进行提前告知。如果执法人员可向法庭证明提前告知可能会影响即将开展的侦查或危害个人的生命或身体安全，则该告知可被延迟 90 日。若凭借的是搜查令，执法人员无须告知用户，便可直接要求服务提供商提交通信内容。此外，《储存通信法》规定了在以下几种情况下个人或组织可以泄露存储的通信内容：（1）泄露对象是内容的接收者，或提供该项服务的相关工作人员；（2）事先征得了通信内容发起者或接受者的同意；（3）泄露通信内容对提供服务或保护服务提供商的权益和财产而言是不可避免的。

总体来说，《电子通信隐私法》在很大程度上提升了对公民网络通信隐私的保护，但也明显存在一些问题。尤其是对储存内容超过 180 日的规定，明显落后于时代的发展。在该法案颁布之初，电子邮件在第三方服务器存储的时间较短，只是为了传递之用。后来随着网络邮件系统的日益发展，用户在 Gmail 和 Hotmail 等邮箱可以永久地存储邮件，而且愿意长久存储的都是对个人而言比较重要且通常是较为私密的文件。但一旦超过了 180 天，执法人员只需通过简单的程序便可对存储的内容进行提取。与此同时，如果相同的电子邮件存储在用户自己的电脑上，而非第三方的网络邮箱里，执法人员便不得不寻求复杂的搜查令，才有权利对这些邮件进行搜查。这个问题也是《电子通信隐私法》遭受批评最多的地方。

（二）《外国情报监视法》

美国是较早对情报监视立法的国家，早在 1978 年就颁布了《外国情报监视法》（FISA），由时任总统卡特签署实施。其目的是遏制以维护国家安全的名义滥用监视权的问题，明确规定了对电子监视对象的限制。《外国情报监视法》的主要贡献是：第一，首次提出了对电子监视对象的限制，明确规定在美国境内对非刑事犯罪的电子监视许可，只能局限于收集外国情报以及对外反间谍活动的信息。第二，明确界定了外国势力或者外国势力代理的概念，是指能够有针对性地进行监视的实体或个人。第三，阐明了实施电子监视必须满足合理根据标准的具体条件。第四，成立了对外情报监视法院（FISC），要求所有的监视行为都必须得到法院的批准，并建立上诉法院审查被否决的监视申请。第五，明确了在美国实施合法电子监视必须满足的严格约束条件，即必须依据对外情报监视法院的批准令。在紧急情况下，司法部部长可以批准监视行动，但是在批准令实施的24小时内需要得到对外情报监视法院的批准。

与此同时，该法自颁布以来经过多次修订，也有可能影响到美国普通公民。1995年，国会扩大了《外国情报监视法》的实施范围，从电子监视扩展到实地搜查，目的依然是针对外国情报收集或反间谍活动，同样需要得到对外情报监视法院的听证批准，而得到总统授权的司法部部长可以批准为期一年的搜查行动。1998年，该法案授权美国政府发布行政命令，允许在对外情报监视中使用笔式记录器或跟踪、窃听设备，并且可以接触某些商业记录以获取外国情报信息。2001年"9·11"事件发生后，美国对外情报搜集政策发生了重大改变，陆续颁布了一系列新的法律，以加强情报搜集能力和情报部门间的信息共享，主要包括2001年的《爱国者法案》、2002年的《情报授权法案》和《国土安全法案》、2004年的《情报改革和预防恐怖主义法案》、2005年的《爱国者改进和再授权法案》、2006年的《美国爱国者法案附加的重新授权2006年修正案》。其中，《爱国者法案》第二百一十五条扩大了监听范围，为防止恐怖主义，授权国家安全局进行大规模的国内电话、电邮和互联网记录的收集计划。这样的立法理念很快打破了情报监视立法长期以来一直试图维系的国家安全与个人隐私权之间的微弱平衡，导致窃听事件频发。2001—2006年，美国国家安全局在没有法院命令的情况下窃听了数千部美国电话。2006年，《纽约时报》披露"无授权令窃听"后引发强烈抗议，导致2007年国会修订《保护美国法案》，规定窃听需首先得到法官批准。到2008年，美国对电子监视的立法修订再次扩大了情报部门的权限，是年1月国会通过了《外国情报监视法》修正案第七百零二条。该条款允许外国情报监视法院批准情报机构大宗监听恐怖主义嫌犯和其他外国情报目标，不再需要逐一批准。但只针对在海外的非美国人实施，且每年均需重新得到授权。该修正案自颁布之日起就饱受批评，2012年美国最高法院对警方监视GPS设备做出限制，该案例涉及28天监视公民GPS的记录。最高法院法官阿里托（Samuel Alito）认为，在大部分刑事案件调查中，长期监视"违反了隐私权期盼原则"；法官索托马约尔（Sonia Sotomayor）则提出，"追踪个人活动就能够获取关于其家庭、政治、职业、宗教及性别取向等详细的个人信息"，因此侵犯了个人的隐私权。①

2012年爆发的"棱镜门"事件暴露出《外国情报监视法》的一个重大问题，即普通美国人的通信信息可能被"棱镜"计划大规模收集。美国情报总监卡拉普（James Clapper）称，"棱镜"计划只针对在美国境外的外国人，而非美国人或在美国境内的任

---

① 孙宝云,漆大鹏. 论美国对外国情报的监视:立法、运行及问题——兼议"棱镜门"事件引发的危机[J]. 保密科学技术, 2013(7).

何人。但他同时承认，在收集外国情报的过程中，有关美国人的信息有可能"顺带"被收集。在2008年之前，如果要收集美国境外的美国人信息，则必须有合理证据表明监听对象是外国势力，且监听场所将被该外国势力使用。换句话说，只有在同政府锁定的外国人通信时，该美国人的信息才会"顺带"被收集，否则就不会。但是，2008年《外国情报监视法》修正案改变了这一点。情报机构无须具体界定其监听对象和监听场所，只需有合理理由（超过51%的概率）相信监听对象在美国境外，便可实施监听。这样一来，一名美国人只要同身处美国境外的外国人通信，那么其通信就有可能被"顺带"监听。这就是"棱镜"计划令其爆料者斯诺登（Snowden）及其支持者感到最不安的地方。

尽管存在以上提及的种种问题，美国情报机构每年仍能顺利得到国会的重新授权，因为情报部门认为"自该条款实施以来，已经大大提高了政府部门的快速行动能力"，所以情报部门每年都把"获得再次授权列为情报部门的头等优先立法事项"。此外，为落实《外国情报监视法》，美国政府在1981年颁布了指导情报工作的12333号总统令，就情报搜集的程序、方法、内容等做出了详细的规定，明确规定了美国情报监视的具体运行办法，因此美国对国外情报监视主要依据《外国情报监视法》和12333号总统令。

案 例

棱镜门事件

"棱镜"计划（Planning Tool for Resource Intergration, Synchronization, and Management, PRISM）是美国国家安全局自2007年开始实施的一项绝密级电子监视计划，监视的对象包括在美国以外地区使用相关网络服务的客户，或是任何与外国人通信的美国人。"棱镜"计划的运行有赖于网络服务的客户。据相关报道，至少有九家网络科技公司参与了"棱镜"计划，包括微软、雅虎、谷歌、Facebook、Paltalk、YouTube、Skype、美国在线以及苹果公司。通过"棱镜"计划，美国国家安全局可获得电子邮件、视频聊天、语音聊天、照片、文档传输、登录时间、个人聊天日志、个人网络社交等大量电子数据。鉴于网络在人们生活中扮演的不可或缺的角色，"棱镜计划"对民众个人信息的收集可以说是达到了前所未有的程度。

"棱镜"计划的主要法律依据是《外国情报监视法》。为了防止国安人员滥用权力侵犯公民隐私，该法案对外国情报收集的目的、内容、程序等方面进行了严格规范。"9·11"事件爆发后，为了应对恐怖分子的威胁，美国国会相继通过了《2002年爱国者法》和《2007年保护美国法》，并在2008年对《外国情报监视法》进行了修订。在这些立法的基础上，对网络通信进行大规模监听的"棱镜"计划正式启动。它允许情报机构在没有搜查令的情况下对可疑对象进行监听，选择与政府合作的私营企业则可免除可能的法律责任。

"棱镜"计划一直都是秘密运行的，直到中情局前雇员、国安局前技术承包人员斯诺登于2013年6月将数份秘密文档披露给美国的《华盛顿邮报》和英国的《卫报》才为公众所知。斯诺登爆料以后，公开表明了自己的身份，并说他自己愿意牺牲一切，把真相告诉世人，是因为美国政府利用他们正在建造的这一庞大的监视机器摧毁隐私、互联网自由和世界各地民众的基本自由的行为让他良心不安。斯诺登同时表示，他仔细挑选了外泄的文件，确保都是关系公共利益的材料。许多资料能造成更大的影响，但他没有披露，以示他爆料的目的不是想伤害美国民众，而只是想增加政府监听计划的透明度。

"棱镜"计划曝光不久，美国情报总监卡拉普发布了一份声明，承认"棱镜"计划的存在，但强调该计划旨在协助美国政府获得有关美国境外的外国人情报信息，而非针对美国公民或居住在美国境内的个人。美国总统奥巴马随后也为"棱镜"计划辩护，声称"不仅国会完全了解该计划，而且外国情报监视法院对此计划进行了授权"。然而，针对"棱镜"计划的报道，美国公民自由联盟发表文章声明，认为"国会已经向行政机构提供了太多的权利使其能够侵犯个人隐私，现存的公民自由保障严重不足，而不受任何公众问责，完全秘密执行的权力必将被滥用"。

被指控参与"棱镜"计划的公司事后也向公众进行辩解。微软发表声明称："我们只有在收到具有法律效力的命令或传票时才会提供客户数据，从不会主动提供。"雅虎声称："雅虎十分认真地对待用户隐私。我们没有允许政府对我们的服务器、系统或网络进行直接访问。"谷歌则表态说："谷歌深切关注用户数据的安全。我们依法向政府披露用户资料，并认真评估所有此类要求。有人声称我们在自己的网络系统里为政府访问用户资料设置了后门，但我们并没有这样做。"这些公司的声明显然经过字斟句酌，但并没有排除"棱镜"计划渗透的可能性。面对公众质疑，这些网络服务提供商已开始向政府施压，要求后者允许其公布更多的有关这些项目的信息。

"棱镜"计划是按照美国《外国情报监视法》等法律确立的，表面上看来是合法的，但这并不意味着它是合宪的。不少人指出，该计划存在违背美国宪法第四修正案的可能。与此同时，也有不少人开始质疑《外国情报监视法》2008年修改版的合宪性问题。①

讨论　美国法律界呼吁限制外国情报监视法庭权力

近期，一则美国利用丹麦情报部门监听盟国政要的丑闻，再次将世人的注意力转向美国《外国情报监视法》及其"秘密监视法庭"，即外国情报监视法庭。成立于1978年的外国情报监视法庭是美国最有权力的法院之一，几乎与最高法院平起平坐。按照规

---

① 邵国松. 损益比较原则下的国家安全和公民自由权——对棱镜门事件的考察[J]. 南京社会科学, 2014(2).

定,美国政府情报机构在进行电子监视前必须先行获得该法庭的许可令。然而,这一"秘密法庭"一直饱受质疑。原来,原定宗旨为防止总统和行政部门滥用权力的外国情报监视法庭,却因保密条例使其监督权力无限增长。美国近年来闹得沸沸扬扬的多起情报搜集与窃听风波,包括"棱镜门"事件,背后均有该法庭的身影。6月2日,美国《纽约时报》发表了题为《美国秘密法庭对公众隐瞒了什么?》的评论文章,指出外国情报监视法庭的"不必要的"保密条例,不仅违宪,而且对该法庭本身、情报机构和美国公众都是"有害的"。2021年4月,美国哥伦比亚大学骑士第一修正案研究所执行董事兼美国公民自由联盟法律总监科尔(David D. Cole),联合另外两名律师专家向美国最高法院递交请愿书,主张公众应该有权了解监视法庭的运作流程和裁决结果。

一、法律程序和判决结果不对外公开

《外国情报监视法》及其"秘密监视法庭"——外国情报监视法庭,在美国运行已久。对于美国政府和情报部门来说,该法庭的权力可以与美国最高法院相提并论。据综合公开资料和《纽约时报》《法律战》等美媒报道,20世纪70年代,因应美国前总统尼克松"水门事件",为了防止总统和行政部门滥用权力任意监听,《外国情报监视法》诞生。法案最后版本于1978年由卡特总统签署公布施行。该法案是美国第一个要求政府须先行获得法院许可令才能进行电子监视的法律,原定宗旨是平衡国家安全需要以及公民权利,使身处美国领土的民众免于被恣意监视。根据法案要求,外国情报监视法庭受理美国政府为搜集外国情报而提交的电子监视、人身搜查和其他调查行动的批准申请。申请方需证明监视是出于国家安全考虑,而非政治因素。外国情报监视法庭有11名法官,由最高法院首席大法官任命。每名法官的任期最长为7年,其任期交错,以确保法院的连续性。根据法律规定,法官必须从至少7个美国司法巡回法院中选出,其中3名法官必须居住在华盛顿哥伦比亚特区附近。值得一提的是,区别于一般刑事程序,外国情报监视法庭的法律程序不对外公开,审理时只听取政府的理据,监视的对象无法为自己辩驳;多数监控判令都是由一位法官单独签署,判决结果同样不对外公开。

二、"9·11事件"后,"秘密监视法庭"权力无限扩张

因为程序和结果不需要对外公开,外国情报监视法庭的监督权力可以无限扩大。紧接着,一个关键性事件——"9·11事件",更是直接扭转了《外国情报监视法》作为一项限制政府权力的法案的性质。针对"9·11"恐怖袭击后出现的新的反恐需要,2007年7月28日,美国前总统布什宣布其政府向国会提交修改《外国情报监视法》的提案——《保护美国法案》。他认为现行法律"严重过时"。在获得美国国会通过后,2007年8月5日,《保护美国法案》由布什签署成法。这一法案也成为2008年《外国情报监视法修正案》的前身。该法案规定,如果政府想要针对身处外国涉及外国情报通讯的外国人进行监视,他们不需要到外国情报监视法庭取得个案化的许可令。法院只审查监视目标锁定是否合法以及操作是否符合最小侵害原则。这也意味着,美国政府只要

认为自己合理地相信监视对象是处于非美国领土的外国人,以及此次监视涉及外国情报资讯,就可以肆无忌惮地进行监视。上文提到的科尔在《纽约时报》评论文章中表示,"9·11事件"后,美国政府趁机扩大了监控公民的权力。此外,新技术的发展也使政府"更全面和侵入式的"监视形式成为可能。

三、"棱镜门"后,美国人越来越不安

然而,另一个关键性事件——"棱镜门",打乱了美国政府和外国情报监视法庭权力扩张的节奏。这一严重侵犯美国公民隐私权的监听计划,正是在得到外国情报监视法庭的许可后才得以实施。在斯诺登披露"棱镜"计划之后,美国社会舆论一片哗然。芝加哥大学专注于研究美国宪法的斯通教授(Geoffrey R. Stone)2013年曾向《纽约时报》表示,在没有听取任何政府以外的意见的情况下,外国情报监视法庭正在打造一个重要的法律体系,放弃了作为美国司法体系之根本的对抗制度,这让他深感不安。当时的奥巴马政府和国会议员们则认为,要想恢复公众信任,需要改变立法,《自由法案》由此于2015年6月2日颁布。该法案旨在增加政府情报部门的透明度,对美国国家安全局和外国情报监视法庭的权力做出适当限制,给予公司更多的自由。

四、美国法律界呼吁,公众有权知道真相

自2015年后,《外国情报监视法》又经历了数次修正。美国国会对原来的规定进行了轻微的改动,包括限制对收集来的美国公民信息的使用、控制信息搜集的范围等。但科尔认为,外国情报监视法庭的许多裁决仍是保密的,《自由法案》也不能确保该法庭未来的裁决能公之于众,而这有违美国宪法。在发表于《纽约时报》的专栏文章中,科尔指出,最高法院40年前裁定,《第一修正案》保护公众参与某些司法程序的权利,但该法庭以处理国家安全事务为由,不受这一规定的约束。文章写道,外国情报监视法庭"毫无根据的秘密"使公众对政府监控的辩论陷入困境,因为这意味着监督权力可以无形地增长,很容易脱离赋予其合法性的民主共识;这种"不必要的保密"也破坏了公众对该法庭的信心,人们会对法庭和法庭批准的监视持怀疑态度。为此,2021年4月,科尔与另外两名律师专家以美国公民自由联盟的名义,向美国最高法院提交了一份请愿书,主张公众应该有权了解外国情报监视法庭的裁决。请愿书中强调,美国最高法院应该明确,适用于其他法庭的《第一修正案》规则也适用于外国情报监视法庭。科尔称,这一提议获得了包括前情报官员、公民社会团体和一家大型科技公司在内的许多人的支持。①

(三) 我国的情况

我国《宪法》第四十条明确保护公民的通信自由和通信秘密。互联网兴起后,这

---

① 观察者网. 美国法律界呼吁限制外国情报监视法庭权力,"公众有权了解真相"[EB/OL]. (2021-06-05) [2022-05-25]. https://baijiahao.baidu.com/s? id=1701733416167207048&wfr=spider&for=pc.

条保护性条款很快就延伸到电子通信领域。1997年颁布的《计算机信息网络国际联网安全保护管理办法》明确规定：用户的通信自由和通信秘密受法律保护。任何单位和个人不得违反法律规定，利用国际联网侵犯用户的通信自由和通信秘密。2000年9月中国颁布了法律位阶更高的《电信条例》。该条例重申"电信用户依法使用电信的自由和通信秘密受法律保护"，把互联网用户的通信活动纳入隐私权的保护范围，规定蓄意偷窥私人通信，侵入个人文档、电子邮箱，获取数据资料，或者进行篡改、增删等骚扰活动，皆属侵害隐私行为。2000年12月，全国人大常委会通过了《关于维护互联网安全的决定》，其中第四条明确提到：非法截获、篡改、删除他人电子邮件或者其他数据资料，侵犯公民通信自由和通信秘密，构成犯罪的，依照《刑法》有关规定追究刑事责任。

案例

我国第一起电子邮件侵权案

1996年7月我国出现的第一起电子邮件侵权案，其侵害的对象就是公民的通信自由权。此案原告薛某某、被告张某均系北京大学心理系的硕士研究生。被告张某获知美国密歇根大学通过互联网以电子邮件的形式通知原告薛某某，该校为薛提供了1.8万美元的奖学金后，遂冒充原告给这所大学发出一封电子邮件，表示薛某某拒绝该校的邀请。薛某某在久等无果的情况下，托人前去该校查问，方知有人冒充她回绝了该校的邀请。原告经调查取证确定是张某所为，张某对此也承认。薛某某遂向人民法院提出了侵权诉讼。经法院调解，原告获得了一定数额的民事赔偿。本案看上去像是侵犯了公民的姓名权，但实质上侵犯的是公民的通信自由，即薛某某与外界的通信自由受到了非法干扰。[①]

案例

微信读书强制获取用户好友关系，黄某诉腾讯侵害个人信息权益

原告黄女士在使用微信读书时发现该软件未经其有效同意自动获取其微信好友关系、为其自动关注微信好友，且好友将能够在微信读书软件中查看相应的阅读信息。黄女士认为微信读书上述操作构成了对个人信息权益的侵犯，遂将腾讯公司诉至北京互联网法院。法院判决认为，首先，微信读书、微信在应用软件中为两款独立的应用，显示的开发者并不相同，两个软件共同好友的关系并不符合一般用户的合理预期。其次，读

---

① 李秀平. 中国首例电子函件案追记[J]. 法律与生活, 1997(9).

书信息可能构成对用户的"人格画像",在互联网时代,用户应享有自主建立或拒绝建立信息化"人设"的自由,而这种自由行使的前提是用户清晰、明确地知晓此种自由。但是,微信读书在用户协议中并没有就应对好友列表、读书信息的处理方式等重要事项进行充分告知,容易让用户对微信和微信读书两个软件中的"好友"产生混淆,因此,不能视为获得用户有效的知情同意,构成对原告个人信息权益的侵害。北京互联网法院一审认定腾讯公司侵害原告黄某个人信息权益,但未侵害其隐私权。判定被告各公司立即停止侵权行为并向原告书面赔礼道歉。①

案例

手机号码、社交关系、地理位置被抓取,凌某诉抖音个人信息权益侵权

原告凌某在手机通讯录除本人外没有其他联系人的情况下,使用该手机号码注册登录抖音 APP 后,被推荐大量"可能认识的人",凌某认为抖音 APP 非法获取其个人信息,读取及匹配用户的通讯录,并在未征得用户同意的情况下,收集用户的地理位置等信息,侵害其个人信息权益和隐私权。北京互联网法院认为,凌某的社交关系(即在其他用户手机通讯录中存储了凌某的姓名和手机号码)属于个人信息。在凌某未注册时,其没有在抖音 APP 中建立社交关系的可能,微播视界公司从其他用户手机通讯录收集到凌某的姓名和手机号码后,通过匹配可以知道软件内没有使用该手机号码作为账户的用户,应当及时删除该信息。但直至凌某起诉时,该信息仍然存储于抖音 APP 的后台系统中,构成侵权。凌某的"地理位置"也属于个人信息。IP 地址并不必然等同于地理位置,通过 IP 地址分析用户所在地理位置,亦属于对信息的进一步处理和使用,需征得同意。北京互联网法院一审认定抖音 APP 侵害了凌某个人信息权益,但未侵害其隐私权,判定被告删除违法收集并储存的凌某的个人信息,赔偿其经济损失 1 000 元,维权费用支出 4 231 元。

为了维护国家安全和打击刑事犯罪,我国政府同时出台了不少法律规定,为政府机构监控网络通信提供支持。这既包括前面提及的《国家安全法》《人民警察法》《刑事诉讼法》等有关技术侦查的规定,也包括涉及互联网管理的专项法规。比如,《计算机信息网络国际联网安全保护管理办法》第五条规定:任何单位和个人不得利用国际互联网制作、复制、查阅和传播下列信息:煽动抗拒、破坏宪法和法律、行政法规实施的;煽动颠覆国家政权、推翻社会主义制度的;煽动分裂国家、破坏国家统一的……全国人大常委会 2000 年《关于维护互联网安全的决定》第七条规定:人民法院、人民检察院、

---

① 国瓴律师事务所. 网络安全与数据合规:法律动态和资讯精选(2021 年 1 月)[EB/OL]. (2021 - 02 - 04)[2022 - 05 - 26]. https://www.guolinglaw.com/199.html.

公安机关、国家安全机关要各司其职，密切配合，依法严厉打击利用互联网实施的各种犯罪活动。有论者指出，诸如此类的法律、法规大多用词模糊，缺乏明确的授权程序，给执法人员拦截通信提供了过多的自主权，容易造成对公民隐私权的侵犯。

延伸阅读

美国好莱坞"艳照门事件"的法律反思

2014年，美国网站曝出好莱坞女星私密照，甚至有人爆料称还拥有一些女星的不雅视频。这起发生在美国的"艳照门事件"在社会上引起轩然大波，不仅是因为受害人均具有女星的特殊身份，而且还因为这些私密照的获取渠道，竟然是历来被认为最安全的"苹果"云系统。

一、美国对隐私权的保护

与中国和欧洲相比，隐私权在美国有着一定的特殊性，不仅是民事上的权利，而且还是《宪法》中的权利。在美国民事法律领域，隐私权作为人格权中的一般人格权，是其他所有人格权的基础，也就是说，美国注意保护公民隐私的程度是非常高的。尽管如此，一般在美国因隐私照被泄露而追究法律责任却很难，这是什么原因呢？原因在于美国更重视隐私权的宪法意义，而非民事权利。隐私权在宪法上的权利多被用于民众抗衡政府的行政权力或司法权力。在美国几乎所有的司法案件，取证权都很难与隐私权相对抗。同时，美国民事领域中的隐私权，权力基础在于自由权，而非欧洲和我国的人格尊严权。美国曾有一个著名的判例，有个节目主持人的隐私照被前男友曝光，法院却判决前男友不承担法律责任。理由就是这些隐私照不是偷拍，属于你情我愿的自由范畴，因此，法院推定这些照片的曝光并没有违反原告的意愿。可见，在美国主张隐私侵权还需证明违反了被曝光者的自由意愿。本次"艳照门"事件的性质与之前提到的案件截然不同，那些私密照的获取途径并非出于当事人自愿。据现有资料表明，这起事件与黑客有关，所以，"偷来"的艳照本身就属于严重侵权行为，而且还涉及公共传播的问题，不仅侵害了当事人的隐私权，而且还侵害了他们的人格尊严和人格自由，尤其是对同样使用云服务的社会公众造成了恐慌，这也是FBI要介入调查的重要原因。

二、泄露名人艳照不涉及公众人物的抗辩

美国是公众人物抗辩的最早发源地，早在一百多年前，美国在司法上就已经确立起公众人物主张权利的限制问题。公众人物作为法律上的抗辩概念，主要是指明星、政府官员等名人的肖像权、隐私权、名誉权等人格权相比普通人来说受到一定限制，即名人维权比较难。公众人物抗辩事由确立的法律基础在于公共利益，比如，政府官员因其拥有行政权力，理应受到社会监督，所以他们的很多人格权就必然"贬损"。同时，文体明星平时都是靠公众关注来赚钱，公众关注度越高，明星们的社会经济效益就越大，按照权利义务对等原则，他们的人格权也必然受到一定程度的"贬损"。虽然名人不能像普通人那样，可以"敏感"地主张自己的权利，不过，也是有一定底线的。一般认为，对公众人物抗辩的底线在于人格尊严。狗仔队对明星的追拍、跟拍，甚至偷拍，只要没有达到故意对人格尊严的侵害，都是法律可以接受的范围。然而，私密照这种隐私性极强的信息，以及黑客等违法获取方式，都是对人格尊严、人格自由、隐私权和法律的践踏。肇事者不能以被曝光者为公众人物而进行抗辩免责。

三、泄露艳照的网站的法律责任

与传统媒体相比，网络时代侵权的特殊性在于网站责任的特殊性。从技术角度看，网站有着双重身份，一是内容发布者（ICP），二是服务提供者（ISP），网站作为ISP的时候，自己并不提供内容信息，仅给网民提供发布的平台，此时若要求网站对网民发表的内容承担严格责任的话，势必会使网站对网民发布的内容进行审核。所以，为了避免侵害网民的表达自由，美国法律以"避风港"规则来豁免网站一部分的责任。所谓"避风港"规则，就是给网站承担责任设立一个"被提醒"的前置条件，只有在被侵权人向网站提出侵权通知后，网站不予理会的才承担责任。"避风港"规则在美国千禧年法案中首次确立，之后在全世界范围内普及开来，我国《侵权责任法》第三十六条第二款也将此规则规定在其中。据现有资料显示，美国艳照门事件中网站的曝光行为系主动发布，即此时网站的角色为内容提供者（ICP），因此网站不能以"避风港"规则主张免责或抗辩。如果这些艳照并非网站主动发布的，而是网民上传的话，网站就可以依据"避风港"规则进行抗辩，只有在被侵权人提出通知后，网站仍不采取必要措施的才承担侵权责任。值得注意的是，网站的ICP身份和ISP身份是可以在一定情况下互相转换的。这有两种情况：第一种情况，网站对网民上传信息的主动编辑。网民发帖后，网站对此所进行的更改标题、置顶、推荐、加精等工作都将被认定是"主动编辑"。一旦网站对网帖采取了以上行为，那么，网站ISP的角色就要与ICP互换了。因为任何主动编辑的行为都反映了网站对内容发表的审核和认可。此时，网站就不能再享受"避风港"规则的保护了。第二种情况，网站对"发烧帖"置之不理。在侵权法上，有一种侵权故意被称为"间接故意"，指的是明知存在侵权情况，置之不理或任由其发生，主观上放任侵权结果的出现。艳照门这种帖子必然是点击量会在短时间内骤然提升的类型，很容易形成"发烧帖"局面。此时，网站应对其进行必要的内容审查，若发现存在明显的侵权内容，就应立即采取必要措施，而不是坐等被侵权人的"通知"。网站对"发烧帖"的置之不理就说明了其放任的态度，从法律角度看，对侵权不作为也是一种典型的侵权类型。

四、其他传播者的责任分析

首先，评论者没有责任。对事件的评论属于正当言论自由范畴，即便是引用个别侵权内容，也属于正当行使表达自由的权利。不过，仍要区分是基于事实，对"事"的评论,还是借题发挥,对"人"的评论。对"事"的评论,即便再尖刻,也属于事出有因,于情于理,被议者都应承受。对人的评论则不同,如果涉及对被侵权人人格侮辱等明显恶意的评论,则应被认定为超过了必要限度,应承担一定的侵权责任。其次,转发者应承担责任。对明显侵权艳照的转发,转发者主观上具有过错,客观上会导致侵权影响的扩大,理应承担侵权责任。不过,在网络转发者是否承担责任方面,各国司法机关担心可能存在侵害表达自由之虞,往往投鼠忌器,而对一般转发者网开一面。最后,其他媒体的转载应承担侵权责任。媒体对艳照门的转载有两种情况:一是侧重对事件的新闻报道,对转载内容大多加以"修饰",以"打马赛克"居多;二是不加任何处理措施地直接将侵权内容悉数转载。前者情况属于传播伦理范畴,一般不宜以侵权论处;后者则不同,属于典型的故意侵权类型,应承担侵权责任。

五、苹果公司的责任分析

美国的这次明星"艳照门事件"中,"艳照"的来源是苹果公司的 iCloud 服务。尽管苹果公司矢口否认是自己软件存在漏洞导致隐私照的泄露,但是,事实的结果就是源自该公司的云服务。从法律责任构成上看,苹果公司是否对个人信息泄露负责,取决于其是否存在过失。单纯从黑客攻击角度看,"道高一尺,魔高一丈"在网络攻防战中是基本定律。在开放的网络之中,尤其是云服务时代,不会存在万无一失的技术防御。所以,黑客攻击或病毒侵入在法律上一般被认为是不可抗力,网络公司可以因此免责。然而,黑客攻击的主动行为与软件漏洞的客观存在并非一回事。如果有证据表明苹果公司事先已经知晓其云服务存在技术漏洞,或者在出现黑客攻击后没有及时采取必要措施的,就可以推定苹果公司对信息泄露存在过错,应承担与过错相对应的产品责任。①

【思考题】

1. 从传统媒介到数字传播,人们对于隐私的观念产生了哪些变化?
2. 数字传播技术对隐私保护带来了哪些挑战?
3. 在《一般数据保护条例》中规定的"被遗忘权",对我国的个人信息保护立法有何影响?
4. 为什么说保护网络通信隐私很重要?各国是如何保护网络通信隐私的?
5. 根据我国现有法律规定,企业雇主是否有权监控员工电脑和其他通信工具的信息,是否可以对外勤员工进行定位?

---

① 朱巍. 论互联网的精神:创新、法治与反思[M]. 北京:中国政法大学出版社,2018:197-200.

【推荐阅读书目】

[1] 朱巍. 论互联网的精神：创新、法治与反思［M］. 北京：中国政法大学出版社, 2018.

[2] 李兵. IT 时代隐私观念与隐私权保护研究［M］. 北京：世界图书出版公司, 2016.

[3] 段卫利. 被遗忘权原论［M］. 北京：中国法制出版社, 2022.

[4] 北京互联网法院. 网络侵权纠纷典型案例解析［M］. 北京：中国法制出版社, 2022.

[5]［美］爱德华·斯诺登. 永久记录：美国政府监控全世界网络信息的真相［M］. 萧美慧, 郑胜得, 译. 北京：民主与建设出版社, 2019.

第八讲

数字传播与著作权保护（上篇）

第一节 基本概念

著作权，即版权，是指公民、法人依照法律规定对于自己的科学或文学、艺术等作品所享有的专有权利，是知识产权的重要组成部分。著作权法是确认作者对自己作品的权利以及规定因创作、出版自由和使用作品而产生的权利和义务关系的法律规范的总称。我国《宪法》关于公民言论、出版自由和进行科学研究、文艺创作与其他文化活动的自由等的规定，是著作权法的根本依据和原则。我国《著作权法》于1991年6月生效。同时，国家又制定了《著作权法实施条例》等一些法规、规章。1997年《刑法》规定了侵犯著作权罪和销售侵权复制品罪。2001年对《著作权法》作了第一次修正。国务院又先后于2001年和2002年公布了新的《计算机软件保护条例》和《著作权法实施条例》，接着陆续制定了2005年《著作权集体管理条例》、2006年《信息网络传播权保护条例》、2009年《广播电台电视台播放录音制品支付报酬暂行办法》等行政法规。

2010年《著作权法》作了第二次修正，2020年作了第三次修正。最新版本的《著作权法》（以下简称"新法"）完善了作品的定义和类型，规定作品是指文学、艺术和科学领域内具有独创性并能以一定形式表现的智力成果。此次修法还对作品类型作了开放性规定，将"法律、行政法规规定的其他作品"修改为"符合作品特征的其他智力成果"，为将来可能出现的新的作品类型留出空间，适应了文学、艺术产业不断繁荣和科学技术快速发展的需求。为了解决侵权惩治力度不够的问题，新法引入惩罚性赔偿，规定故意实施侵权行为情节严重的，可以按照侵权赔偿数额的一倍以上五倍以下给予赔偿。对于权利人的实际损失、侵权人的违法所得、权利使用费难以计算的，由人民法院根据侵权行为的情节，判决给予五百元以上五百万元以下的赔偿。此外，新法还完善了著作权集体管理制度，增加规定了作品登记制度、职务表演制度，明确了视听作品的著作权归属制度等。①

著作权也是国际法的规范。我国已加入的著作权国际公约有：《世界版权公约》《保护文学和艺术作品伯尔尼公约》《保护录音制品制作者防止未经许可复制其录音制品公约》《与贸易有关的知识产权协定》（TRIPS）等。

新闻传播法与著作权法有共同的宪法依据和原则。新闻传播法主要是从政治上来保护宪法规定的有关权利并对它作出界定，而著作权法则是从民事上来保护这些权利并对它作出界定。新闻传播活动中经常会遇到著作权问题。新闻媒介经常会涉及著作权法所

---

① 光明网. 著作权法迎来第三次修改 新法自2021年6月1日起施行[EB/OL].(2020-11-12)[2022-05-23]. https://m.gmw.cn/baijia/2020-11/12/34360755.html.

要调整的大社会关系和法律关系：一方面，新闻单位及其编辑、记者，以及在新闻媒介上发表作品的作者，都是著作权的权利主体；另一方面，新闻媒介又是作品的传播者，在传播过程中应当遵守著作权法的规定，尊重和保障著作权人的合法权益。

一、著作权客体

著作权客体是指作者创作的以某种具体形式表现出来的文学、艺术和自然科学、社会科学、工程技术等作品。作为著作权客体的作品，必须具备两个条件：一是独创性。著作权法所要求的独创性，并不是前无古人的新颖性，而只是可以同他人作品区别开来的个性化特征。独创性是受著作权法保护的作品的首要条件。由于具有独创的表现形式，就可以同其他同类作品区分开来，才可以具有专有性。抄袭他人作品而形成的所谓"作品"，不能构成著作权的客体。二是可以以某种形式固定。作品必须以某种形式存在，才能使人们感知和使用。作品应该可以以文字、图像、言语、音乐等各种形式，附着于一定载体上，这些载体就是媒介，从古老的石头、泥土、丝帛，直到如今的各种印刷、电子和数字媒介。如果仅仅是一些思维活动，不能采取固定形式，不管是怎样的前无古人的创造性构思，人们难以感知，就不能成为著作权的客体。

1994年《与贸易有关的知识产权协定》规定："版权保护延及表达，而不延及思想、工艺、操作方法或数学概念之类。"1996年《世界知识产权组织版权公约》（WCT）再次载明这个原则。这就是所谓"思想—表达"两分法，其中包含两层意思：一是把外在的表达同内在的思想区分开来，著作权不保护思维活动。二是把个性化的表达同进入共有领域的思想、工艺、操作方法或数学概念等区分开来，某种思想经过表达为社会知悉，就会有无限多的表达形式，如果表达别人表达过的思想都认为是抄袭而予以禁止，那么人们就无法表达了。同样，方法、概念之类的专有化也是不可行的，倒是思想平庸、毫无新意的文章仍然是不可抄袭的。还需注意的是这条规定写有"之类"，即非穷尽列举，类似的常见情况就是作品中叙述的真实事实（实际上是反映事实的信息），也应该同表达区分开来。比如，文艺作品的主题、简单的人物设计、故事梗概等，都属于"思想"，而如果作品设置的人物及其相互的关系演绎为具有一定独创性的情节，就可能归属为"表达"，受著作权的保护。

案例

琼瑶诉于正侵害著作权案

典型案例是我国台湾地区作家陈喆（琼瑶）诉大陆作家于正等侵害著作权案。原告诉称被告创作摄制的电视剧《宫锁连城》抄袭了自己的小说及据以改编的电视剧《梅花烙》。法院从原告提出的被告作品23处相似的情节对两件作品进行比对，确认有

9 处构成具有独创性的情节，属于著作权法保护的表达，被告作品相关情节与其构成"实质性相似"，判决 5 名被告侵犯了原告作品的改编权，共同赔偿原告 500 万元。①

案 例

梁某某经营人人影视字幕组侵犯著作权案

2021 年 11 月 22 日，上海市第三中级人民法院公开审理了上海市人民检察院第三分院提起公诉的被告人梁某某涉嫌侵犯著作权一案，并当庭作出一审判决，以侵犯著作权罪判处被告人梁某某有期徒刑 3 年 6 个月，并处罚金人民币 150 万元；违法所得予以追缴，扣押在案的供犯罪所用的本人财物等予以没收。经审计及鉴定，人人影视字幕组网站及相关客户端内共有未授权影视作品 32 824 部，会员数量共计 683 万。经审计，自 2018 年 1 月至案发，通过上述各渠道，非法经营额总计人民币 1 200 余万元。2021 年 1 月 6 日，被告人梁某某在其居住地被公安人员抓获归案，到案后如实供述了犯罪事实。法院审理认为，被告人梁某某以营利为目的，未经著作权人许可，复制发行他人作品，属于有其他特别严重情节，其行为已构成侵犯著作权罪，依法应予惩处。在共同犯罪中，被告人梁某某起主要作用，系主犯，应按照其所参与的或者组织、指挥的全部犯罪处罚。被告人梁某某到案后如实供述了自己的罪行，系坦白，可以从轻处罚。被告人梁某某到案后自愿认罪认罚，并预缴了部分罚金，可以从宽处理。综合本案的犯罪事实、性质、情节和对社会的危害程度等，决定对梁某某从轻处罚，遂作出上述判决。网络著作权侵权一直是各国知识产权保护的难点问题，我国通过行政保护和司法保护的双重保护机制，有效遏制了针对视听作品的著作权侵权盗版行为。特别是在目前我国对知识产权实行"严保护"的大背景下，人人影视字幕组未经许可大量传播权利人视听作品的行为造成了极其恶劣的影响，该行为一方面侵害了权利人的利益，另一方面严重破坏了市场秩序。该案充分说明，任何经营行为均须合法合规，既要尊重他人的知识产权，也要尊重客观的市场规律。任何市场主体，包括投资人在内，在从事跟著作权有关的市场经营活动时，应当充分尊重著作权法的法律规则，不应游走在法律边缘。②

关于著作权客体的种类，《著作权法》第三条有明确规定："本法所称的作品，是指文学、艺术和科学领域内具有独创性并能以一定形式表现的智力成果，包括：（一）文字作品；（二）口述作品；（三）音乐、戏剧、曲艺、舞蹈、杂技艺术作品；（四）美术、建筑作品；（五）摄影作品；（六）视听作品；（七）工程设计图、产品设计图、地

---

① 陈某与余某等著作权纠纷案一审民事判决书. 北京市第三中级人民法院民事判决书(2014)三中民初字第7916号；陈某与余某等著作权纠纷案二审民事判决书. 北京市高级人民法院民事判决书(2015)高民(知)终字第1039号。

② 转引自中传法学微信公众号. 2021 年度中国十大传媒法事例简介及入选理由[EB/OL]. (2022-01-08)[2022-05-23]. https://mp.weixin.qq.com/s/oIjaFx2BKNNKCvZAQyeI3Q.

图、示意图等图形作品和模型作品；（八）计算机软件①；（九）符合作品特征的其他智力成果。"随着社会的发展，作品的种类还会增多。

《著作权法》还规定了不适用著作权法保护的作品。《著作权法》第五条规定：（一）法律、法规，国家机关的决议、决定、命令和其他具有立法、行政、司法性质的文件，及其官方正式译文；（二）单纯事实消息；（三）历法、通用数表、通用表格和公式。

另外，值得一提的是前述时事新闻是否适用于著作权保护的问题，2010年《著作权法》第五条基于此类"时事新闻"只是属于事实信息，推断出其不适用著作权保护的结论。同时，新闻媒介上发表的各种体裁的新闻作品，或是具有不同程度的文学色彩，或是具有一定的对现实社会的科学研究价值，具有独创性，都不属于时事新闻，适用著作权法保护。然而，2020年《著作权法》第五条将不适用该法保护的情形中的"时事新闻"调整成了"单纯事实消息"，这就从一般意义上"时事新闻"的概念中摆脱了出来。比如，传统媒体机构《新京报》自称长期以来一直被网络内容聚合平台"今日头条"侵犯其著作权，后者以时事新闻不受著作权保护为由进行辩解。随着2020年新《著作权法》的问世，《新京报》很快发布了一篇题为《明确时事新闻著作权，向"新闻搬运工"说不》的评论文章，部分摘录如下：

新法明确了新闻报道的著作权保护、适用原则，之前纷纷扰扰20多年的"时事新闻到底有没有版权"的问题，终于在法律上得到了明确。那些一度炫耀"我只是新闻搬运工"者终于失去了底气，而媒体则可以理直气壮地维护自身权利了：时事新闻报道就是一种创造性智力活动，新闻机构有权享有著作权。事实上，所谓"时事新闻报道没有著作权"是个"不美丽的误会"。早些年，我国知识产权制度处于空白状态，之后中国向世界接轨，吸纳、移植了《保护文学艺术作品伯尔尼公约》（以下简称《伯尔尼公约》）。该公约第八条规定："本公约所提供的保护不得适用于日常新闻或纯属报刊消息性质的社会新闻。"很明确，公约不保护的是"纯属报刊消息性质的社会新闻"，而不是所有"时事新闻"。这不无依据：著作权法要保护的是人类创新型智力劳动成果，而"纯消息类新闻"往往只有基本的5W要素，并不包括作者的创造性的智力成果。比如，"某地昨日新增1例本土确诊病例"，这就属于纯消息新闻，非常简短，也不需要进行复杂的智力加工；如果对纯消息进行著作权保护，就会严重影响公众的知情权。但《伯尔尼公约》的这项条款在被"移植"到我国《著作权法》时，表述成了"时事新闻"不受著作权法调整，就模糊了该条款本意，造成了误解，让某些人认为新闻机构采写时事新闻报道都是没有著作权的，"可以大家拿"。事实上，一篇时事新闻报道有赖于专业

---

① 关于计算机软件，这是指计算机程序及其文档。受著作权保护的软件必须是由开发者独立开发，并已固定在某种有形的物体上，就是说该计算机程序已经相当稳定，相当持久地固定在某种载体上，而不是一瞬间的感知、复制、传播程序。

新闻机构、记者巨大的智力与物力付出，往往需要新闻人亲赴现场，在危险的地震、火灾、海啸现场中，冒着人身安全的风险核实事实、追问真相，广泛联系当事人和核实信源。换句话说，一篇新闻报道往往凝结着记者的专业知识、人脉积淀以及创新劳动，新闻采写的过程中已然产生了知识产权，也理应受到《著作权法》保护。针对此前的流行性误解，国家层面的《著作权法实施条例》中专门做出澄清：明确"时事新闻"，仅是指通过报纸、期刊、广播电台、电视台等媒体报道的"单纯事实消息"。虽然行政法规、司法评判标准专门打了补丁，区别了"新闻报道"和"单纯事实消息"，但《著作权法》中的"时事新闻不适用《著作权法》"的规定，还是给新闻剽窃与抄袭行为提供了机会，不但侵害了源媒体或源作者的合法权益，影响了公众知情权的实现，也给传媒产业的有序竞争带来了消极影响。有的机构甚至明知《著作权法实施条例》做出了补充规定，仍然揣着明白装糊涂，故意曲解《著作权法》的规定，明目张胆地违法剽窃、盗转新闻机构的原创性报道，有的也因此理直气壮地称自己是"新闻搬运工"，还有的则将原新闻报道重新拆解一番，就自以为"洗稿"成功了。这次《著作权法》修订解决了新闻机构这块"心病"，用最清晰的法言法语明确：新闻报道有著作权，只有"单纯事实消息"不适用。"搬运工"必须停业了，否则就是公然挑战国法了。事实上，新闻机构手里的"新闻报道"是其核心资产，要让新闻产业做永续经营，就必须依法保护新闻报道的著作权，彻底解决这块模糊地带，而这也是在自媒体兴起的移动互联网时代，做大、做强新型主流媒体的制度保证。①

▶▶ 二、著作权主体

著作权主体是指著作权所有者，即作品的著作权人。著作权产生于作品完成之日。根据《著作权法》的规定，著作权人包括：作者、其他依照本法享有著作权的自然人、法人或者其他组织。

（一）作者

作者就是创作作品的人。创作活动是一种智力活动，智力活动主要用大脑进行，只能是自然人的个体劳动。所以，著作权最基本的权利主体就是自然人。著作权法重在保护自然人的合法权益。

（二）法人或其他组织

法人或其他组织也可以成为作者。其条件是：由法人或其他组织主持创作；代表了法人或其他组织的意志；由法人或其他组织承担责任。这样的作品，法人或其他组织被

---

① 新京报评论. 明确时事新闻著作权，向"新闻搬运工"说不[EB/OL].（2020 - 11 - 12）[2022 - 05 - 23]. https://baijiahao.baidu.com/s? id = 1683138220773577000&wfr = spider&for = pc.

视为作者。在新闻传播活动中最常见的就是报刊的社论、评论员文章，它的作者就是报刊社。整体的报刊又是一件编辑作品，其作者也是报刊社。

（三）不是作者的自然人或组织

依照法律规定接受转让、赠予、继承以及通过委托等获得他人的著作权，也可以称为著作权的主体，成为"继受著作权人"。"继受著作权人"只能享有著作权中的财产权，不能享有著作权中的人身权。

（四）国家

在特殊情况下，国家也可以成为著作权的主体。比如，法人或其他组织的作品在法人或其他组织终止后没有承受人，作者或享有著作权的公民把作品赠与国家，这些作品的著作权就归国家所有。有些作品在创作和传播过程中会涉及多个主体，这样就有著作权的归属问题了。

（五）职务作品的著作权人

《著作权法》第十八条规定："自然人为完成法人或者非法人组织工作任务所创作的作品是职务作品"。根据《著作权法》的规定，一般情况下，职务作品的著作权由作者享有。但法人或非法人组织有权在其业务范围内优先使用。作品完成两年内，未经单位同意，作者不得许可第三人以与单位使用的相同方式使用该作品。如有某记者完成了一篇职务作品，首先应当供本报（台）发表，只有本报（台）明确表示不用并允许自行处理时，才可以向外投稿。在下列情形中，职务作品的作者只享有署名权，著作权的其他权利（指发表权、修改权、使用权、获得报酬权等）由法人或者非法人组织享有，后者可以给予作者奖励："（一）主要是利用法人或者非法人组织的物质技术条件创作，并由法人或者非法人组织承担责任的工程设计图、产品设计图、地图、示意图计算机软件等职务作品"；"（二）报社、期刊社、通讯社、广播电台、电视台的工作人员创作的职务作品"；"（三）法律、行政法规规定或者合同约定著作权由法人或者非法人组织享有的职务作品"。

案例

中国经济时报社发现某网络公司未经许可在其网站上转载记者王某某的新闻作品，遂对该网站提起诉讼。报社出示了与王某某签订的"职务作品版权事宜协议书"，约定有：王某某在经济时报社工作期间创作的、发表在本报上的所有作品均为职务作品；王某某对其创作的职务作品享有署名权，作品的其他权利归属报社所有，但王某某有权在自己的博客或者自办的私人网站使用其职务作品，有权将其职务作品以纸质形式结集出版等。法院确认协议合法有效，判决被告承担删除稿件、赔偿损失等责任。①

现在，越来越多的新闻单位与雇员签订劳动合同时约定后者职务作品的财产权归单位所有。此外，根据作品的创作过程可将对应的著作权人划分为以下六种情形。

1. 演绎作品的著作权人

演绎作品是指对原初作品进行汇编、改编、翻译、注释、整理而产生的作品。汇编、改编、翻译、注释、整理也是一种创作活动，所以汇编、改编、翻译、注释、整理的人对演绎作品享有著作权。但是，原初作品的作者对自己作品仍然享有著作权。演绎者在演绎前必须征得原初作品作者的同意并支付报酬。演绎作品著作权人在对演绎作品行使著作权时，不得损害原初作品作者的著作权。

2. 汇编作品和其中被使用作品的著作权人

汇编作品是指根据特定要求选择若干作品、作品的片段或者不构成作品的数据或其他材料加以编排而成的作品，只要这种选择或者编排体现了独创性，就成为汇编作品。汇编作品的著作权归汇编人享有。最常见的汇编工作就是报纸、期刊的编辑。每张报纸、每本期刊都是一件完整的汇编作品。报刊的编辑工作是一项富有创造性的智力劳动，这种独创性，是通过版面内容和编排的整体体现出来的。报刊的编辑工作虽然由报刊的编辑人员具体实施，但他们是在报刊编辑部的主持下，代表编辑部意志进行编辑，整份报刊又是由报刊社承担责任，以报刊社的名义向社会发行，所以报纸、期刊作为整体的汇编作品的著作权，应归各自的报刊社所有。体现了独创性的广播电视节目、互联网网页等，也属于汇编作品，制作者享有汇编著作权。但是，这不等于汇编人对汇编作品中的任何独立作品也享有权利。新闻单位在实施编辑工作过程中和日后行使对汇编作品的著作权时，都不得侵犯原作品作者的著作权。

3. 合作作品的著作权人

两个人以上合作创作的作品，著作权由合作作者共同享有。《著作权法》规定："没有参加创作的人，不能成为合作作者。"新闻传播活动是群体活动，在一篇新闻作品的采、写、编、发的全过程中，会有不少人对新闻作品做出贡献，有时还是很重要的贡献，其中常见的就是审稿者和新闻源（即新闻材料提供者）。但是，他们不应成为新闻作品的著作权人。审稿者的活动包括新闻单位内部总编辑、责任编辑等审改本单位记者或外单位作者的新闻作品，党政机关领导人审改新闻单位送审的社论、评论员文章和某些重要新闻作品，被报道单位的领导审改有关本单位的新闻作品，他们对新闻作品未定稿提出的意见或做出的修改，往往纠正了某些可能存在的错误，或是加强了作品的思想深度或表现力度，提高了作品的质量，有时还要在政治上或在事实方面对作品承担责

---

① 中国经济时报社诉亚洲财讯（北京）网络技术有限公司侵犯著作财产权纠纷案一审民事判决书. 北京市西城区人民法院民事判决书（2008）西民初字第5399号.

任,并非参加作品的创作。《著作权法实施条例》有这样的说明:"为他人创作进行组织工作,提供咨询意见、物质条件,或者进行其他辅助工作,均不视为创作。"新闻源提供的新闻线索和新闻事实材料是新闻作品的大基础,没有事实就没有新闻。但是,著作权所保护的并不是客观存在的事实,而是客观事实经过作者思维见诸他的笔下的表达。除了单纯事实消息外,同样一件新闻事实,有一百个记者就可以写出一百篇迥然不同的新闻作品,这就是通过智力活动形成的创作成果的独创性。新闻源提供线索和事实,只是直观地转述客观事实,同后来形成的新闻作品的独特表现形式没有关系,所以并非参加新闻作品的创作,不能对作品享有智力成果权。新闻单位也可以给新闻源支付一点报酬,但这只是劳务费用,而不是稿酬。除非新闻源同记者事先有约定,双方共同创作新闻作品;但那样,新闻源就不是新闻源而是合作者了。

4. 电影作品和以类似摄制电影的方法创作的作品的著作权人

以类似摄制电影的方法创作的作品,包括电视作品、录像作品和网上视频作品等,或统称为视听作品。这类作品的创作是一个需要大量投入和复杂组织工作的综合性工程,所以著作权人同其他作品有所区别。按《著作权法》的规定,这类作品的著作权由制片人享有,但编剧、导演、歌曲的词曲作者和摄影者都享有对自己创作部分的署名权,并且有权按照与制片人签订的合同获得报酬。这类作品中可以单独使用的剧本、音乐作品,作者有权单独行使自己对作品的著作权。

案 例

MCN机构推广的短视频未经许可使用背景音乐侵犯他人录音制作者权

原告A公司是国内音乐版权授权与音乐版权定制服务公司,2019年3月19日,经日本Lullatone. Inc.唱片公司合法授权取得音乐《Walking On the Sidewalk》独家录音制作者权以及维权权利。被告B公司与C公司是国内知名短视频制作品牌"papitube"的经营管理者,即MCN机构。2019年1月8日,原告发现两被告未经许可擅自使用涉案音乐作为背景音乐制作了名为"20180804期2018最强国产手机大测评"的商业广告推广短视频,并将该视频上传至某自媒体账号传播。原告认为两被告已侵害涉案音乐录音制作者的复制权、发行权和信息网络传播权。

裁判要点在于两个方面:第一,原告是否享有涉案音乐作品的录音制作者权?通过互联网发表的作品,作者署非真名的,主张权利的当事人能够证明该署名与作者之间存在真实对应关系的,可以推定其为作者。本案中,两被告均认可"Lullatone"是来自美日的夫妻二人组的组合名称,Lullattone是Shawn James Seymour夫妇的"个人音乐计划",故法院对于"Lullatone组合"为涉案作品作者、享有著作权予以确认。根据在案证据,Shawn James Seymour为作曲者和表演者。基于Shawn James Seymour为表演者的身份，其当然知晓录音制作者的身份。结合 Shawn James Seymour 为 Lullatone 公司 CEO 及其展示的音序器中的音轨文件的事实，可以确认 Lullatone 公司为录音制作者。依照授权书及公证认证文件，原告获得了涉案音乐作品的录音制作者权，其有权在中国大陆地区内以自己的名义提起诉讼。第二，被告是否构成侵权及应承担民事责任？被告 B 公司在庭审中认可其制作了涉案视频并将其上传至某自媒体账号及微博上，故认定其制作的短视频配乐未经授权使用了涉案音乐，构成侵权，依法应当承担赔偿经济损失及合理支出的责任。最终，被告赔偿原告经济损失 4 000 元及合理开支 3 000 元。一审宣判后，各方当事人均未上诉，一审判决已生效。

本案被媒体誉为 MCN 网络短视频第一案。该案明确了未经许可使用他人音乐录制品作为短视频背景音乐侵犯他人录音制作者权的裁判规则。当前，各种各样的短视频平台方兴未艾，该案有利于在新业态发展之初帮助公众树立起版权保护意识。[①]

5. 委托作品的著作权人

委托作品是指作者按照委托人要求创作的作品。按《著作权法》规定，委托他人创作作品，著作权的归属由委托人和受托人通过合同约定。如合同未作明确约定或者没有订立合同的，著作权属于受托人，即作者。也就是说，委托人若要享有委托作品的著作权，必须通过订立合同与作者明确约定。约稿，在有的情况下就是一种委托行为，在绝大多数情况下，应约写稿者对自己的作品享有著作权是不成问题的，新闻单位也不会对作品提出著作权要求。但也有约请社会作者为本报本刊撰写社论、编辑部文章或评论员文章的，这类文章一般应以报刊社为著作权人，这就必须在约稿时同应约写稿者明确约定，以免发生误会，引发著作权纠纷。

三、著作权的各项权利

（一）著作权的人身权

著作权中的人身权，又称"精神权利"，是指作者因创作活动而产生的与人身利益紧密联系的权利，我国《著作权法》规定有四项，即发表权、署名权、修改权和保护作品完整权。人身权永远归属作者，既不能转让，也不能继承，除发表权外，其受保护期是不受限制的。

发表权，即决定作品是否公之于众的权利。发表必须能够满足公众的合理需求，所以必须是向足够多的不特定多数人传播。按照我国惯例，把作品提交学术会议研讨、请某些专家审议、供内部简报摘登等，只是在特定的少数人中间传播，不属于发表。通过出版物、广播电视和网络媒体传播，都是发表。每件作品只能发表一次，所以发表权只

[①] 北京互联网法院. 北京互联网法院发布涉短视频著作权十件典型案例［EB/OL］.（2022 - 04 - 20）［2022 - 06 - 06］. https://mp.weixin.qq.com/s/i3MD6xY3Sy9nXtf-aGvlog.

能实施一次。

署名权，即表明作者身份，在作品上署名的权利。作者可以在作品上署真名，也可以署笔名，还可以不署名。匿名，也是作者的权利。署名的主要作用在于确定作品著作权的归属。只要没有相反证明，在作品上署名的就是作者。署名权是著作权中的基本人身权。即使在可以不经许可、不付报酬的"合理使用"中，仍然必须注明原作者姓名，不得侵犯作者的署名权。法人或其他组织为著作权人的作品，署名权为法人或其他组织享有。单位有权决定只署本单位的名称，或者同时署上参加了创作的人的姓名。比如现在许多报刊都署责任编辑、专版专栏编辑的姓名，也有报刊根本不署，署还是不署，主要由报刊社决定。在电子网络环境中，署名权发展为对"权利管理信息"的保护。这是指说明作品及其作者、表演及其表演者、录音录像制品及其制作者的信息，作品、表演、录音录像制品权利人的信息和适用条件的信息，以及表示上述信息的数字或者代码。这些信息都必须在作品的每件复制品上或向公众传播时出现，未经许可不得删除或改编。《信息网络传播权保护条例》就保护"权利管理电子信息"作了具体规定。

案 例

刘某某诉北京搜狗科技发展有限公司侵害文字作品署名权纠纷案

2018年5月9日，原告在参考9篇外国文献的基础上，在百度百科发表了"仓鼠亚科"词条的更新版本，署名的贡献者为原告。该词条分别从形态特征、栖息环境、生活习性等方面对仓鼠进行了描述。涉案版本相较之前其他网友发表的5个历史版本，篇幅大幅提升，体系更加丰富、细致，内容更加翔实、具体。2018年5月21日，另一位贡献者"藤蔓"在搜狗百科上发表了"仓鼠"词条，其内容与原告发表的词条内容高度一致。2019年2月2日，原告向被告申诉，要求将词条贡献者改为原告。协商未果后，原告将被告诉至法院，请求判令被告更改词条署名为原告。被告收到应诉通知后删除了该词条。

裁判要点在于三个方面：第一，百科词条是否构成作品？只有具有独创性的词条，才能构成作品。百科词条的编写在体例上往往呈现固定的模板化，如果贡献者仅仅把各种素材进行了搬运和罗列，未进行独创性活动，则该百科词条不属于作品。原告在查阅了相关资料后，在自己理解的基础上进行了词条的编写，词条文字部分的个性化表达传递了原告的思想，具备独创性，构成文字作品。第二，百科词条的著作权归属。由于百科词条具有版本随时变化的特点，后来的贡献者可以在前一版本的基础上进行编辑、修改、删除或者再创作，因此在判断某一词条作品的著作权归属时，应充分考察该词条的历史版本，考量该词条中是否存在其他贡献者的创作成果，然后进行综合判断。将原告词条与之前5个历史版本进行比对后可知，原告版本并非在上述版本的基础上进行的简单加工，而是重新创作所形成的作品。涉案词条署名的贡献者为原告，在没有相反证据的情况下，应认定原告系该词条的作者，享有著作权。第三，被告是否构成侵权？原告要求被告更改贡献者署名已经超出法律规定的"通知—删除"义务。被告作为网络服务提供者对于其用户发布词条的行为，不具有主观过错，且已及时删除涉案词条，不构成侵权。最终，驳回原告的全部诉讼请求。一审判决后，双方当事人均未上诉，判决已生效。

具有独创性的百科词条属于作品。在判断网络百科词条作品的著作权归属时，不应仅以本词条贡献者署名确定，还应充分考量本词条是否包含其历史版本贡献者的创作成果。确认百科词条可以获得著作权保护，可充分激发词条贡献者的热情，鼓励词条作品的持续创作和广泛传播。①

修改权，即修改或者授权他人修改作品的权利。作者有权按照自己的意愿修改自己的作品，有权不采纳某些意见修改自己的作品，有权禁止他人未经自己同意修改自己的作品。《著作权法》第三十六条涉及作品修改时，对图书出版者和报刊社作了不同的规定。第一款规定："图书出版者经作者许可，可以对作品修改、删节。"第二款规定："报刊、期刊社可以对作品作文字性修改、删节。对内容的修改，应当经作者许可。"可见，出版社对于作品的任何修改、删节，都必须征得作者许可。报刊社则比出版社宽松一些。这是因为，报纸、杂志社通常都有明确的宣传方针和切合形势的宣传口径，出版发行又有很强的时效性，还有严格的版面限制。因此，《著作权法》就给报刊编辑一定的修改、删节的权限。但报刊编辑对稿件的修改只能限于作文字性的修改、删节，不能修改作者的政治观点和学术观点，不能改变作品的基本内容和基本精神，不能因作品的修改而损害作者的声誉。

保护作品完整权，即保护作品不受歪曲、篡改的权利。作品是作者创作思想和观点的反映，保护作品的完整也就是保护作者的思想、精神活动的自由权和自主权。即使作者授权他人对作品作修改以及改编、翻译等演绎，修改、演绎后的作品仍然不允许对作者在作品中表达的原意有所歪曲和篡改。修改权和保护作品完整权是相互联系的，但两者侧重点不同，修改权是保护作者更确切、更完整地表达自己的意思，保护作品完整权则是为了防止他人对自己作品作歪曲性处理而损害自己的尊严和声誉。

---

① IPR DAILY 中文网. 北京互联网法院十起涉网络知识产权保护典型案例[EB/OL]. (2020-05-25)[2022-06-06]. http://www.iprdaily.cn/article_24813.html.

案 例

《九层妖塔》侵犯保护作品完整权案

张某某创作了以盗墓为题材的小说《鬼吹灯》,讲述几名"摸金校尉"利用祖传的风水方术知识到处探险寻宝的故事。后梦想者公司经转让协议,获得《鬼吹灯》系列小说之《精绝古城》的电影改编权、摄制权,并由陆某导演拍摄了改编电影的上部——《九层妖塔》。该电影上映后被观众认为是外星人题材的作品,受到了大量网友及"书粉"的诟病。张某某认为电影内容对原小说歪曲、篡改严重,在人物设置、故事情节等方面均与原小说差别巨大,侵犯了其保护作品完整权。

法院认为:首先,虽然电影制片方取得了对小说的改编的授权,但就改编权与保护作品完整权关系而言,著作财产权和人身权保护的利益不同,故改编权无法涵盖保护作品完整权所保护的利益。如果改编作品歪曲、篡改了原作品,会使得公众对原作品要表达的思想、感情产生误读,对原作品作者产生误解,这将导致对作者精神权利的侵犯。侵权作品是否获得了改编权并不影响保护作品完整权对作者人身权的保护。其次,《著作权法实施条例》第十条规定"著作权人许可他人将其作品摄制成电影作品和以类似摄制电影的方法创作的作品的,视为已同意对其作品进行必要的改动,但是这种改动不得歪曲篡改原作品",因此改动首先应属于必要的改动的范畴,其次不得歪曲、篡改原作品,二者需要同时满足。改编者的自由不是绝对的,而是有限度的。再次,《著作权法》规定的保护作品完整权并没有"有损作者声誉"的限制,其应只是衡量侵权情节轻重的因素。因此,本案争议焦点是改编电影改动的不同部分是否构成歪曲、篡改。最后,法院根据《九层妖塔》和原小说题材并不一致、其对小说进行了"取头换尾"的改动,是对原小说的歪曲篡改,根据《九层妖塔》和小说的内容比对结果及观众对电影的评论,电影观众会产生对《鬼吹灯》小说的误解,进而使作者声誉受损害,认定张某某的保护作品完整权受到了侵犯。①

(二) 著作权的财产权

著作权中的财产权,又称经济权利,是指作者自己使用或许可他人使用其作品而获取报酬的权利。在1990年《著作权法》中,包括使用权和获得报酬权两项,而在使用权下列举了复制、表演、播放、展览、发行等使用作品的方式。2001年《著作权法》则直接规定了13项财产权利,而概称为"使用"。2020年《著作权法》对此进行了较大规模的调整。

---

① "周公观娱"微信公众号.[案例研读]2019年度文娱产业典型案例盘点[EB/OL].(2020-01-02)[2022-06-06]. https://mp.weixin.qq.com/s/sbbXYXEFm_EO7_VRQ-6bPA.

复制权，即以印刷、复印、拓印、录音、录像、翻录、翻拍、数字化等方式将作品制作一份或者多份的权利。新修《著作权法》对复制权加入"数字化"规定可谓是恰逢其时，让复制权这一古老的权利类型与数字化技术接轨，焕发出了新生。复制权是严重依赖复制技术手段的一项权利。传统的复制方式主要是线下各种形式的复制，例如印刷、复印、录音、录像等，但进入互联网时代，最大规模的复制形式变成了从线下向线上的数字化复制，简单理解就是把线下以有形形式呈现的作品内容通过数字化虚拟成数据流，搬运到线上，例如听书类应用、将纸质书扫描成电子书类的应用、将儿童绘本等做成多媒体数字读物的应用等。业内甚至有专家在研究媒介演进的历史后预言，纸质书会彻底消失，因为数字媒体成本更低、料源更丰富。数字化的内容凭借其丰富的内容呈现形式和极小的资源占用，已经日渐成为互联网时代的主流，因此复制手段也理所当然地与时俱进。①

发行权，即以出售或者赠与方式向公众提供作品的原件或者复制件的权利。著作权的发行权是指作者对自己作品的一种财产权，而不是指媒介单位和发行单位经过行政许可而获得的一种经营权。不同媒介发行方式是不同的，书、报、刊的发行就是销售，而广播电视节目的发行包括了发行拷贝和发行录音、录像制品两种方式。这两者的法律意义有所不同，将节目拷贝提供给电台、电视台意味着授予其广播权，而发行节目的录音、录像制品却并不意味着这种授权，因此，电台、电视台如果购得录音、录像制品，还必须另外取得权利人的播放权方能播放。同样，电台、电视台获得某一节目的广播权，也无权擅自把这个节目交付复制出版。对于作者来说，不同的发行方式都要有专门授权。

出租权，即有偿许可他人临时使用视听作品、计算机软件的原件或者复制件的权利，计算机软件不是出租的主要标的的除外。其中"原件或者复制件"是新增加的用语。这就明确了出租权针对的行为并不是提供视听作品和计算机软件本身，而是临时转移作品原件和复制件的占有。该修改当然是正确的，而且与国际条约对出租权的规定相一致。比如，《世界知识产权组织版权条约》第七条（出租权）规定："计算机程序、电影作品……的作者，应享有授权将其作品的原件或复制品向公众进行商业性出租的专有权。"《与贸易有关的知识产权协定》第十一条（出租权）规定："至少就计算机程序和电影作品而言，一成员应给予作者及其合法继承人准许或禁止向公众商业性出租其版权作品的原件或复制品的权利。"②

展览权，即公开陈列美术作品、摄影作品的原件或者复制件的权利。展览权主要适用于美术作品和摄影作品。书报刊的展览不涉及展览权。影视作品参加电影展、电视剧

---

① 版人版语. 新修《著作权法》对法律事务有何影响？两位律师这样说[EB/OL]. (2020-11-29)[2022-06-06]. https://www.sohu.com/a/435099217_99928127.
② 王迁.《著作权法》修改：关键条款的解读与分析（上）[J]. 知识产权, 2021(1).

展，会涉及行使展览权，其中某个标志性画面如果固定成为一幅摄影作品，也会有展览权的问题。

案例

天津烤鸭店餐饮有限公司、段某某著作权权属、侵权纠纷

1992年1月，段某某至天津烤鸭店餐饮有限公司创作了涉案美术作品《年年有鱼》，该作品主要内容为书法"年年有鱼"，漫画内容为段某某本人及"老马"的漫画像，落款为"段某某和老马谨贺"，并标明了"天津烤鸭店惠存"。该作品创作于宣纸上，创作完成便当场赠送给天津烤鸭店餐饮有限公司。2007年改制后，天津烤鸭店改名为天津烤鸭店餐饮有限公司。2008年被告将涉案作品以1:1的比例复制为铜板作品，至今悬挂于其经营的烤鸭店内。涉案作品陈列在天津烤鸭店餐饮有限公司经营场所的四楼过道处，作为装饰品悬挂于该处墙壁上，被告经营场所的四楼全部为包间及天津烤鸭店餐饮有限公司的财务室，其办公场所与经营场所并不分离。段某某以被告擅自复制原作品构成侵害其作品复制权、展览权为由诉至法院，请求赔偿。

一审法院认为，美术作品原件的展览权跟随原件转移，但复制件的展览权仍由原著作权人享有。天津烤鸭店餐饮有限公司将涉案作品陈列在包间和办公区域共存的四楼过道处，属于公开陈列涉案美术作品的行为。作为美术作品的原件与复制件是存在本质区别的，原件因其承载着作品全部的视觉信息而产生了绝对意义上的特定性，它不能为任何复制件甚或其他相同主题的再创作所替代。故认定擅自复制美术作品原件替代原件使用是属于侵害作者展览权的行为。二审法院认为，上诉人的行为侵犯了涉案作品的展览权，展览权是指公开陈列美术作品、摄影作品的原件或者复制件的权利。本案中，涉案作品系一幅美术作品，陈列于上诉人经营场所四楼的电梯旁，相邻有财务室及对外营业的餐厅包间，上诉人自认在该楼层使用电梯上下楼的人员有可能看到该幅作品。据此可以认定涉案作品的复制件公开陈列于上诉人的经营场所之中，有被不特定公众接触、观赏之可能。上诉人虽享有作品原件所有权，亦享有作品原件的展览权，但其复制作品并展出复制品的行为并无证据证明取得了作品著作权人的许可，故应承担相应的责任。

《中华人民共和国著作权法》第十条中规定，展览权是指公开陈列美术作品、摄影作品的原件或者复制件的权利。从这一条可以看出展览权不仅及于作品原件，而且及于作品的复制件。展览权作为一种著作财产权，而非著作人身权，当出现本案中美术作品被赠予的情况下，展览权是否意味着被赠送予受赠人呢？第十八条（即2020年修订《著作权法》第二十条，注）规定，美术等作品原件所有权的转移，不视为作品著作权的转移，但美术作品原件的展览权由原件所有人享有展览权，即公开陈列美术作品、摄影作品的原件或者复制件的权利，但对作品是否发表未作限制。这一规定明确了美术作

品原件转移不属于著作权转移，那么展览权作为一项著作财产权也不必然随着原件的转移而转移，但是原件所承载的展览权按照法律规定是属于原件所有人的。本案中法院认定的重点就在于被告的展览行为是否构成侵害展览权。从本案可以看出，被告将复制件置于办公场所和经营场所混搭的地方，是构成侵害作者展览权的。①

表演权，即公开表演作品，以及用各种手段公开播送作品的表演的权利。前一项是现场表演，是指演员直接或借助技术设备以声音、表情、动作公开再现作品，如演奏乐曲、上演剧本等。后一项是机械表演，是指借助录音机、录像机等技术设备将前述表演进行录制，并将录制的表演公开传播的行为。在媒介中，只有视听媒介才会发生需要取得作者授予表演权的问题。注意，作为著作权的财产权的表演权同作为相关权的表演者权是不同的概念。

放映权，即通过放映机、幻灯机等技术设备公开再现美术、摄影、视听作品等的权利。放映权是影视作品主要的著作权，包括在电影院放映和在放映厅及其他经营场所放映。

广播权，即以有线或者无线方式公开传播或者转播作品，以及通过扩音器或者其他传送符号、声音、图像的类似工具向公众传播广播的作品的权利，但不包括本款第十二项规定的权利（即信息网络传播权）。其中，"有线或者无线方式"包括互联网，"以有线或者无线方式公开传播或者转播作品"意味着初始传播无论是无线电传播，还是有线电缆传播及"网播"，都受2020年《著作权法》中经过修改后的广播权规制。另外，"但不包括本款第十二项规定的权利"的表述，明确了在广播权规制的向公众传播作品的行为中，并不包括交互式的传播行为。②

信息网络传播权，即以有线或者无线方式向公众提供，使公众可以在其选定的时间和地点获得作品的权利。这一界定从上一版本中对信息网络传播权的界定——"以有线或者无线方式向公众提供作品，使公众可以在其个人选定的时间和地点获得作品的权利"改变而来，也就是分别在前半句和后半句中删除了"作品"和"个人"。按照王迁教授的观点，这一改动属于纯粹技术性的调整，并不能认为是为了将深层链接纳入信息网络传播权的规制范围。只是因为立法者感觉现行《著作权法》对信息网络传播权的定义中，前后出现了两处"作品"，且都是动词的宾语，显得比较啰唆，因此删除了前面一处"作品"，并不改变本句的意思。从"使公众可以在其个人选定的时间和地点获得……"中删除"个人"两字，也是为了使文字更加精简。因为在立法者看来，"公众选定"当然就是指组成公众每名个体自己的选择，无须再使用"个人"一词。③

---

① 佚名. 擅自复制获赠美术作品"展览"是否侵害著作权人展览权？[EB/OL].（2017-08-02）[2022-06-06]. https://www.sohu.com/a/161639808_99909707.
② 王迁.《著作权法》修改：关键条款的解读与分析（上）[J]. 知识产权，2021（1）.
③ 王迁.《著作权法》修改：关键条款的解读与分析（上）[J]. 知识产权，2021（1）.

摄制权，即以摄制视听作品的方法将作品固定在载体上的权利。摄制权主要包括将授权作品拍成电影、电视剧以及将作品制作成视听作品的权利。视听作品的拍摄必须取得剧本的摄制权，而影视作品中可独立使用的作品如剧本、音乐、摄影作品的作者享有授权将这些作品拍摄进电影或电视剧的摄制权。

改编权，即改变作品，创作出具有独创性的新作品的权利。所谓改变原作品，一般是指在不改变原作品内容的前提下，将原作品由一种类型改变成另一种类型，如将报告文学、小说改编成剧本，将电影改编成电视剧，将电视剧改编成话剧、连环画等。

案例

明河社、完美世界诉火谷网、万维科技侵犯改编权

自2002年起，明河社是《金庸作品集》（包括《射雕英雄传》《神雕侠侣》《倚天屠龙记》《笑傲江湖》在内的12部作品）在中国境内除以图书形式出版发行简体字中文版本以外的其他专有使用权的权利人。2013年，在征得明河社同意后，查良镛将上述授权内容中的部分权利内容即特定区域、特定期间内的移动终端游戏软件改编权及改编后游戏软件的商业开发权独家授权完美世界公司。火谷网于2013年4月30日开发完成了涉案《武侠Q传》游戏。同年5月28日，火谷网与昆仑乐享公司签订独家授权协议，授权昆仑乐享公司在包括中国大陆在内的多个国家和地区独家运营该游戏。昆仑万维公司通过其网站进行涉案游戏的运营，并通过该网站提供涉案游戏软件的安卓及苹果系统客户端的下载。2014年3月，明河社及完美世界公司的代理人向公证机构申请对涉案游戏的界面进行了公证取证。涉案游戏共有人物卡牌、武功卡牌、配饰卡牌和阵法卡牌等四类卡牌，通过具体比对，涉案游戏在人物描述、武功描述、配饰描述、阵法描述、关卡设定等多个方面与涉案武侠小说中的相应内容存在对应关系或相似性。火谷网亦认可开发涉案游戏时借鉴和参考了涉案作品的相关元素。二审判决认定涉案游戏侵犯了涉案作品的改编权，判决火谷网、昆仑乐享公司、昆仑万维公司赔偿损失1 600万元。

本案是一起涉及如何认定网络游戏与文字作品间使用关系的典型案例。判决进一步明确了改编权的保护范围，为知名文学作品的市场开发和游戏产业的规范运营提供了指引，对类似案件的审理具有借鉴指导意义。判决判令火谷网、昆仑乐享公司、昆仑万维公司赔偿明河社损失1 600万元，充分反映了知识产权的市场价值，切实保障了权利人获得足额赔偿，体现了加大知识产权保护力度的司法导向。本案入选"2019年度中国

法院 10 大知识产权案件"。①

翻译权，即作品从一种语言文字转换成另一种语言文字的权利。但翻译不包括由普通话译成中国某地区的方言或将方言译成普通话，因为它们在书面上都用汉字。

汇编权，即将作品或者作品的片段通过选择或者编排，汇集成新作品的权利。汇编并不改编作品本身，只是为一定目的将作品汇编。报纸、期刊，都是将别人的许多作品或作品的片段汇编而成的，所以必须征得作者授予汇编权，不过作者向报刊投稿或应报刊之约写稿，虽然主要是授予发表权，但是作者当然知道作品必须作为报纸或期刊的有机组成部分发表，所以事实上也已经授予了汇编权，不必另外授权。至于出版单位要将发表过的一些文章另行汇编成为专辑，则需取得各篇文章作者的专门授权。

应当由著作权人享有的其他权利。著作权人可以许可他人行使前款第（五）项（即复制权）至第（十七）项（即应当由著作权人享有的其他权利）规定的权利，并依照约定或者本法有关规定获得报酬。

财产权和人身权中的发表权的保护有一定期限：自然人作品保护期为作者终生及其死亡后 50 年，截止于作者死亡后第 50 年的 12 月 31 日。合作作品以最后一位去世者为准。法人或非法人组织的作品的财产权保护期为作品发表后至第 50 年的 12 月 31 日。作品过了保护期，只保留除发表权外的人身权，财产权和发表权则失效。

四、著作权的许可使用和转让

使用包括自行使用和许可他人使用。首先，著作权人对自己作品行使各种使用的权利，不受他人干预；其次，他人以任何一种方式使用著作权人的作品，必须取得著作权人的许可，著作权人有权利许可，也有权利不许可；再次，著作权人有权禁止他人未经许可使用自己的作品。

除例外情况，使用他人作品应当同著作权人订立许可使用合同。

许可使用分为专有许可使用和非专有许可使用：

专有许可使用是独占性的使用，指著作权人允许被许可人在约定的期限内排他地使用自己作品的著作权。专有使用许可确立期间，被许可人享有该作品的专有使用权，有权排除包括著作权人在内的一切他人以同样的方式使用作品，著作权人不得再允许第三人使用该作品，若要许可第三人行使同一权利，则应取得对方的许可。按照《著作权法》的规定，图书出版者对著作权人交付出版的作品可以按照合同约定享有专有出版权。

非专有许可使用是共享性的使用，是指著作权人允许被许可人以一定方式使用自己

---

① 知产力. 刚刚！最高法发布互联网十大典型案例[EB/OL]. (2021-05-31)[2022-06-06]. https://baijiahao.baidu.com/s?id=1701260601640551767&wfr=spider&for=pc.

的作品，但著作权人自己仍然可以使用，也可以再允许第三人以同样的方式同时使用。专有许可和非专有许可以合同约定，除法律有规定的以外，书面合同中未明确约定授予专有使用权的，或者没有订立书面合同的，使用者只能取得非专有使用权。口头的专有许可是无效的。

转让包括对前列各项著作财产权的部分转让和全部转让，全部转让就是所谓"买断"。无论是非专有使用还是专有使用，都不是著作权的转让。著作权转让的标的物是部分或全部的著作财产权，转让的结果是使得受让人在法律上成为部分或全部著作财产权的所有人，原作者就丧失了部分或全部的著作财产权。而使用许可的标的物只是对著作财产权的行使，财产所有权并不随之转移，获得使用许可的人并不是著作财产权的所有人，作品的财产权仍然属于作者。获得专有许可的使用人仍然无权将作品许可给第三人使用，而必须征得作者的同意并付给作者报酬。转让的受让人则可以自行把作品许可他人行使受让的权利，还可以把受让的权利再转让给他人。把取得专有使用权称为"买断"版权，是概念的混淆。转让应当订立书面合同。

《著作权法》对许可使用合同和转让合同都作了明确规定，并规定合同中没有许可、转让的权利，未经著作权人同意，另一方当事人不得行使。

第二节 数字传播侵犯著作权

数字技术全面改变了作品创作、传播和利用的传统方式，这影响到了作为著作权制度基石的主体的利益平衡机制。数字出版及其后续利用的获权问题成为数字技术著作权保护的核心问题，作者、出版社或编辑部和数据库的所有者的利益划分，还有使用者如何实施自己的权利等，这些使出版者、管理者、使用者都将面对权益如何合理配置的问题。

▶▶ 一、数字作品保护相关的法律

数字作品主体的权利保护涉及如何调整作者和国家、集体之间的利益关系问题，即享有权利的人和能够使用其作品的社会公众利益，乃至于国家利益之间的矛盾。著作权作为民事权利，包括人身权和财产权，它以财产权利为核心，或在本质上反映的是财产关系，对作者来说是转让使用权和获得报酬权。出版者是经济上的强者，为了保护作者的权益，著作权法有更多的约束。只有保护好作者通过脑力劳动创作的作品而产生的物质利益，保障这种财产权利不受侵犯，才能更好地鼓励他们创作。采用合理报酬分配方式保护作者的权益也就是在最大限度上符合了国家的利益，因为著作权法实际上是保护公民的一项基本民事权利的法律。

著作权保护，既要保护作者的精神权利和经济权利，调动他们的创作积极性，又不能过度保护、限制或禁止其他任何人使用其作品，否则不利于社会文化活动的开展。著作权法规定了合理使用制度。

以数字图书馆为例。通过数字图书馆发布在网络上的作品，须经权利人的许可。在此，数字图书馆的发行人和期刊编辑部之间产生了一个利益冲突，即谁将获得作者的授权许可在数字图书馆发表作品。据一项 2010 年的数据显示：在 1923 年之前出版的图书中，约 23% 的不受著作权保护的图书在数字图书馆中出版，而在 1923 年以后出版的书中，截至 2010 年，仅有 5% 仍再版。

2004 年年末，全球最大的搜索引擎 Google 宣布筹建全球最大的数字图书馆，拟将已出版的图书扫描并编写索引，永久存放在服务器上，供互联网用户搜索查询。最开始与 Google 合作的是哈佛、牛津、斯坦福、密歇根大学和纽约公共图书馆，而后，合作对象不断扩大，但是部分有著作权的作者和出版商指责 Google 不征得作者本人和出版商的同意就将图书扫描，并通过互联网向用户提供，构成了对著作权的侵犯，因此，在美国、欧洲引发了侵权诉讼，在中国也引发了版权交涉。而"Google 数字图书馆案"只是近年来在众多涉及数字图书馆案件中的典型一例，这种擅自将大量仍在版权保护期内的作品扫描后存储于数字图书馆并向网络用户提供的行为违反了著作权的法律规定。

数字出版与使用受到著作权法的制约，中国还没有制定关于数字图书馆的著作权保护的专门性法律。目前，中国参考适用的法律主要有：第三次修正的《著作权法》；1992 年发布的《实施国际著作权条约的规定》；2002 年国务院公布的《中华人民共和国著作权法实施条例》，2013 年第二次修订；2002 年施行的《计算机软件保护条例》；2005 年施行的《著作权集体管理条例》；2006 年施行、2013 年修订的《信息网络传播权保护条例》；2013 年施行的《最高人民法院关于审理侵害信息网络传播权民事纠纷案件适用法律若干问题的规定》。

国外的相关法律包括：1996 年的《欧洲议会与欧盟理事会关于数据库法律保护的指令》在数据库版权方面作了规定。世界知识产权组织在 1996 年颁布的《数据库条约草案》和《世界知识产权组织著作权条约》，美国 1998 年颁布的强化网络环境下对数字作品及其传播保护的《数字千年法案》。

▶▶ 二、数字作品相关人的权利与义务

我国的著作权法，既包括著作权，又包括邻接权；既涉及合作作品，又涉及委托作品；既涉及原作品，又涉及改编、翻译、编辑等演绎作品；既涉及作者与其所属单位的关系，又涉及原作者与演绎作者、传播者的关系；等等。传统的著作权侵权行为，主要是盗版和未经许可的擅自复制，法律救济手段主要是停止侵害和赔偿经济损失。数字图书馆以自建与购买为基础，受法律保护，其所拥有的权利与受到的限制是需要法律明确

保护的。他们因侵权行为承担的停止侵权和承担赔偿损失的民事责任，与传统的著作权侵权保护一致，但是更注重经济赔偿这一民事责任。

数字出版的本质依然是围绕内容生产而进行的创造性劳动，从选题、编辑加工、审读、校对到刊出，这些传统期刊的必然流程，仍是数字出版的核心流程。传统图书馆是作为作品的最终使用者而享有权利的。而作为载体的数字图书馆的法律性质具有一定的营利性，是作品的传播者。出版者的权利来源于作者，是作者赋予的，出版者与作者之间的利益关系可通过完善著作权许可与转让合同进行法律保护。著作权许可与转让的办法主要是通过合同的方式。如何许可、如何使用、费用如何支付、使用年限等问题应在著作权许可合同中有明确约定，规范转让合同。国家行政管理机关对著作权问题应进行适度干预，既保护作者的作品权益，又符合社会公共利益的需要。如在付酬标准方面不宜制定过细标准，但应规定最低限度报酬，明确作者利益受到侵犯的限度。

在信息革命时代，纸质学术期刊的传统出版业态不利于信息的传播，应打破信息壁垒，促进科研成果的扩散与转化，充分利用互联网技术实现学术信息的无障碍传播。相较于传统的版权，需适度放宽数字图书馆对版权作品进行信息网络传播的权限，改革对版权作品使用的付费制度，完善著作权集体管理制度以及调整出版商的商业运营模式。

数字知识库的营利模式，主要是通过有偿的阅读和信息服务。费用一是来自网络用户的电子版订阅或付费下载；二是与其他机构实现互利合作，如与期刊界、出版界及各内容提供商达成合作。基于网络的传播将对作品的销售及作者的获利权产生影响。数据库所有者的权利包括上传、修改、维护数字图书馆的内容。

电子期刊数据库制作者在将期刊进行数字化制作的过程中，不可避免地要与期刊文章作者、期刊编辑出版者根据著作权法第十条所享有的复制权、发行权和信息网络传播权等权利发生冲突。因此，数据库制作者应当取得期刊文章作者、期刊编辑出版者的著作权许可。

学术论文的知识产权不是以营利为目的的，科研成果的产生是为了促进我国学术繁荣和教育发展的目的，进而服务社会经济和提高我国的学术地位，为了公共利益，符合政府、作者和读者的利益诉求。推动我国科研自主创新能力，应充分引入竞争机制，刺激学术信息服务行业的市场化，提高中国的国际学术地位。同时，国家应对其投入一定的经费，或通过政策扶持这一兼具营利性与公益性的领域。政府的有效干预将防止信息内容依赖形成之后，传播者在事实层面上控制信息获取和垄断信息利益，压缩社会公共利益空间。①

---

① 长昊商业秘密律师. 侵犯著作权罪——我国的数字作品的著作权保护[EB/OL]. (2021-11-15)[2022-05-21]. https://baijiahao.baidu.com/s? id=1716460090431579994&wfr=spider&for=pc.

案 例

赵某某诉《中国学术期刊（光盘版）》电子杂志社有限公司（中国知网运营主体）侵害信息网络传播权纠纷案

2021年8月30日，北京互联网法院判决被告《中国学术期刊（光盘版）》电子杂志社有限公司赔偿原告赵某某经济损失3 380元、维权合理开支529元，共计3 909元。该案为系列案件，赵某某诉《中国学术期刊（光盘版）》电子杂志社有限公司（即中国知网运营主体）侵害信息网络传播权纠纷系列案相关判决文书多达100多份。在这些系列案件中，赵某某主张被告在其运营的网站"中国知网"（www.cnki.net）中擅自向公众提供涉案文章的阅读、下载服务。被告未经许可擅自将原告作品数字化并在网站上进行传播、销售，其行为严重侵害了原告的合法权益，应当承担民事责任。赵某某的夫人周某某，同为知名经济史学家，同期也有41件起诉中国知网的类似案件。北京互联网法院均不同程度支持了赵某某和周某某的诉讼请求，赔偿额从几百元到几千元不等，影响赔偿额的主要因素是涉案文章的字数。被告中国知网的主要抗辩理由有：一、涉案文章发表于相关期刊，知网收录、传播涉案文章的行为取得过原发期刊授权；二、知网收录、传播期刊文章的行为符合网络转载法定许可，无需另行取得作者授权；三、知网在原告应诉后已删除文章；四、涉案文章原发期刊在征稿过程中已通过稿约、版权声明等形式公开告知已被被告网站收录等事实，使用费用以稿酬形式支付，原告投稿即视为同意涉案文章被收录和信息网络传播。北京互联网法院认为，被告将涉案作品收录到其数据库并在网络上提供付费浏览和下载的行为不构成法定许可的主张；被告主张系经过涉案作品所载的期刊出版发行方授权使用，但未提交证据证明作者曾向刊文单位进行信息网络传播权授权，不具有合法来源。长期以来，大型电子数据库收录作品的作者权益保障问题虽经各界呼吁，却始终没有得到有效解决，利用未得到使用许可的作品牟利反而呈现愈演愈烈之势，构成版权领域的突出社会问题。该系列案件既为擅自利用他人作品的数据库运营商敲响了警钟，也有助于唤醒人们对争议背后存在的"作者—期刊社—数据库经营者"三者间复杂关系的关注，对于从根本上解决与数据库有关的各方权益分配问题将起到有益的推动作用。①

---

① 中传法学微信公众号.2021年度中国十大传媒法事例简介及入选由［EB/OL］.（2022-01-08）［2022-05-23］. https://mp.weixin.qq.com/s/oIjaFx2BKNNKCvZAQyeL3Q.

第九讲

数字传播与著作权保护（中篇）

第一节 合理使用

在一般情况下，未经著作权人许可而使用其作品的，就构成侵权；但为了保护公共利益，对一些对著作权危害不大的行为，著作权法不视为侵权行为。这些行为在理论上被称为"合理使用"。所谓合理使用，就是使用人根据《著作权法》的规定，在一定范围内，不经著作权人许可，不支付报酬，基于正当目的而使用他人作品。合理使用需要符合以下几个原则：第一，合理使用必须有法律规定。第二，合理使用的作品必须是已经发表的。第三，合理使用必须出于正当目的，主要是为了个人学习研究和出于信息传播、教育、科研等社会公共利益的需要，并非以营利为目的。第四，合理使用必须说明作品的名称、作者的姓名和作品的出处。第五，合理使用不得损害作者的其他权益，如不得对作品进行歪曲、篡改等。

表 9-1 《著作权法》罗列的合理使用

（一）为个人学习、研究或者欣赏，使用他人已经发表的作品。
（二）为介绍、评论某一作品或者说明某一问题，在作品中适当引用他人已经发表的作品。
（三）为报道新闻，在报纸、期刊、广播电台、电视台等媒体中不可避免地再现或者引用已经发表的作品。
（四）报纸、期刊、广播电台、电视台等媒体刊登或者播放其他报纸、期刊、广播电台、电视台等媒体已经发表的关于政治、经济、宗教问题的时事性文章，但著作权人声明不许刊登、播放的除外。
（五）报纸、期刊、广播电台、电视台等媒体刊登或者播放在公众集会上已经发表的讲话，但作者声明不许刊登、播放的除外。
（六）为服务学校课堂教学或者科学研究，翻译、改编、汇编、播放或者少量复制已经发表的作品，供教学或者科研人员使用，但不得出版发行。
（七）国家机关为执行公务在合理范围内使用已经发表的作品。
（八）图书馆、档案馆、纪念馆、博物馆、美术馆、文化馆等为陈列或者保存版本的需要，复制本馆收藏的作品。
（九）免费表演已经发表的作品，该表演未向公众收取费用，也未向表演者支付报酬，且不以营利为目的。
（十）对设置或者陈列在公共场所的艺术作品进行临摹、绘画、摄影、录像。
（十一）将中国公民、法人或者非法人组织已经发表的以国家通用语言文字创作的作品翻译成少数民族语言文字作品在国内出版发行。
（十二）以阅读障碍者能够感知的无障碍方式向其提供已经发表的作品。
（十三）法律、行政法规规定的其他情形。

以表9-1所示,《著作权法》第二十四条罗列了"合理使用"的13种情况,并规定:"在下列情况下使用作品,可以不经著作权人许可,不向其支付报酬,但应指明作者姓名或名称、作品名称,并且不得影响该作品的正常使用,也不得不合理地损害著作权人的合法权益。"

一、为学习、研究和教学科研目的而使用

就个人而言,包括表9-1所列第(一)项:"为个人学习、研究或者欣赏,使用他人已经发表的作品";第(二)项:"为介绍、评论某一作品或者说明某一问题,在作品中适当引用他人已经发表的作品"。这种合理使用有两个条件:一是限于个人(家庭)使用,二是没有商业目的。所谓"适当引用",详见后述。需要说明,第(一)项不适用于网络环境。《信息网络传播权保护条例》有关合理使用的条款没有这一条。网上的"个人学习和欣赏"可以迅速变成全社会的共享,所以任何以"个人学习和欣赏"为理由上载或改制他人作品、非法破坏权利人保护作品的技术措施等行为都足以损害权利人的权益,都是非法的。

就单位而言,是指表9-1所列第(六)项:"为学校课堂教学或者科学研究,翻译、改编、汇编、播放或者少量复制已经发表的作品,供教学或者科研人员使用,但不得出版发行"。这种合理使用要求:(1)使用方式限于翻译、改编、汇编、播放和少量复制(相对于上一版著作权法,在使用方式上有所扩展)。(2)范围只能在学校、科研单位之内;新闻单位的研究部门也可适用。(3)不得出版发行,如以教学为名,大量翻印,向学生出售,则超越了合理使用的范畴。

如何区分适当引用和抄袭、剽窃的界限,有时比较难以把握。在学理上可以提出三条:一是引用目的仅限于介绍、评论某一作品或者说明某一问题;二是所引用的部分不得构成引用者作品主要部分或者实质部分;三是不得损害被引用作品著作权人的利益。一般说来,适当引用,只是为了证实、介绍、说明、烘托或者反驳的需要;去掉引用的部分,引用者作品仍然不失为一件独立存在的作品,即使是有缺漏的作品。如果去掉引用的部分,自己的作品就不复存在或难以独立存在,那么引用的部分就成了引用者作品的主要部分或实质部分,就有抄袭、剽窃之嫌。

案 例

教辅参考材料"适当引用"著作权侵权纠纷案

原告孙某某系诗歌《西部畅想》的作者,该诗歌被选入上海世纪出版股份有限公司、上海教育出版社有限公司(以下简称教育出版社)出版的九年义务教育课本《语文》八年级第一学期(试用本)(2015年5月第4版,以下简称语文课本)的第5单元

第十六课。该课文署名孙某某,并配有选自 2002 年 2 月 20 日《解放日报》关于孙某某当代诗人、记者的注释说明。2018 年 8 月 18 日,孙某某与教育出版社就《西部畅想》签订作品版权授权书及稿酬协议,约定相关事宜。之后,孙某某发现上述两家出版机构出版的语文课本教辅图书《说题做题语文课后练习精讲(8 年级上册)》(以下简称被控侵权图书)中部分使用了涉案诗歌,且既未署名,又未支付稿酬。为此,孙某某于 2019 年 6 月提起本案诉讼,要求判令教育出版社就被控侵权图书的侵权行为赔偿经济损失及维权合理费用。

一审法院认为,教育出版社未经孙某某许可,在出版的被控侵权图书中使用涉案诗歌,明显超出了合理使用范围,其目的主要是为编写相关试卷习题服务,具有营利性,不符合我国著作权法关于"法定许可"及"合理使用"的规定,故侵犯了孙某某对涉案诗歌所享有的著作权,依法应当承担相应民事责任。二审法院则认为,被控侵权图书系为配合语文课本使用的课后练习精讲,其中被控作品虽引用了《西部畅想》部分内容,但系为了向读者介绍、评论和分析语文课本中的该诗歌,其使用方式在适度范围内且无其他不当损害作者利益的内容。此外,被控作品虽无作者姓名,但相关公众在使用该图书时必然要结合语文课本相应内容才能理解和掌握,而语文课本的课文中已列明作者信息。故被控侵权图书符合我国著作权法规定的合理使用情形,不构成对涉案著作权的侵害。据此,对一审判决予以纠正,判决驳回孙某某一审诉请。二审判决后,孙某某不服,提出再审审查申请。审查法院认为,根据我国著作权法及实施条例相关规定,判定被控作品是否构成"适当引用"的合理使用,应当从权利作品是否已经公开发表、被控作品引用权利作品的主要目的、被控作品引用权利作品的具体方式、被控作品是否依法指明作者姓名及作品名称、被控作品是否会对权利作品的正常使用和著作权人的合法利益造成负面影响等五方面要件予以综合认定。本案中,(1)权利作品《西部畅想》已经公开发表;(2)纵观被控作品内容,可以认定其主要目的在于通过介绍、解读、评论语文课本上《西部畅想》诗歌的内容、含义、意境以及所涉及的相关自然景观、人文景观等,帮助读者更好了解、感受、体会《西部畅想》这首诗歌;(3)在具体引用方式上,判定引用适当与否的关键在于被控作品是否完全或主要以引用他人作品来代替自身创作,而被控作品虽引用了权利作品的部分内容,但其引用时,均融入具有独创性的介绍、解读和评论内容,且引用的部分较被控作品整体而言仅占较少比重,其程度尚属合理范畴;(4)被控作品因与权利作品须配套使用,故实际依法指明了作者姓名;(5)对权利作品的正常使用和权利人的合法权益是否造成负面影响,主要指被控作品是否会因其中的引用而对被引用的权利作品产生替代效应,从而导致读者可以以被控作品替代对权利作品的选择,而本案被控侵权图书作为语文课本教辅材料,从日常生活常识看,不仅不会产生替代效应,导致教师、学生等主要读者从权利作品转而选择被控作品,相反会对读者加深作品理解有所助益。综上,审查法院认定被控侵权图书符合著作权法规定的合理使用情形，不构成对涉案著作权的侵犯，故裁定驳回了孙某某的再审申请。①

以上案件的借鉴意义在于：一是本案涉及对《著作权法》第二十四条第一款第（二）项"适当引用"合理使用情形的认定，再审审查法院根据该规定及《中华人民共和国著作权法实施条例》第二十一条规定，明确了具体认定应当遵循的上述"五要件"；二是明确了《著作权法》"适当引用"规定中"应当指明作者姓名"的具体边界，即并不仅限于在作品中标注、载明等方式，还包括能使读者明确知晓被引用作品的作者信息的情形和方式；三是明确了认定"适当引用"合理使用情形中，被控图书或作品是否以营利为目的并非判定要件；四是阐释了基于《著作权法》既保护作者合法权利、也促进作品传播利用的一体两面特性，类似本案教辅参考材料这样的引用方式，尚未逾越《著作权法》规定的著作权权利边界，亦未损害著作权人的法定权益，仍在《著作权法》"适当引用"的合理使用范畴内，教学课文的作者对此理应予以容忍，以更好提升社会福祉、促进社会主义文化事业的发展与繁荣。

▶▶▶ 二、为新闻传播而使用

为新闻传播而使用，包括表 9-1 所列第（三）项："为报道新闻，在报纸、期刊、广播电台、电视台等媒体中不可避免地再现或者引用已经发表的作品。"所谓"不可避免"，是指在新闻报道中必然和必须出现的内容，如广播报道音乐会播出一段音乐旋律，电视报道美术展览短暂出现某些作品画面等。《伯尔尼公约》第十条之二第 2 项有关新闻报道对他人作品的合理使用，限定于"在事件过程中看到或听到的文学或艺术作品，且符合报道目的正常需要的范围内"，可以看作是对"不可避免"的具体表述。

第（四）项："报纸、期刊、广播电台、电视台等媒体刊登或者播放其他报纸、期刊、广播电台、电视台等媒体已经发表的关于政治、经济、宗教问题的时事性文章，但著作权人声明不许刊登、播放的除外。"在 1990 年的《著作权法》里，这项合理使用只是限于社论、评论员文章，2001 年《著作权法》放宽到关于政治、经济、宗教问题的时事性文章，是要同《伯尔尼公约》相衔接。该公约第十条之二第 1 项规定："本同盟各成员国的法律得允许通过报刊、广播或向公众传播，复制发表在报纸、期刊上的讨论经济、政治或宗教的时事性文章，或具有同样性质的广播作品，但以对这种转载、广播并未明确予以保留的情况为限。然而，均应明确说明材料出处；对违反这一义务的制裁由被要求给予保护的国家的法律确定。"

本项合理使用的范围是在新闻媒介上已经发表的关于政治、经济、宗教问题的时事

---

① 上海高院. 2020 年上海法院知识产权司法保护十大案件 加强知识产权保护力度典型案件［EB/OL］.（2021－04－22）［2022－09－18］. https://c.m.163.com/news/a/G872IDE30514C9DN.html.

性文章，时事性文章就是关于当前发生的事件的文章，这些事件限于政治、经济、宗教三个方面，本条表述是穷尽列举，所以这三类以外的内容，包括理论、历史、艺术等类文章，不属合理使用的范围。但此处合理使用的主体并非穷尽列举，在报、刊、台之后还有一个"等"字，应该包括信息网络媒体。

对三类时事性文章的合理使用与时事新闻不适用著作权法保护是不同的。这三类时事性文章属于有著作权的作品，只是为了利于新闻传播，才把它们归于合理使用的范围。因此在合理使用时，对作者的著作人身权仍然必须予以保护和尊重。同时，本条还有保留规定，即著作权人声明不许其他媒介刊登、播放的则不得刊登、播放，表明著作权人对于自己的作品是否允许合理使用仍有最后决定权。

第（五）项："报纸、期刊、广播电台、电视台等媒体刊登或者播放在公众集会上发表的讲话，但作者声明不许刊登、播放的除外。"公众集会一般指公众可以自由出入的场所的集会，包括政治性集会或庆典活动性集会，不包括学术活动和学术演讲。新闻媒体刊播公众集会上的讲话，无须征得讲话者的同意，但如演讲者事先有不许刊播的声明，则不能予以刊播。

案例

爆款文章《甘柴劣火》被质疑"洗稿"事件

2019年1月12日，微信公众号"呦呦鹿鸣"的一篇《甘柴劣火》刷屏朋友圈，不到半天时间在互联网上即获得"十万加"的阅读量。该文讲述了一段并不久远的甘肃政经往事，文章一开篇就有一句提示性的信息："本文所有信息，均来自国内官方认可、可信赖的信源，敬请诸君知悉。"一句话交代了该文的信息源非独家采集。1月12日，"三言财经"一则消息也在微信朋友圈传播——《刷屏文章〈甘柴劣火〉被质疑洗稿》，消息很短，直接呈现了财新记者王某某予以质疑的微信截图，对《甘柴劣火》作者的专业操守进行了强烈指责。随后，"呦呦鹿鸣"微信公众号推出了一篇措辞尖锐的文章《社会在崩塌——关于财新网记者攻击呦呦鹿鸣一事的说明》，列出《甘柴劣火》文章的信息来源，特别说明"本文是一种独家叙事，讲述的并非新闻……这是呦呦鹿鸣的独家发现。财新网只是其中的一部分，其报道本身也是公共行为，呦呦鹿鸣将媒体作为报道主体，理所当然。"由此可见，"呦呦鹿鸣"并不认为自己的稿件属于"抄袭"，而自己稿件中所用的信息都属于"事实"，属于"公共行为"，谁都可以拿来为自己所用。这起争议焦点主要集中在双方对著作权新闻事实是否可以"合理使用"及对合理使用制度最终所预设的目的的不同理解。

由该事件出发，在网络环境中界定"合理使用"的挑战在于以下四个方面：第一，根据目的和性质的判定，一般非营利性传播构成合理使用的成分大。网络微信个人或团体运营的微信、微博大多不直接从事营利性经营，它们主要通过吸引用户注意力，从而为其运营的平台带来潜在的网络广告利益，即媒介经济学所说的"买卖受众的二次注意力"。这就使得"合理使用"制度很难对其作品的使用目的和性质加以界定，而在这些平台上传播的新闻就更加难以界定。第二，根据现有著作权作品的性质，一般对已经出版的事实性记述作品的利用构成合理使用的可能性很大。该准则的提出主要是在传统媒体的环境中，考虑到作品的财产权，对于已经出版的作品，其著作权人大多已获得了相应的报酬，即使有损失，损失比例也相对较小。但在数字技术的环境中，该准则没有考虑到另外一个情况，即近年来屡见不鲜的"洗稿"现象。第三，相对于整个享有著作权的作品，一般被使用部分的数量越少、内容重复度越小，合理使用的可能性就越大。相对于浩渺的信息海洋，对于作品使用的潜在数量和质量等虚化的内容往往很难辨别其引用的程度。目前常用的查重软件很难就打乱的文章做比对，人工查重又没有统一标准，常常带有很强的主观性。第四，根据"合理使用"原则对享有版权作品的潜在市场或价值的影响，使用越"善意"构成合理使用的可能性就越大。这一点主要围绕使用者的"善意"与否展开，带有很强的主观判断，同时是法官首要考虑的因素。①

三、其他公益使用

其他公益使用，如公务使用，表9-1所列第（七）项："国家机关为执行公务在合理范围内使用已经发表的作品"；图书馆使用，第（八）项："图书馆、档案馆、纪念馆、博物馆、美术馆、文化馆等为陈列或者保存版本的需要，复制本馆收藏的作品"；公开陈列使用，第（十）项："对设置或者陈列在公共场所的艺术作品进行临摹、绘画、摄影、录像。这一项使用显然不能具有商业目的。《信息网络传播权保护条例》规定上述单位可以不经著作权人许可，通过信息网络向本馆馆舍内服务对象提供本馆收藏的合法出版的数字作品和依法为陈列或者保存版本的需要而以数字化形式复制的作品，不向其支付报酬，但不得直接或者间接获得经济利益。当事人另有约定的除外。

案例

山东天笠广告有限责任公司诉青岛海信通信有限公司著作权侵权纠纷案

《五月的风》雕塑作品位于青岛市五四广场，是原告山东天笠广告有限责任公司接受他人委托创作的委托作品，原告为著作权人。因被告青岛海信通信有限公司未经许可，擅自将《五月的风》的图案设置在其所生产的海信C2101型手机显示屏中，原告

---

① 王思文,陈绚."微时代"新闻传播的"合理使用"与传播权益:以"甘柴劣火"为例[J].国际新闻界,2019(10).

以被告侵害了其著作权为由诉至法院，请求判令被告停止侵权、赔礼道歉、赔偿经济损失30万元，并承担诉讼费。

一审法院认为，著作权法保护著作权人的权利，但同时设定了合理使用制度，对著作权人的权利进行了限制。根据最高人民法院《关于审理著作权民事纠纷案件适用法律若干问题的解释》第十八条的规定，对设置或者陈列在室外社会公众活动处所的雕塑、绘画、书法等艺术作品，进行临摹、绘画、摄影、录像的，属于对其成果以合理的方式和范围再行使用，不构成侵权。因本案中《五月的风》雕塑不仅是设置在室外社会公众活动处所，且位于青岛市五四广场，已成为青岛市的标志性雕塑作品。本案被告在其生产的手机中虽然使用了《五月的风》雕塑图像，但是被告是将该图像用作手机的几种壁纸中的一种，且壁纸图像整体反映的是五四广场风光，《五月的风》雕塑图像只是其中一部分内容，该使用方式对手机的价值不会产生影响，且被告使用《五月的风》雕塑图像未造成对原告作品的歪曲、丑化，亦未影响原告作品的正常使用，因此，被告对原告作品的使用属于法定的合理使用范畴，被告的使用可以不经著作权人许可，不向其支付报酬。故被告的行为不构成侵权，原告的主张不能成立，法院不予支持。据此，判决驳回原告的诉讼请求。原告不服一审判决，上诉称被告复制了原告的《五月的风》图像，又利用电脑技术将《五月的风》粘贴在其手机壁纸的画面上，不是拍摄，其画面展示的是由《五月的风》加上其他景物合成的图像。被告并不是进行临摹、绘画、摄影、录像，更不是以合理的方式和范围再行使用。被告在彩屏手机中使用红色的《五月的风》会更好地强调彩色屏幕的清晰度和层次感，有利于销售。被告未经原告许可，严重侵害了原告的合法权益，请求改判。在本案二审期间，原告撤诉。①

四、免费表演

有关免费表演，表9-1所列第（九）项："免费表演已经发表的作品，该表演未向公众收取费用，也未向表演者支付报酬，且不以营利为目的。"其中，"该表演未向公众收取费用，也未向表演者支付报酬"是2001年《著作权法》中增加的，"且不以营利为目的"是2020年《著作权法》中增加的，针对现实中存在的不向公众收费也不向表演者付酬的商业性演出（主要是广告性演出）是否构成合理使用予以否定性评价，填补了上一版本的漏洞。比如，企业为宣传商品所组织的免费演出，酒店、宾馆为招徕顾客在大堂免费演奏音乐，都有商业目的，不属合理使用范围。在世纪之交，我国有的城市一些酒店在播放背景音乐时已经实行向著作权人支付报酬，现已成为通行的制度。眼下，网络直播间部分主播进行的歌唱表演往往会引起侵权纠纷。修改后的第（九）项关于免费表演的合理使用规定中，明确规定该种表演应当"不以营利为目的"，相较

---

① 转引自于晓白. 陈列在室外公共场所的艺术作品的合理使用[J]. 人民司法, 2005(5).

于上一版《著作权法》对免费表演的认定,加入了对表演者主观因素的考量,在构成要件上更为严格。

案例

主播PDD直播唱歌被起诉侵权

主播"PDD"刘某,是一名游戏主播,他在一次直播中唱了《向天再借五百年》,被该歌曲原作者张宏光起诉索赔10万元。刘某表示,自己并未想通过唱歌积攒财富,愿意道歉并不会再唱;张宏光则表示,索赔金额不重要,重要的是借此呼吁社会各界对音乐版权的高度重视,让更多音乐人的劳动付出有所回报,激励更多创作者创作出更多优秀作品。虽然该事件最终以和解的方式落幕,但"索赔10万"已成为直播间的一个热门话题。在直播间内唱歌已司空见惯,直播间里也有为数众多以唱歌为业的主播;此事一出,遭到网友的热议。对此,律师赵某某表示:"主播未经授权而在直播间唱他人的歌曲,这本身已构成著作权侵权。"他还指出,即使《著作权法》明确了"合理使用"的基本原则,但主播直播时哼唱他人歌曲也不符合合理使用和法定许可的情形,必须依法经过授权,否则就构成侵权。值得一提的是,为防止过度保护、张嘴就侵权等问题,《著作权法》明确了"合理使用"的原则。然而,像PDD这样的头部主播,打开麦、摄像头很多时候即是在"营业",很难用"合理使用"为自己开脱。①

在上述案件及类似案件中,很难界定《著作权法》所规定的合理使用和版权侵权两者之间的界限。假设主播在唱歌时关闭了直播打赏功能,这是否符合"合理使用原则"而不构成侵权?有观点认为,主播进行直播其实并不仅以直接获取金钱为唯一目的,还需要通过直播内容获取关注和流量,这也是主播变现的重要手段,比如广告植入等。所以,即便是主播关闭了打赏功能,仍然有可能"以营利为目的"来使用他人作品,填充自己的直播内容,获取流量,此时未经著作权人授权,也会构成著作权侵权。②

五、特定群体使用

有关特定群体使用,表9-1所列第(十一)项:"将中国公民、法人或者非法人组织已经发表的以国家通用语言文字创作的作品翻译成少数民族语言文字作品在国内出版

---

① 中国经营报. 主播唱歌时遭索赔 直播间如何想唱就唱?[EB/OL]. (2022-07-13)[2022-09-18]. https://baijiahao.baidu.com/s?id=1738233590937334031&wfr=spider&for=pc.
② 中国经营报. 主播唱歌时遭索赔 直播间如何想唱就唱?[EB/OL]. (2022-07-13)[2022-09-18]. https://baijiahao.baidu.com/s?id=1738233590937334031&wfr=spider&for=pc.

发行。"这里的汉语言文字作品仅限于原作。第（十二）项："以阅读障碍者能够感知的无障碍方式向其提供已经发表的作品。"《信息网络传播权保护条例》表述为："不以营利为目的，以盲人能够感知的独特方式向盲人提供已经发表的文字作品。"

第二节　法定许可使用

著作权的行使在法定许可使用的情形下也会受到限制。本节将介绍法定许可使用与合理使用的共性和区别、规定法定许可使用的原因、法定许可使用的具体情形，以及法定许可使用的法律依据。

▶▶ 一、基本概念

所谓法定许可，是指按照法律的规定，可以不经作者或者其他著作权人同意而使用其作品，是对著作权的一种限制。根据法定许可而使用他人作品时，应当按照规定，向作者或者其他著作权人支付报酬，并应当注明作者姓名、作品名称和出处。法定许可使用与合理使用都不需要获得他人许可而使用他人作品，使用时都要明确指出作者姓名、作品名称，并且在使用过程中不得侵犯著作权人的其他权利。两者的区别在于：（1）合理使用只是少量使用，而法定许可使用的比例更大；（2）合理使用必须是已经发表的作品，而法定许可使用可以包括未发表的作品；（3）合理使用一般是非复制使用，而法定许可使用可以出版发行；（4）合理使用不需支付报酬，而法定许可使用必须支付报酬；（5）合理使用无须在著作权人没有声明不得使用的前提下进行，而法定许可使用必须在著作权人没有声明不得使用的前提下进行。根据魏永征教授的观点，法定许可使用制度的出发点是简化著作权手续，促进作品迅速而广泛地传播，以便于社会共享文化成果。任何作品首次发表后，涵盖总是有限的。社会需要广泛、多次利用这些作品。法定许可就是法律推定著作权人在某些情况下可能同意并且应该同意将已经发表的作品再次交由他人使用，因此可以不必征求作者意见而先行使用，使用后再付酬。为什么可以推定同意呢？因为这是两利的事情：首先是满足了社会共享的需要。同时，有关作者的许可他人使用自己作品的权利虽然受到了一定的限制，但是却增加了自己作品被使用的机会，从而可以获得更多的收益。在实际生活中，多数作者对于这类转载，只要在事后得到正常稿酬，一般采取默认态度，这种惯例的形成也为立法奠定了基础。[①]

---

① 魏永征,周丽娜. 新闻传播法教程［M］.7 版. 北京：中国人民大学出版社,2022：245.

二、具体情形

法定许可有以下几种情况：

第一，为实施九年制义务教育和国家教育规划而编写出版教科书，除作者事先声明不许使用的外，可以不经著作权人许可，在教科书中汇编已经发表的作品片段或者短小的文字作品、音乐作品或者单幅的美术作品、摄影作品，但应当按照规定支付报酬，标明作者姓名、作品名称，并且不得侵犯著作权人依照著作权法享有的其他权利。

第二，作品在报刊上刊登后，除著作权人声明不得转载、摘编的外，其他报刊可以转载或者作为文摘、资料刊登。

第三，录音制作者使用他人已经合法录制为录音制品的音乐作品制作录音制品，可以不经著作权人许可，但应当按照规定支付报酬；著作权人声明不许使用的不得使用。

案 例

毛某翻唱《传奇》侵权纠纷案

毛某翻唱了歌手李某已发行的音乐专辑《似水流年》中的《传奇》一曲，并收入其CD专辑中，原告老孙文化获得词曲作者授权，认为被告毛某等翻唱《传奇》并发行专辑，侵犯了其享有的表演权、复制权和发行权。根据《著作权法》第四十条第三款（现第四十二条第二款，注）的规定，录音制作者使用他人已经合法录制为录音制品的音乐作品制作录音制品，可以不经著作权人许可，但应当按照规定支付报酬；著作权人声明不许使用的不得使用。本案中，法院认为涉案歌曲《传奇》已经合法录制为音乐作品，专辑制作者已经向音著协交付了使用费，专辑上虽有"版权所有 翻录必究"的字样，但法院认为不能视为著作权人作出的"不得使用歌曲《传奇》词曲的声明"，故无法排除法定许可的适用。但值得注意的是，同年10月广东省佛山市中级人民法院作出的"（2013）佛中法知民终字第96号"判决中，基于涉案音像制品上注明的"版权所有 翻印必究"认定此应视为著作权人对涉案音乐作品已发表未经许可不得擅自使用作品的声明，由此排除法定许可的适用。因此，基于本案判决及综合考量，建议音乐作品著作权人在音像制品上发表排除法定许可的版权保留声明时更加明确，避免因为声明方式的模糊丧失对作品著作权的保留。①

第四，广播电台、电视台播放他人已发表的作品。

第五，广播电台、电视台播放已经出版的录音制品，可以不经著作权人许可，但应

---

① 知乎专栏"娱乐法李振武"."版权所有 翻录必究"的法律意义：毛某翻唱《传奇》侵权纠纷案［EB/OL］.（2020－11－03）［2022－10－15］. https：//zhuanlan.zhihu.com/p/272479864.

当支付报酬。当事人另有约定的除外。

第六,信息网络作品的法定许可。最高人民法院2000年《关于审理涉及计算机网络著作权纠纷案件适用法律若干问题的解释》在法定许可方面曾经规定报刊和网站之间可以按法定许可原则相互转载、摘编作品。但在2006年修改此"解释"时删除了这条规定。2015年国家版权局办公厅《关于规范网络转载版权秩序的通知》指出,报刊单位与互联网媒体、互联网媒体之间相互转载不适用法定许可。

《信息网络传播权保护条例》第八条、第九条设立了两项法定许可:一是为发展教育设定的法定许可。为通过信息网络实施九年制义务教育或者国家教育规划,可以不经著作权人许可,使用其作品的片段或者短小的文字作品、音乐或者单幅的美术作品、摄影作品制作课件,由合法的教育机构通过信息网络向注册学生提供,但应当支付报酬。二是为扶助贫困设定的法定许可。为扶助贫困,通过信息网络向农村地区的公众免费提供中国公民、法人或者其他组织已经发表的与扶助贫困有关的作品和适应基本文化需求的作品,网络服务提供者可以通过公告的方式征询权利人的意见,满30日没有异议的可以提供作品,并支付报酬,但不得直接或者间接获取经济利益。

第十讲

数字传播与著作权保护(下篇)

第一节　融合媒体中的新闻作品版权

2020年第三次修订的《著作权法》将上一版本中不受著作权保护的"时事新闻"调整为"单纯事实消息",加强了对新闻报道中相应的著作权利人的保护,从侧面强调了《著作权法》保护的作品需要具备独创性条件,然而在此之前,新媒体中的新闻作品侵权事件时有发生,已经严重影响到媒体融合的健康有序发展。曾经有一种比较流行的观点认为,新闻作品本身没有版权可言。这种观点的依据主要有两个:一是我国2010年《著作权法》关于时政类新闻合理使用的规定;二是关于社会知情权和舆论监督权的理论基础,时政类新闻属于公众知情权范畴,不应予以版权保护。朱巍副教授驳斥了这一观点,指出"新闻作品并非没有版权",理由如下:

首先,从立法目的来看,2010年《著作权法》中提到的"时政新闻"应该指的是事实类新闻,主要是对新闻事件时间、地点、人物、活动等纯粹事实性质的描述。实践中,这类纯粹事实性描述的新闻信息所占时政新闻的比例并不大。在新媒体传播过程中,社会更关注的是事实类新闻背后的信息,诸如事件背景调查、深度访谈报道、人物报道、事件评论、专家观点等。这些新闻作品的类别成分比较复杂,大都是基于新闻事实性描述的深入加工,不能按照著作权法体系时政类新闻划分标准,"一刀切"式地进行判断。

2010年《著作权法》对新闻作品的分类并不科学,没有体现出新闻作品事实部分和创造性创作部分的本质区别,这也造成了新媒体传播中对新闻作品侵权的主要原因。从理论上讲,新闻作品与时政类时事新闻不是一个概念,前者是统称,既包括后者也包括衍生类作品。著作权法体系提及的时政类新闻不能做扩大解释,必须限定在事实类新闻信息之上。从比较法上看,《意大利版权法》规定时政类新闻作品"在注明出处和不违背新闻业惯例的前提下可以复制新闻报道"。新闻行业惯例作为著作权合理使用规则的前提,业务惯例本身就可以将事实类报道和创造性报道作出区分,这更有利于以版权的方式鼓励新闻作品深化创造。

其次,从新闻作品本身看,大多数作品都是在事实类信息基础上的二次创作,本身就具有著作权法体系中所称的"独创性",当然应该具有独立的版权。需要额外说明的有两点:第一,评论性新闻作品中对事实类新闻的引用,属于著作权法合理使用的范畴,评论作品不属于汇编作品,是具有独创性的单独作品。第二,职务作品中,著作权人的判断应以是否为职务行为作为标准,不能仅以作者身份作为单一判断标准。实践中存在记者、通讯员、评论员等以个人名义对一些事件的评论,或以个人自媒体发布的作品,这些作品的著作权人除非有相反证明或与职务单位事先有约定,应该认定是作者本人。因此,一旦新闻作品的著作权被侵害,权利人就可能会有两个:作者本人或职务作品中的单位。

最后,从公众知情权角度看,强化新闻作品版权更有利于新闻传播的发展。在新闻信息传播中,新闻作品的制作成本无疑是最高的,对作品的前期投入和媒介素养的要求极高。新媒体时代,传播渠道的优势越来越明显,大量平台类传播集中涌现,流量与渠道的变现能力远比创作快得多。不过,忽视内容创作的传播就会变成无源之水,若创造性内容没有了保护,新媒体传播也就变成了"标题党"和"口水党",缺乏内容的公众知情权更是无从谈起。因此,保护和鼓励内容创作的基础就是加强新闻作品的版权保护,版权保护得越好,内容创作就会越多,公众知情权也就会得到满足。①

如果说"新闻作品并非没有版权"的结论可以成立,那么在媒体融合背景下,新闻作品的财产权如何得到保护呢?

按照《著作权法》的规定,新闻作品著作权的保护分为两大类:一是著作权人身权的保护,即修改权、署名权、保持作品完整性等权利;二是著作权财产权的保护,即使用者向版权人支付费用的义务。不过在媒体融合背景下,著作权保护理念发生了重要变化,网络传播环境中的新闻作品保护观念必须予以调整。

第一,直接支付报酬转换成流量为王。在"互联网+"时代到来之前,流量变现是不可能的事情,随着"互联网+"和平台经济的出现,流量变现通过精准广告、广告联盟、打赏等方式逐渐变为现实。新闻作品传播的最终受众是用户,用户也是互联网经济体中的核心构成,特别是在关注度经济和围观效应的背景下,足够大的流量就意味着传播者通过大数据获利的可能性增强。

流量为王的基础是大数据商业化使用,目前主要是通过 cookies 的精准营销完成的。新闻作品的版权报酬支付方式,完全可以通过作品权利人与传播平台之间的合作完成,用间接流量广告分成方式,代替直接给付报酬。以门户网站为例,按照《互联网新闻信息服务管理规定》的要求,门户网站属于"二类网站",本身不具备采编发布时政类新闻的资质,但却拥有大量用户,用户也大多以门户网站新闻端为获取信息的主要渠道。所以,拥有时政类新闻采编权的"一类网站"与仅拥有转载权的"二类网站"之间是优势互补的关系。互联网广告是门户网站的主要变现渠道,若能够以转载新闻作品点击量所获得的广告流量分成的话,原创作品权利人可获得的收益远比直接给付报酬可观得多。

第二,广告联盟的支付模式。媒体融合背景下的传统媒体转型,大多采用公众号、客户端等"三微一端"的方式进行。新闻作品的权利人获利渠道完全可以按照"转载

---

① 朱巍. 论互联网的精神:创新、法治与反思[M]. 北京:中国政法大学出版社,2018:371-372.

流量+广告联盟"的方式进行。工商总局《互联网广告暂行管理办法》第十四条将广告联盟的主体分为"需求方平台""信息交换平台""媒介方平台"三大类,其中新闻端就属于"媒介方平台成员"。媒介方平台成员就是广告联盟中向用户展示广告的最终场所,影响客户端收益的就是流量的多少,一般而言,点击量越高,越能增加获取广告联盟商业信息的收益。可见,在新闻作品传播中,转发和转载客户端公号的内容,也就是间接增加了作品的商业价值。

必须强调的是,广告联盟的版权获利方式仅限于版权人用自己的客户端或公众号发布新闻作品的情况。以微信公众号为例,微信原创的申请保障了著作权中的人身权,转发或转载并不会损害作品引流问题。转载越多,客户端的用户数量也就会越高,点击量越高意味着广告联盟的获利就会越大。同时,按照工商总局《互联网广告暂行管理办法》的规定,媒体客户端作为广告联盟对广告法上的责任很低,不承担广告发布责任,这对于客户端的运营成本和广告审核成本都非常有利。

广告联盟若与大数据cookies采集用户偏好相结合,衍生出针对不同受众精准营销的话,互联网广告联盟就是完美的新闻作品版权获益模式。然而,精准营销对媒体平台的技术限制和隐私法要求比较多,并非每个新闻客户端都有这样的数据处理能力。

第三,嵌入式广告的可行性。嵌入式广告是指,在新闻作品中加入广告文字、图片、视频或链接。对于缺乏客户端和广告联盟的新闻作品权利人,在新闻作品中以嵌入方式植入广告有利有弊。有利之处在于公众号原创保护技术条件下,转载者是不能人工去掉嵌入式广告的,这就决定了转发必须是包括广告在内的传播,会增大权利人的广告收益。当然,弊端也同样存在,新闻作品中的嵌入式广告会影响到美观和作品的严肃性,在媒介素养和新闻伦理上会引发批评争议。嵌入式广告也可以通过协议等方式与传播平台事先约定,广告展现在传播过程中可以针对不同类型作出调整。然而,媒体对嵌入式广告发布的广告法责任风险比较大,属于广告发布者责任,需要承担对广告内容的审核,出现问题也要依法承担相应责任。[①]

案例

AI生成内容著作权及不正当竞争纠纷案

2020年1月,广东省深圳市南山区法院就深圳市腾讯计算机系统有限公司(以下简称"腾讯公司")诉上海盈讯科技有限公司(以下简称"盈讯公司")侵害著作权及不正当竞争纠纷案作出一审判决。原告腾讯公司自主研发了一套基于数据和算法的智能写作辅助系统——Dreamwriter,由其创作完成的《午评:沪指小幅上涨0.11% 报

---

① 朱巍.论互联网的精神:创新、法治与反思[M].北京:中国政法大学出版社,2018:372-374.

2 671.93点通信运营、石油开采等板块领涨》的财经报道文章(下称"涉案文章"),在腾讯证券网站上首次发表,并在文章末尾注明"本文由腾讯机器人Dreamwriter自动撰写"。被告盈讯公司未经腾讯公司许可,在该文章发表当日擅自复制涉案文章,通过其经营的"网贷之家"网站向公众传播,且发布的内容和涉案文章内容完全相同。腾讯公司认为被告的行为侵犯其享有的著作权,将其诉至法院。南山法院认为,腾讯公司研发的Dreamwriter创作的财经报道文章,从外在表现形式上看,符合文字作品的形式要求,内容体现出对当日上午相关股市信息、数据的选择、分析、判断,文章结构合理、表达逻辑清晰,具有一定的独创性。另外,从涉案文章的生成过程来分析,该文章的表现形式是由腾讯公司主创团队相关人员个性化的安排与选择所决定的,其表现形式并非唯一,具有一定的独创性。因此,认定Dreamwriter软件在技术上"生成"的创作过程均满足著作权法对文字作品的保护条件。据此,南山法院一审判决盈讯公司侵犯了腾讯公司所享有的信息网络传播权,应承担相应的民事责任,且对侵犯著作权的行为给予救济后,不再符合《中华人民共和国反不正当竞争法》适用条件。鉴于被告已经删除侵权作品,法院判定被告赔偿原告经济损失及合理的维权费用人民币1 500元。人工智能生成内容是否可以依据著作权法予以保护,一直存在争议。本案首次认定人工智能生成内容构成文字作品,对人工智能生成内容构成文字作品的判断标准和步骤进行了有益探索,对相关案件未来的司法实践具有借鉴意义。[1]

新媒体传播实践中,网络平台从发布者的身份逐渐变成仅提供存储空间服务的服务者身份,诸如,"三微一端"的传播方式,网络服务平台并不直接提供内容,所有网络信息内容均由自媒体自行发布。司法实践中对利用网络储存空间侵害版权的情形,主要适用著作权法相关司法解释以及最高人民法院2013年实施的《关于审理信息网络传播权民事纠纷案件适用法律若干问题的规定》(以下简称《司法解释》)。尽管这些法律法规已经比较完备,但在实践中存在很多问题。

其一,侵权内容的上传者、传播者和管理者主体分离。对于侵权人并非单一主体的情形,权利人维权时应以平台管理者为"通知"主体,要求其履行法定的断开链接、屏蔽或删除的义务,并同时要求平台提供上传者和发布者的真实身份。若平台没有及时采取必要措施,就应为扩大的版权损害承担连带责任,同时,平台不能提供上传者和传播者真实身份信息的,也要承担侵权责任。因此,在侵权多主体的情况下,新闻作品权利人将上传者、传播者或平台管理者作为主张权利的对象,也可以将上述主体作为连带责任承担者主张权利。

其二,平台滥用P2P技术侵害新闻作品版权的。个别网络平台以私开"小号"等

---

[1] 中传法学微信公众号. 2020年度中国十大传媒法事例简介及入选理由[EB/OL]. (2021-01-09)[2022-05-24]. https://mp.weixin.qq.com/s/Hg5aLhC_bQwGp423DqXD7A.

方式，滥用避风港规则，以"网民"的名义上传他人作品。此时，权利人可以不经"通知"，直接按照司法解释规定的"应知"情形，要求平台承担侵权责任。以往在网络实名制没有落实时，判断平台是否以"小号"自我上传比较困难，现在则不同，从全国人大常委会通过实施的《关于加强网络信息保护的决定》，到国家网信办出台的"账号十条"，再到刚出台的《网络安全法》，都强化了平台落实网络实名制的义务。在网络实名制背景下，网站滥用避风港规则侵害新闻作品版权的情况将会大大减少。

其三，《今日头条》推荐模式的维权类型。新媒体传播中，平台除了提供存储空间外，还会针对用户平时网络行为的大数据分析，以"非人工"的方式推荐用户可能感兴趣的新闻热点信息，《今日头条》是最典型的一种类别。这种模式下，平台仅提供储存空间服务，所有内容均为其他媒体或网民"头条号"所刊载，从法律性质上讲平台仍属于服务提供者，而非内容提供者。不过，《今日头条》模式下的阅读方式仍是以平台推荐为主，按照《司法解释》第九条的规定，存在"推荐"的行为就应该属于"红旗规则"[①]，即"应知"作品是否侵权的类别。因此，在这种模式下的新闻作品权利人可以不经过"通知删除"程序，直接要求平台承担侵权责任。

然而，《今日头条》模式在传播中的优势在于，平台提供的是点击"跳转服务"，即用户的点击会直接跳转到目标页面，而非"复制粘贴"的"克隆模式"。在这种模式下，平台性质就是用户阅读的"引流"模式，这对于网络信息传播，特别是新闻作品突出时效性的快速传播具有巨大优势。因此，在媒介融合的"点击为王"背景下，新闻作品权利人应善用这种"导流模式"，以流量优势换取收益。当然，这应该在新闻作品权利人本身的授权范围内进行，若存在侵权人非法传播行为，权利人即可以向平台主张权利，也可以向侵权人直接主张权利。

案 例

《现代快报》诉《今日头条》案

2015年6月起，《现代快报》先后刊发了记者采写的《叶落归根，9旬老太太恢复中国国籍》等6篇稿件，《今日头条》未经许可，使用了《现代快报》的上述6篇稿件。《现代快报》最初也想通过协商解决，但《今日头条》置之不理，2015年9月，江苏现代快报传媒有限公司将《今日头条》的运营方——北京字节跳动科技有限公司告上法庭，要求赔偿20万元及合理费用1万元。2015年9月14日，无锡市中级人民法院依法受理后，组成合议庭，《今日头条》提出管辖权异议。2015年11月16日，无锡市

[①] 所谓红旗规则，即避风港原则的例外适用。红旗原则是指如果侵犯信息网络传播权的事实是显而易见的，就像是红旗一样飘扬，网络服务商就不能装作看不见，或以不知道侵权的理由来推脱责任，如果在这样的情况下，不采取删除、屏蔽、断开连接等必要措施的话，尽管权利人没有发出过通知，我们也应该认定网络服务商知道第三方侵权。

中院裁定驳回。《今日头条》不服裁定,向江苏省高级人民法院提出上诉,江苏省高院于 2016 年 5 月 10 日驳回上诉,维持原裁定。无锡市中院于 2016 年 12 月 23 日开庭审理,2017 年 7 月 28 日做出一审判决,《今日头条》侵权事实成立,其中 4 篇稿件赔偿《现代快报》10 万元,另承担 1.01 万元合理费用。《今日头条》不服判决,向江苏省高院提起上诉。江苏省高院于 2018 年 6 月 12 日开庭审理。庭上,《今日头条》表示愿意调解,但《现代快报》明确拒绝,表示一定要在法律的框架下宣判,"希望以此判例,推动媒体知识产权保护,哪怕是前进一小步"。江苏省高院于 2018 年 10 月 8 日做出终审判决,驳回《今日头条》上诉,维持一审原判。实际上,这并不是《现代快报》与《今日头条》的唯一一起官司。其间,《今日头条》以《现代快报》在报道中,称《今日头条》未经许可使用稿件是小偷行为为由,在北京海淀区法院提起诉讼,状告《现代快报》侵犯其名誉权。《现代快报》以名誉权纠纷与著作权纠纷有因果关系为由,要求暂停诉讼,海淀区法院采纳了《现代快报》的建议。目前,由于著作权案已经终审判决,这起名誉权纠纷案又再次开庭,但尚未判决。就是这一起侵权责任明晰的案件,前后竟历时三年,中间又加入了其他的诉讼,对媒体而言,维权成本不可谓不高。所幸,江苏省高院的最终判决维护了知识产权所有人的合法权益,对侵权者做出了有力的制裁。

其四,以深度链接的方式侵害版权。深度链接是指"绕过"网站首页,直接链接到网站分页的方式。近年来,国内外关于"深度链接"的版权纠纷案屡见不鲜,绝大部分的判例都认定,提供深度链接者就是版权直接侵权人。新闻作品中最常见的侵权方式,就是侵权人以深度链接的方式,在用户对跳转页面不知情的情况下侵害他人合法版权。

在实践中,很多作品内容里会以文字附带其他文章链接、内容附带音视频链接、附带图片信息链接等方式设置深度链接。从技术上看,深度链接会简化浏览程序,方便用户使用,但从法律角度看,深度链接也可能会侵害到他人的合法权益。网络传播中,并非所有的新闻作品深度链接都是侵权行为:第一,为介绍作品和评论作品附带的原文链接;第二,链接的内容本身属于时政类事实性描述新闻;第三,链接目的在于为报道其他时政类新闻,不可避免地引用他人已经发表的作品;第四,点击链接时,提供链接的平台有相应的"跳转"提示。前三项行为的性质属于我国《著作权法》规定的合理使用范围,第四项则属于商业惯例。①

---

① 朱巍. 论互联网的精神:创新、法治与反思[M]. 北京:中国政法大学出版社,2018:374-376.

第二节 短视频的版权问题

短视频短小精悍、内容多元，创作门槛低、传播速度快，契合碎片化的阅读习惯，能迅速进入大众生活。目前，刷短视频已成为很多年轻人"睡前的最后一件事""醒来的第一件事"。据统计，我国短视频用户数已突破 9 亿。可观的用户量和迅猛的发展态势，让短视频迅速处于风口位置。在数字经济背景下，短视频在提供优质文创内容、满足公众精神需求的同时，也迅速与电子商务、广告营销、付费知识等融合，不断"攻城略地"。但短视频行业的迅速发展也引发了新的矛盾和冲突。其中，内容创作引发的侵权纠纷不容小觑。

一、长短视频的行业竞争与相关侵权诉讼

对于一些电影、电视剧的版权方来讲，对短视频行业的蓬勃发展可谓"又爱又恨"。

一方面，一些短视频无形之中扩大了影视剧的宣传发行，很多观众在刷短视频的时候，"因为一个眼神、一个镜头、一句台词，就去看了整部剧"。近年来，不少热播影视作品，也都是短视频二次创作的热门素材，还有像《牧马人》《三国演义》等经典作品通过大量 up 主二次创作又一次走红。另一方面，一些以介绍、评论剧情为名，将影视作品切片播出的行为，既侵犯了权利人的著作权，也让不少观众失去了观看完整剧情和为视频平台付费观看的热情，无形之中造成了著作权人和视频平台的损失。自 2018 年 9 月 9 日至 2022 年 2 月 28 日，北京互联网法院共受理涉短视频著作权纠纷案件 2 812 件。涉短视频著作权案件收案数量逐年增加、增幅明显，2019 年至 2021 年收案量分别为 540 件、729 件、1 284 件。

短视频行业触犯传统影视业"逆鳞"，并不仅仅显示在诉讼上。2021 年 4 月 9 日，爱奇艺、腾讯视频、优酷、芒果 TV、咪咕视频 5 家平台，以及 15 家影视行业协会、53 家影视公司共同发布《联合声明》，呼吁"短视频平台和公共账号生产运营者尊重原创、保护版权，未经授权不得对相关影视作品实施剪辑、切条、搬运、传播等侵权行为"。2021 年 4 月 23 日，17 家影视行业协会、54 家影视公司、5 家视频平台、514 位行业人士，又联合发布倡议，矛头直指未经授权的切条、搬运、速看和合辑等影视作品内容。2021 年 12 月 15 日，中国网络视听节目服务协会发布《网络短视频内容审核标准细则（2021）》。新版《细则》第二十一项"其他违反国家有关规定、社会道德规范的内容"将"未经授权自行剪切、改编电影、电视剧、网络影视剧等各类视听节目及片

段的"列入其中——新规出台后,也有人提出短视频二次创作还涉及许多人谋生的方式。"能否不把版权作为平台之间的'护城河',有没有可能为短视频创作者提供空间"的声音亦有不少。

二、短视频侵权行为的产生原因与应对困境

2019年1月至2021年5月,12426版权监测中心对1 300万件原创短视频及影视综艺等作品的二次创作短视频进行了监测,累计监测到300万个侵权账号,成功通知删除1 478.60万条二创侵权及416.31万条原创侵权短视频。制作者利用受著作权法保护的美术作品、摄影作品、音乐作品、视听作品等作品,涉及影视综艺、动漫动画、体育及游戏等领域,通过重新剪辑、添加配音或者解说等方式制作完成的二次创作短视频,已成为著作权侵权领域的重灾区。

北京互联网法院法官张倩认为:"从微观层面看,短视频创作多以已有作品为素材,加之短视频创作者权利保护意识不够,导致侵权行为多发。"短视频创作门槛低,普通公众均可以成为短视频的制作者。部分短视频制作者的著作权保护意识不强,利用他人已有作品制作短视频时,往往不会事先征得著作权人的许可,从而导致切条、搬运等侵权行为频发。

从北京互联网法院统计的2 812件涉短视频著作权纠纷案件来看,涉诉主体主要以长短视频平台为主,起诉主体和被诉主体的一方或双方为长短视频平台的案件占比为59.4%。从起诉主体看,通过许可协议等获得权利的继受权利主体起诉的有2 130件,包括从制片者处获得授权的长视频平台、通过平台用户协议获得短视频著作权的短视频平台、从词曲作者处获得授权的音乐唱片公司等,明显多于原始权利人起诉。

还有更多的原始权利人选择了平台维权。12426版权监测中心曾对523名短视频作者维权现状开展了调研,据统计,82.5%的作者通过向平台举报的方式维权,但视频平台因提供资料多、回复周期长,被不少维权创作者诟病。

中国人民大学法学院教授万勇表示,原创短视频版权保护的困境主要在于:第一,发现盗版难,由于短视频平台上的短视频是海量的,创作者分散且隐蔽,原创短视频作者难以发现自己的原创短视频被他人侵权;第二,获取证据难,即使发现了侵权短视频,有关用户也可以很容易地删除,这样就失去了证据;第三,认定侵权难,即使找到了证据,去法院起诉,实践中很多用户不是简单地复制、传播视频,而是根据原创短视频的剧情,自己再重新演绎;这究竟是侵犯思想还是表达,存在一定的争议。

还有专家认为,有些本不出名的作品因为二次创作反而扩大了影响力和传播力,侵权者甚至认为这是一次免费的推广行为,从心理上动摇了权利人维护自身合法权益的

决心。①

三、短视频版权的三个延伸问题

（一）短视频的版权到底归谁？

用户通过直播平台的录制和直播功能拍摄短视频，按照著作权法的规定，用户是短视频的著作权人。平台对短视频的法律位置争议较大，主要集中在平台能否成为著作权人。

首先，著作权作为知识产权，也是民事权利的一种。既然是民事权利，当事人就有合法处分的权利。用户作为接受平台网络服务的自然人，在享受到平台提供互联网服务的时候，也应该让渡出一定的权利。所以，在网民协议中关于短视频产出版权归属问题上，法律应该充分尊重网民协议关于短视频版权权利分配方面的规定。

其次，用户作为短视频著作权人的人身权利不能让渡，只能独立享有。著作权人的人身权包括保持作品完整权利、署名权、发表权、改编权等，这些涉及人身方面的权利具有相对独立于财产权的属性，其他人不能未经用户同意就进行改动。此外，短视频的财产权利则属于平台共享范畴，平台通过网民协议的约定与用户共享短视频著作权中的财产权。值得注意的是，关于平台对用户作品汇编整理的权利，理论上也属于人身权范畴，不过，平台可以通过与用户的单独协商获取权利的让渡。

最后，平台可以用自己的名义向侵权人发起维权行动。短视频侵权现象严重扰乱了短视频市场秩序，侵害了用户著作权，仅有用户自己维权，则费时费力，若平台依据版权协议代替用户维权，则事半功倍，既减少了用户维权成本，又维护了市场竞争秩序。②

（二）剪辑的短视频是否侵权？

就目前短视频市场实践看，很多直播平台上的短视频都是由用户私下剪辑他人作品完成的，例如，电影片段、游戏片段、演唱会片段等。此类剪辑是否侵权要分情况看。

第一种情况，对于版权明确的影视、音频等作品，原创者具有保持作品完整性等人身权利，任何人不得非法剪辑，此类短视频剪辑是侵权行为。

第二种情况，对于游戏的片段展现，则属于游戏直播分享范畴，可以按照游戏者的意愿进行分享，此时作品分享的并非游戏本身，而是游戏者的游戏行为，按照著作权法合理使用的相关规定，可以认定为合理引用的范畴。

第三种情况，对于演唱会、表演现场、展览等情况的短视频，属于用户自身分享经历的行为，这是分享经济的核心组成部分，是展现自身经历分享过程的行为，当然属于

---

① 刘华东，陈芊如. 短视频如何答好版权保护这道题[N]. 光明日报，2020-04-23(5).
② 朱巍. 论互联网的精神：创新、法治与反思[M]. 北京：中国政法大学出版社，2018：389-390.

合法行为。

第四种情况，剪辑他人短视频的合集行为，此类行为属于汇编作品，若是已事先征得当事人同意授权的话，剪辑改编后的作品享有新的著作权，但若是缺乏他人事先授权，则是明确的侵权行为。①

案例

"80后挖剧君"剪辑使用短视频侵权

涉案影视剧名称为《奶奶再爱我一次》。原告系该剧信息网络传播权的专有使用权人。被告系某视频APP的注册用户，昵称为"80后挖剧君"。被告通过"80后挖剧君"账号传播涉案影视剧的122个片段，多数为10分钟以内的短视频，但是上述视频已经包含了涉案影视剧的主要剧情及内容。原告主张，被告的行为侵犯其享有的信息网络传播权，请求判令被告停止侵权，并赔偿经济损失9万元、合理支出1万元。

未经许可将电影、电视剧作品等长视频分割成若干片段，通过信息网络传播，能够基本替代被分割视频的，构成侵权行为，应按照侵害该长视频标准确定赔偿数额。

如无免责事由，未经许可将长视频剪辑成短视频使用或传播，是一种典型的侵权行为。本案明确了将他人电影、电视剧作品剪辑成多段短视频使用且涵盖主要内容的，可按照侵害该电影、电视剧作品的标准确定赔偿数额。通过本案的审理，有利于制止短视频制作与传播中常见的"切条"行为。②

案例

全国首例游戏短视频侵权案

2020年1月，广州互联网法院对原告广东深圳腾讯计算机系统有限公司（以下简称"腾讯公司"）与被告山西运城某文化传媒有限公司（以下简称"某文化公司"）、广东广州某网络科技有限公司（以下简称"某网络公司"）侵害作品信息网络传播权及不正当竞争纠纷一案作出一审宣判。法院判决被告某文化公司立即停止在某视频平台上传播包含《王者荣耀》游戏画面的短视频，并赔偿原告腾讯公司经济损失及合理开支共计496万元。据悉，该案系国内首例多人在线竞技类游戏（又称"MOBA"）短视频侵权案，也是国内认定MOBA类游戏连续画面为以类似摄制电影方法创作作品（以下

---

① 朱巍. 论互联网的精神：创新、法治与反思[M]. 北京：中国政法大学出版社，2018：390.

② 北京互联网法院. 北京互联网法院发布涉短视频著作权十件典型案例[EB/OL]. (2022-04-22)[2022-06-06]. https://baijiahao.baidu.com/s?id=1730739858416210849&wfr=spider&for=pc.

简称"类电作品")的首例判决。

《王者荣耀》是一款以 Android、iOS 操作系统为运行环境的 MOBA 类手机端游戏，许多游戏用户热衷于观看《王者荣耀》的相关视频。据了解，腾讯公司负责对该游戏在全球范围内代理运营，并享有游戏整体及其游戏元素所含著作权的使用许可，亦是《王者荣耀》游戏短视频业务的运营方。

腾讯公司发现，某文化公司在其运营的视频平台游戏专栏下开设了《王者荣耀》专区，在显著位置主动推荐《王者荣耀》游戏短视频，并与数名游戏用户签订了合作协议共享收益。同时，用户可以通过某网络公司运营的某应用助手下载其视频平台。

腾讯公司认为，《王者荣耀》游戏的连续画面构成类电作品，某文化公司的上述行为侵害了其作品信息网络传播权，同时构成不正当竞争。另外，某网络公司为某视频平台提供分发、下载服务，扩大了侵权行为的影响，应构成共同侵权。由此，腾讯公司将某文化公司、某网络公司诉至法院。

某文化公司答辩指出，案涉游戏画面不构成类电作品；即使构成类电作品，其著作权也应归属于创作短视频的游戏用户，而不属于腾讯公司享有。被告某网络公司则认为，其并非案涉内容所在应用软件的开发者、运营者，不存在侵害腾讯公司作品信息网络传播权的可能性，非该案的适格主体，不应承担法律责任。

广州互联网法院审理认为，自《王者荣耀》游戏上线运营开始，游戏中潜在的各种画面均可以通过不同用户的不同组队及不同操作方式来显现。这些画面满足《中华人民共和国著作权法实施条例》第二条规定的作品构成要件，属于受《中华人民共和国著作权法》（以下简称《著作权法》）保护的作品。同时，尽管该游戏的连续画面不是通过摄制方法固定在一定介质上，但其符合"一系列有伴音或者无伴音的画面组成"的特征，且可以由用户通过游戏引擎调动游戏资源库呈现出相关画面，故《王者荣耀》游戏的整体画面宜认定为类电作品。

广州互联网法院指出，被告某文化公司在未经许可的情况下，将包含《王者荣耀》游戏画面的短视频投放于某视频平台上，供不特定人浏览和下载，构成对腾讯公司作品信息网络传播权的侵害。其上传的相关视频数量高达 30 余万条，几乎呈现了《王者荣耀》游戏的全部内容，不属于合理使用。同时，被告某文化公司在平台界面的显著位置推荐了大量的《王者荣耀》游戏短视频，并以主动邀请知名玩家、招募达人团等方式，鼓励、引诱用户大量上传《王者荣耀》游戏短视频进行传播，以从中获利。这有违诚实信用原则和商业道德，属于不正当竞争。但是，原告腾讯公司不能据此要求被告某文化公司就同一侵权行为重复承担责任。此外，被告某网络公司仅为某视频平台 APP 的分发平台，不构成侵权。

最终，广州互联网法院一审判决被告某文化公司立即停止在某视频平台上传播包含《王者荣耀》游戏画面的短视频；赔偿原告腾讯公司经济损失 480 万元及合理开支 16 万元;驳回原告腾讯公司的其他诉讼请求。

该案判决具有以下三个方面的重要意义:

一是作为国内首例认定MOBA类游戏整体连续动态画面为视听作品的判决,对类案审理具有指引和风向标作用。MOBA类游戏的作品类型认定在知识产权界一直存在争议。广州互联网法院通过对《王者荣耀》整体连续动态画面的特点进行深入分析后认为,该类画面虽未经摄制过程,但具有让观众深度参与其中体验的特点,本质上仍未逃脱以让观众直接视听为目的的视听作品的范畴,属于视听作品。这为游戏领域频发的类案审理提供了先例,具有风向标作用。

二是为认定用户是否对网络游戏整体连续动态画面享有著作权,以及平台传播游戏短视频的行为是否构成著作权限制与例外,提供了明确的法律指引。该案判决一方面厘清了游戏行业中不同主体的权利边界,另一方面亦为解决类案中的独创性认定等难点问题提供了参考。法院审理认为,《王者荣耀》的用户虽有主动选择游戏元素以合成游戏连续动态画面的空间,但主动性不等于独创性,这些游戏连续动态画面基本属于游戏开发者的逻辑预设。用户不管是对内在的游戏引擎和游戏资源库,还是对外在体现游戏内容的可以视听的连续活动画面,都未付出著作权法意义上的独创性,因而对游戏画面不享有著作权。同时,广州互联网法院指出,虽然平台传播的短视频系游戏用户录制而成,但因其和主要上传原告大量精彩游戏视频的用户通过协议分工合作,共享利润,已经超出了著作权限制与例外的范围。

三是结合互联网特点,积极审慎适用禁令,贯彻了知识产权严保护的政策导向。随着互联网技术的高速发展,知识产权侵权日益呈现出实施成本低、传播速度快、影响范围广的特点,游戏领域中的短视频侵权更是如此。对此,要求权利人针对每个短视频逐案提起诉讼,既不经济,也不合理。该案中,法院基于被告不同时间、不同长短的传播行为本质上具有同一性,坚持以互联网思维为导向,支持了权利人要求被告删除所有侵权短视频且不得再上传侵权短视频的禁令请求,适应了互联网时代知识产权救济的迫切需求。①

(三) 平台对短视频版权保护承担何种责任?

按照《著作权法》等法律法规和最高人民法院的相关司法解释,平台在UGC作品中扮演的角色是ISP网络服务提供者。平台方需要加强自我监督,加强相关宣传,对视频侵权传播行为严加管理。行业研究者需要研发创新管理工具,如人工智能与大数据技术如何在视频版权保护中发挥更大作用。创作者主动保护自己的产出,如可以利用一些创作手段给图文加上个人水印和禁止二改二传的说明以减少维权的难度。视频接受大众应该有意识了解版权的界限,主动规避侵权的行为,如要进行商业搬用,应提前与著作

---

① 张春波. 2020年度十大典型案例之六:全国首例游戏短视频侵权案[J]. 中国审判, 2021(1).

者沟通交流，获得正规授权。

【思考题】

1. 著作权的财产权和人身权都属于著作权中的权利，二者之间的区别是什么？
2. 时事新闻是否受到《著作权法》的保护，为什么？
3. 网络上流行的恶搞、鬼畜视频有可能侵犯著作权中的何种权利？
4. 2020年修订的《著作权法》中，针对"合理使用"规定的修改有哪些？有何作用和意义？
5. 当自媒体平台上出现了侵犯著作权的行为（比如原创文章被盗用并发布等），原创者应当怎样做，才能维护自身的合法权益？

【推荐阅读书目】

[1]［美］劳伦斯·莱斯格. 思想的未来：网络时代公共知识领域的警世喻言[M]. 李旭，译. 北京：中信出版社，2004.

[2]［美］劳伦斯·莱斯格. 免费文化：创意产业的未来[M]. 王师，译. 北京：中信出版社，2009.

[3] 王迁. 知识产权讲演录[M]. 上海：上海人民出版社，2022.

[4] 王迁. 知识产权法教程[M]. 7版. 北京：中国人民大学出版社，2021.

[5] 王迁. 网络环境中的著作权保护研究[M]. 北京：法律出版社，2011.

参考资料

一、宪法

中华人民共和国宪法（2018年3月11日第十三届全国人民代表大会第一次会议第五次修正）

二、基本法律、法律和全国人大常委会决定

1. 宪法有关部门

中华人民共和国国家安全法（2015年7月1日第十二届全国人民代表大会常务委员会第十五次会议通过）

中华人民共和国英雄烈士保护法（2018年4月27日第十三届全国人民代表大会常务委员会第二次会议通过）

2. 民法商法部门

中华人民共和国民法典（2020年5月28日第十三届全国人民代表大会第三次会议通过）

中华人民共和国著作权法（2001年10月27日第九届全国人民代表大会常务委员会第二十四次会议第一次修正；2010年2月26日第十一届全国人民代表大会常务委员会第十三次会议第二次修正；2020年11月11日第十三届全国人民代表大会常务委员会第二十三次会议第三次修正）

中华人民共和国电子商务法（2018年8月第十三届全国人民代表大会常务委员会第五次会议通过）

3. 行政法部门

中华人民共和国行政处罚法（2021年1月22日第十三届全国人民代表大会常务委员会第二十五次会议修订）

中华人民共和国保守国家秘密法（2010年4月29日第十一届全国人民代表大会常务委员会第十四次会议修订）

中华人民共和国治安管理处罚法（2005年8月28日第十届全国人民代表大会常务

委员会第十七次会议通过；2012年10月26日第十一届全国人民代表大会常务委员会第二十九次会议修正）

中华人民共和国反恐怖主义法（2018年4月27日第十三届全国人民代表大会常务委员会第二次会议修正）

全国人民代表大会常务委员会关于维护互联网安全的决定（2009年8月27日第十一届全国人民代表大会常务委员会第十次会议修正）

全国人民代表大会常务委员会关于加强网络信息保护的决定（2012年12月28日第十一届全国人民代表大会常务委员会第三十次会议通过）

4. 经济法部门

中华人民共和国反不正当竞争法（2019年4月23日第十三届全国人民代表大会常务委员会第十次会议修正）

中华人民共和国广告法（2021年4月29日第十三届全国人民代表大会常务委员会第二十八次会议第二次修正）

中华人民共和国消费者权益保护法（2013年10月25日第十二届全国人民代表大会常务委员会第五次会议第二次修正）

中华人民共和国网络安全法（2016年11月7日第十二届全国人民代表大会常务委员会第二十四次会议通过）

中华人民共和国个人信息保护法（2021年8月20日第十三届全国人民代表大会常务委员会第三十次会议通过）

5. 社会法部门

中华人民共和国未成年人保护法（1991年9月4日第七届全国人民代表大会常务委员会第二十一次会议通过；2020年10月17日第十三届全国人民代表大会常务委员会第二十二次会议第二次修订）

中华人民共和国预防未成年人犯罪法（2020年12月26日第十三届全国人民代表大会常务委员会第二十四次会议修订）

6. 刑法部门

中华人民共和国刑法（2015年8月29日第十二届全国人民代表大会第十六次会议第九次修正；2020年12月26日第十三届全国人民代表大会常务委员会第二十四次会议第十一次修正）

7. 诉讼和非诉讼程序法部门

中华人民共和国民事诉讼法（2021年12月24日第十三届全国人民代表大会常务委员会第三十二次会议第四次修正）

中华人民共和国刑事诉讼法（2018年10月26日第十三届全国人民代表大会常务委员会第六次会议第三次修正）

中华人民共和国行政诉讼法（2017年6月27日第十二届全国人民代表大会常务委员会第二十八次会议第二次修正）

三、行政法规和国务院决定

中华人民共和国政府信息公开条例（2019年4月3日中华人民共和国国务院令第711号修订）

中华人民共和国保守国家秘密法实施条例（2014年1月17日国务院令第646号公布）

出版管理条例（2020年11月29日第五次修订）

广播电视管理条例（2020年11月29日第三次修订）

中华人民共和国电信条例（2000年9月25日国务院令第291号公布；2016年2月6日国务院令第666号第二次修订）

中华人民共和国计算机信息系统安全保护条例（2011年1月8日国务院第588号修订）

计算机信息网络国际联网安全保护管理办法（1997年12月11日国务院批准，1997年12月16日公安部令第33号发布；2011年1月8日国务院令第588号修订）

互联网信息服务管理办法（2000年9月25日国务院令第292号公布；2011年1月8日国务院令第588号修订）

计算机软件保护条例（2001年12月20日国务院令第339号公布）

中华人民共和国著作权法实施条例（2002年8月2日国务院令第359号公布，2013年1月30日国务院令第633号第二次修订）

信息网络传播权保护条例（2006年5月18日国务院令第468号公布；2013年1月30日国务院令第634号修订）

四、司法解释和司法工作文件

最高人民法院关于审理为境外窃取、刺探、收买、非法提供国家秘密、情报案件具体应用法律若干难问题的解释〔2001年1月17日发布（法释〔2001〕4号）〕

最高人民法院关于审理非法出版物刑事案件具体应用法律若干问题的解释〔1998年12月17日发布（法释〔1998〕30号）〕

最高人民法院关于办理利用互联网、移动通讯终端、声讯台制作、复制、出版、贩卖、传播淫秽电子信息刑事案件具体应用法律若干问题的解释（二）〔2010年2月2日（法释〔2010〕3号）〕

最高人民法院关于办理利用信息网络实施诽谤等刑事案件适用法律若干问题的解释〔2013年9月6日（法释〔2013〕21号）〕

最高人民法院关于审理利用信息网络侵害人身权益民事纠纷案件适用法律若干问题的规定〔2014年6月23日通过（法释〔2014〕11号）；2020年12月23日修正（法释〔2020〕17号）〕

最高人民法院关于审理非法出版物刑事案件具体应用法律若干问题的解释〔1998年12月11日通过（法释〔1998〕30号）〕

最高人民法院关于审理侵害信息网络传播权民事纠纷案件适用法律若干问题的规定（2012年11月26日通过（法释〔2012〕20号）；2020年12月23日修正（法释〔2017〕10号）

五、部门规章

新闻出版保密规定（1992年6月13日国家保密局、中央对外宣传小组、新闻出版署、广播电影电视部国保〔1992〕34号文件）

计算机信息系统保密管理暂行规定（1998年2月26日国家保密局国保发〔1998〕1号文件）

计算机信息系统国际联网保密管理规定（1999年12月27日国家保密局国保发〔1999〕10号文件）

关于认定淫秽及色情出版物的暂行规定（1988年12月27日新闻出版署〔88〕新出办字第1512号文件）

互联网信息服务管理规定（2017年5月2日国家互联网信息办公室令第1号发布）

电信和互联网用户个人信息保护规定（2013年7月16日工业和信息化部令第24号公布）

互联网广告管理暂行办法（2016年7月4日国家工商行政管理总局令第87号公布）

六、国际公约

公民权利和政治权利国际公约〔1966年12月16日联合国大会200A（XXI）号决议通过〕

经济社会和文化权利国际公约〔1966年12月16日联合国大会2200A（XXI）号决议通过〕

保护文学和艺术作品伯尔尼公约〔1888年9月9日于伯尔尼签订；1979年9月28日更改〕

七、他国法律法规

1. 英国

淫秽出版物法（Obscene Publications Act 1959）

儿童保护法（Protection of Children Act 1978）

性侵犯法（Sexual Offences Act 2003）

刑事司法和公共秩序法（Criminal Justice and Public Order Act 1994）

刑事司法和移民法（Criminal Justice and Immigration Act 2008）

2. 美国

权利法案（the Bill of Rights 1791）

美国法典（United States Code）

惩治煽动叛乱法（The Sedition Act of 1798）

儿童在线保护法（Child Online Protection Act of 1998）

通信法（Communication Act of 1934）

综合防治犯罪与街道安全法（Omnibus Crime Control and Safe Street Act of 1968）

电子通信隐私法（Electronic Communication Privacy Act 1986）

外国情报监视法（Foreign Intelligence Surveillance Act 1978）

爱国者法案（USA PATRIOT Act 2001）

国土安全法（The Homeland Security Act of 2002）

情报改革和预防恐怖主义法案（The Intelligence Reform and Terrorism Prevention Act of 2004）

爱国者修改和再授权法案（USA PATRIOT Improvement and Reauthorization Act of 2005）

3. 其他

十二铜表法（Law of the Twelve Tables）

法国民法典（Napoleonic Code 1804）

德国民法典（German Civil Code 1896）